Regulierung des Hochfrequenzhandels in US- und EU-Aktienmärkten

Europäische Hochschulschriften

European University Studies

Publications Universitaires Européennes

Reihe II **Rechtswissenschaft**

Series II Law

Série II Droit

Band/Volume **5811**

Pierre Gerald Zickert

Regulierung des Hochfrequenzhandels in US- und EU-Aktienmärkten

PL ACADEMIC RESEARCH

Bibliografische Information der Deutschen Nationalbibliothek
Die Deutsche Nationalbibliothek verzeichnet diese Publikation in der Deutschen Nationalbibliografie; detaillierte bibliografische Daten sind im Internet über http://dnb.d-nb.de abrufbar.

Zugl.: München, Univ., Diss., 2015

D 19
ISSN 0531-7312
ISBN 978-3-631-67303-4 (Print)
E-ISBN 978-3-653-06521-3 (E-Book)
DOI 10.3726/978-3-653-06521-3

PL Academic Research ist ein Imprint der Peter Lang GmbH.
Peter Lang – Frankfurt am Main · Bern · Bruxelles · New York · Oxford · Warszawa · Wien

Diese Publikation wurde begutachtet.

www.peterlang.com

Inhaltsübersicht

Inhaltsverzeichnis

Einführende Bemerkungen

Rechtsakte der USA und EU werden in ihrer englischen Fassung dargestellt.

Die Analyse dieser Rechtsakte und die darauf aufbauende Argumentation erfolgt grundsätzlich durch Verwendung der in den Rechtsakten verwendeten englischsprachigen Termini, was die Vergleichbarkeit und Zuordenbarkeit fördern soll.

Akronymverzeichnis

Akronym	Entsprechung
ACT	Automated Confirmation Transaction Reporting Service
ALU	Arithmetic Logic Unit
AMEX	American Stock Exchange
ARPA	Advanced Research Projects Agency
ATS	Alternative Trading System
CAES	Computer Assisted Execution System
CEE	Clearly Erroneous Executions
CFTC	Commodity Futures Trading Commission
CLOB	Central Limit Order Book
CME	Chicago Mercantile Exchange
CPU	Central Processing Unit
CQS	Consolidated Quotations System
CT	Central Standard Time
CTA	Consolidated Tape Association
DMA	Direct Market Access
DMM	Designated Market Maker
DOT	Designated Order Turnaround System
ECN	Electronic Communication Network
ESMA	European Securities and Markets Authority
ET	Eastern Standard Time
ETF	Exchange-Traded Fund
EU	Europäische Union
FBI	Federal Bureau of Investigation
FESE	Federation of European Securities Exchanges
FIFO	First in, First Out
FINRA	Financial Industry Regulatory Authority
FIX	Financial Information eXchange Protocol
FOK	Fill-Or-Kill
FPGA	Field-Programmable Gate Array
FR	Federal Register
FWB	Frankfurter Wertpapierbörse
GPU	Graphics Processing Unit
HFT	High-Frequency Trading
IOI	Indication of Interest

IP	Internet Protocol
ISD	Investment Services Directive
ISO	Intermarket Sweep Order
ITS	Intermarket Trading System
JAC	Joint CFTC-SEC Advisory Committee on Emerging Regulatory Issues
LIBOR	London Interbank Offered Rate
LLP	Limited Liability Partnership
LSE	London Stock Exchange
LULD	Limit-Up/Limit-Down
MAD	Market Abuse Directive
MAR	Market Abuse Regulation
MiFID	Markets in Financial Instruments Directive
MPID	Market Particpiant Identifiers
MPV	Minimum Price Variation
MWCB	Market Wide Circuit Breaker
NASD	National Association of Securities Dealers
Nasdaq	National Association of Securities Dealers Automated Quotations
NBBO	National Best Bid and Offer
NQDS	Nasdaq Quotation Dissemination Service
NY	State of New York
NYAG	New York State Attorney General
NYC	City of New York
NYSE	New York Stock Exchange
OTC	Over the Counter
Reg ATS	Regulation Alternative Trading Systems
Reg NMS	Regulation National Market System
RTS	Regulatory Technical Standard
SDNY	Southern Discrict of New York
SEA	Securities Exchange Act
SEAQ	Stock Exchange Automated Quotation
SEC	US Securities and Exchange Commission
SIAC	Securities Industry Automation Corporation
SIP	Securities Information Processor
SLP	Supplementary Liquidity Supplier
SONAR	Sound Navigation and Ranging
SRO	Self-Regulatory Organization
SSRN	Social Science Research Network

TCP	Transmission Control Protocol
UDP	User Datagram Protocol
US	United States of America
VHDL	Very High Speed Integrated Circuit Hardware Description Language
WHZ	Westsächsische Hochschule Zwickau
Xetra	Exchange Electronic Trading
XML	Extensible Markup Language

Glossar

Begriff	Bedeutungsgehalt
Alternative Trading System (ATS)	US-Handelsplattform, die keine Börsenzulassung hat, ausschließlich einen Sekundärhandel betreibt und durch Reg ATS und Reg NMS reguliert wird;
bid-ask spread	Geld-Briefspanne, worunter die Differenz zwischen dem höchsten Kaufgebot und dem geringsten Verkaufsgebot zu verstehen ist;
bitcoin mining	Prozess zum Freischalten von Mengen der Kryptowährung Bitcoin;
blocktrade	Transaktion, die durch ihr Volumen charakterisiert wird und mindestens 10.000 Aktien umfasst; blocktrades nehmen regelmäßig einen starken Einfluss auf die Börsenpreise;
Broker	Handelsplatzteilnehmer, der auf fremde Rechnung Transaktionen in Finanzinstrumenten umsetzt;
buy-side	Sammelbezeichnung für Finanzmarktteilnehmer, die durch eine langfristige Investition Gewinne aus der Wertsteigerung des Instrumentes ziehen möchten;
dark pool	Handelsplattform, die keine Vorhandelstransparenz ausweist;
Dealer	Handelsplatzteilnehmer, der auf eigene Rechnung Transaktionen in Finanzinstrumenten umsetzt;
Direct Market Access (DMA)	Optionaler Handelsinfrastrukturservice, der Marktteilnehmern einen direkten Zugriff auf das elektronische Orderbuch ermöglicht, sie sich also keines Brokers bedienen müssen;
Electronic Communication Network (ECN)	Oberbegriff für Handelsplätze, die einen elektronischen Handel unterhalten;
European Securities and Markets Authority (ESMA)	EU-Agentur zur Regulierung des EU-Wertpapiermarktes;

eXchange Electronic Trading (Xetra)	Elektronisches Handelssystem, das von der Deutschen Börse Group betrieben wird und auf unterschiedlichen Plattformen einen Handel in Finanzinstrumenten ermöglicht; der deutsche Aktienmarkt erfolgt auf der Plattform Xetra Frankfurt 1;
explizite Transaktionskosten	Summe der Kosten, die als Entgelt für die Durchführung der Transaktion enstehen, wie z.B. Kommission des Brokers und Handelsplatznutzungsentgelte;
Financial Industry Regulatory Authority (FINRA)	US Self-Regulatory Organization, die von der SEC mit der Beaufsichtigung von in Finanzmärkten tätigen Personen beauftragt wurde; FINRA ist das Ergebnis der Fusion von NASD und der NYSE Vollzugs- und Regulierungsbehörde;
Financial Information eXchange (FIX) protocol	Signalübertragungsstandard zur weltweiten Übermittlung von handelsbezogenen Finanzmarktinformationen in Echtzeit;
Frankfurter Wertpapierbörse (FWB)	Geregelter Markt (Börse), dessen Handel seit dem 23. Mai 2011 vollelektronische im System Xetra erfolgt;
free float	Streubesitz von Wertpapieren, also der Summe der tatsächlich sich im Wertpapierhandel befindlichen Instrumente;
gentlemen's agreement	Vereinbarung ohne Rechtsbindungswillen, die lediglich auf Vertrauen oder Sozialdruck beruht;
geregelter Markt	EU-Handelsplattform, die im Rahmen der Regulierung von MiFID den höchsten Regulierungsanforderungen entsprechen muss; Regelmäßig wird eine solche Plattform auch in der mitgliedstaatlichen Regulierung als Börse bezeichnet;
Handelstransparenz	Gesamtheit aus Vorhandels- und Nachhandelstransparenz;

High-Frequency Trading (HFT)	Oberbegriff für Handelsstrategien der Finanzintermediation, die Gewinne durch die Konsumtion von Marktineffizienzen (Arbitrage) erzielt, die durch Regulierungsmaßnahmen, Liquiditätsungleichgewichte (Market Making), Preisfindungsineffizienzen, Latenzen oder durch Heuristiken der Marktteilnehmer hervorgerufen werden; Aufgrund des positionalen Wettbewerbs innerhalb dieser Finanzintermediation erfolgt diese modal in einer zunehmend schnelleren und hochfrequenten Weise;
implizite Transaktionskosten	Summe der Transaktionskosten, die mittelbar durch Marktveränderungen entstehen, wie zum Beispiel Preis-/Mengeneffekte oder erweiterten Spreads als Unmittelbarkeitsentgelt;
Indication of Interest (IOI)	Ordertyp, der nichtbindend ist und im elektronischen Orderbuch ein spezifisches Käuferinteresse ausdrückt; IOIs werden vor IPO und blocktrades verwendet;
Informationshändler	Marktteilnehmer, die durch ein besseres Wissen um die Fundamentalwerte von Finanzinstrumenten Gewinne erzielen wollen;
Initial Public Offering (IPO)	Börsengang eines Unternehmens, bei welchem die Aktien erstmalig einem breiten Publikum zum Kauf angeboten werden;
institutionelle Investoren	Marktteilnehmer, die professionell und mit einem hohen Volumen am Markt tätig sind;
Intermarket Sweep Order (ISO)	Ordertyp, der bindend und spezifisch für die USA ist, da dieser von der order-protection rule befreit ist und parallel Top-of-the-Book-Liquidität ansteuern kann;

Kollokationsdienste	Optionaler Handelsinfrastrukturservice, der es Marktteilnehmern erlaubt, den ausführenden Teil ihrer Handelsinfrastruktur (Execution Server) direkt im Datenzentrum des Handelsplatzes aufzustellen und mit dem Handelsplatz zu verbinden;
level-2 market data	Marktdatenangebot der Handelsplätze, durch welches Marktteilnehmer einen umfassenden Einblick in das Orderbuch erlangen, der die gesetzlichen Mindestanforderungen bzgl. der Vorhandelstransparenz übertrifft;
limit order	Order, die bindend ist und nur zu einem bestimmten Preis, einer bestimmten Menge und weiteren zwingenden Parametern ausgeführt werden soll, folglich passiv dem Markt Liquidität zuführt;
locked & crossed markets	Marktsituation, in welcher der bid-ask spread gleich Null (locked market) oder negativ (crossed market) ist;
market maker	Marktteilnehmer, der als Intermediär durch Liquiditätsproliferation Gewinne aus dem bid-ask spread und etwaigen Market-Maker-Vereinbarungen erzielt;
market order	Order, die bindend ist und sofort die gebotene Liquidität in einem Instrument konsumiert, folglich aggressiv dem Markt Liquidität entzieht;
matching	Handelsprozess, bei welchem korrespondierende buy- und sell-order zusammengeführt werden;
Matching-Prozessor	Handelsinfrastruktureinheit eines Handelsplatzes, der mit dem Zusammenführen von Kauf- und Verkaufsgebote betraut ist;
Nachhandelstransparenz	Veröffentlichung der Preise und Volumen erfolgter Transaktionen in Finanzinstrumenten;

National Association of Securities Dealers (NASD)	US Self-Regulatory Organization, die mit dem Betrieb und der Regulierung des Handels in Nasdaq Aktien und dem OTC Handel beauftragt ist;
National association of securities dealers automated quotations (Nasdaq)	US-Handelsplattform, die einen vollelektronischen Handel unterhält; sie wurde 1971 von der NASD gegründet und befindet sich im Condé Nast Gebäude am Times Square in NYC;
National Best Bid and Offer (NBBO)	Niedrigster Kaufpreis und höchster Verkaufspreis, den ein jeder Broker im Rahmen von Reg NMS in den USA zwingend nutzen muss;
New York Stock Exchange (NYSE)	US-Handelsplattform, die einen hybriden Handel unterhält, deren Parketthandel an ihrem Sitz in 11 Wall Steet, NYC und der elektronische Handel in Mahwah, NJ erfolgt; es ist die größte Wertpapierbörse der Welt und wird von IntercontinentalExchange (ICE) betrieben;
Order	Handelsinstruktion zum Kauf oder Verkauf von Finanzinstrumenten;
order flow	Ausdruck zur Beschreibung der Migration des Handelsvolumens;
Preis-/Mengeneffekt	Marktreaktion, bei welcher der Marktpreis durch ein starkes Angebot oder einer starken Nachfrage beeinflusst wird;
Preis-/Zeit-Priorität	Spezifische Priorität des Ordermatchings, bei welchem zunächst die besten Preisschienen und innerhalb dieser, die ersten Order berücksichtigt werden, letzteres wird auch als First In, First Out (FIFO) bezeichnet;

prisoners' dilemma	Spieltheoretische Konstellation, in welcher die Teilnehmergruppen durch ein Zusammenwirken Maximalerfolge erzielen, sich jedoch auch ein Minimalerfolg für die erste ausbrechenden Teilnehmergruppe eröffnet und dabei den Maximalerfolg für alle vernichtet; Hindernisse des Zusammenwirkens können fehlende Kommunikationsmöglichkeiten (Einzelhaft von Gefangenen) oder fehlende Verifizierbarkeit (Misstrauen) sein;
quotes	Notierte Preise für ein bestimmtes Finanzinstrument;
retail investor	Privatanleger;
retail order	Order eines Privatanlegers;
rogue algo	Algorithmus, der fehlerhaft und außer Kontrolle geraten ist;
Self-Regulatory Organization (SRO)	Juristische Person, die über ein gewisses Maß an Regulierungsgewalt gegenüber ihren Mitgliedern verfügt;
sell-side	Sammelbezeichnung für Finanzmarktteilnehmer, die nicht wirtschaftlicher Kunde eines Finanzinstrumentes werden wollen, sondern lediglich durch die Vermittlung von Finanzinstrumenten Gewinne schöpfen wollen;
top-of-book-liquidity	Oberbegriff für die besten Gebote auf Seiten des Angebots und der Nachfrage;
Transaktionskosten	Summe aus Expliziten und Impliziten Transaktionskosten;
Vorhandelstransparenz	Veröffentlichung der aktuellen Gebote zum Kauf und Verkauf von Finanzinstrumenten, samt dem damit verfolgtem Volumen, was die Ermittlung des aktuellen bid-ask spread ermöglicht;
Zeitstempel	Ordervermerk, der durch den Handelsplatz vergeben wird und für die zeitliche Dimension des Ordermatchings relevant ist;

Literaturverzeichnis

Abbate, Janet: Inventing the Internet, MIT Press (2000).

Advisory Committee on Market Disclosure: Report to the SEC by the Advisory Committee on Market Disclosure on a Consolidated Quotations System, Securities Regulation & Law Report, Vol. 178 (1972).

Aldridge, Irene: High-Frequency Trading: A Practical Guide to Algorithmic Strategies and Trading Systems, 2. Auflage (2013).

Amihud, Yakov: Illiquidity and stock returns: cross-section and time-series effects, Journal of Financial Markets, Vol. 5 (2002), S. 31.

Amihud, Yakov/ Mendelson, Haim: Asset Pricing and the Bid-Ask Spread, Journal of Financial Economics, Vol. 17 (1986), S. 223.

Anand, Amber/ Chakravarty, Sugato/ Chuwonganant, Chairat: Cleaning house: Stock reassignments on the NYSE, Journal of Financial Markets, Vol. 12 (2009), S. 727, http://ssrn.com/abstract=888574.

Anand, Amber/ Venkataraman, Kumar: Market Conditions, Obligations and the Economics of Market Making, http://ssrn.com/abstract=2179259.

Anand, Amber/ Venkataraman, Kumar: Should Exchanges Impose Market Maker Obligations?, http://ssrn.com/abstract=2179259.

Asaro, Michael: ‚Masri' and Open-market Manipulation Schemes, New York Law Journal, Vol. 239 (2008), No. 91, http://cdn.akingump.com/images/content/1/2/v4/1243/07005080021AkinG.pdf.

Autorité des Marchés Financiers: Submission for the purpose of the US Securities and Exchnage Commission's roundtable on tick sizes, 5. February 2013, http://www.sec.gov/comments/4-657/4657-8.pdf.

Avgouleas, Emilios: The Harmonisation of Rules of Conduct in EU Financial Markets: Economic Analysis, Subsidiarity and Investor Protection, European Law Journal, Vol. 6 (2000), S. 72.

Bachelier, Louis: Théorie de la Spéculation, Annales scientifiques de l'É.N.S. 3e série, tome 17 (1900), S. 21.

Benhamou, Eric/ Serval, Thomas: On the Competition between ECNs, Stock Markets and Market Makers, Dezember 1999, http://www.egx.com.eg/pdf/competition_ecns_stock_markets_market_makers.pdf.

Bernstein, Peter L.: Capital Ideas: The Improbable Origins of Modern Wall Street, 2005.

Biais, Bruno/ Hillion, Pierre/ Spatt, Chester: An empirical analysis of the limit order book and the order flow in the Paris bourse, The Journal of Finance,

Vol. 50/5 (1995), S. 1655 http://www.business.unr.edu/faculty/liuc/files/RUC/topic_limitorderbook/Biais_Hillion_Spatt_1995.pdf.

Black, Fischer/ Scholes, Myron: The Pricing of Options and Corporate Liabilities, Journal of Political Economy Vol. 81 (1973), S. 637.

Bloomfield, Robert/ O'Hara, Mauree: Market Transparency: Who Wins and Who Loses?, The Review of Financial Studies, Vol. 12 (1999), S. 5. http://www.business.unr.edu/faculty/liuc/files/RUC/topic_markettransparency/Bloomfield_OHara_1999.pdf.

Blume, Marschall/ Siegel, Jeremy/ Rottenberg, Dan: Revolution on Wall Street: The Rise and Decline of the New York Stock Exchange, W. W. Norton & Co. Inc. (2008).

Bodek, Haim: The Problem of HFT: Collected Writings on High Frequency Trading & Stock Market Structure Reform, Create Space Independent Publishing Platform San Bernadino (2013).

Borrelli, Mark: Market-Making in the Electronic Age, Loyola University of Chicago Law Journal, Vol. 32 (2001), S. 815, http://lawecommons.luc.edu/luclj/vol32/iss4/3.

Brennan, Michael H./ Subrahmanyam, Avanidhar: Market microstructure and asset pricing: On the compensation for illiquidity in stock returns, Journal of Financial Economics Vol. 41 (1996), S. 441.

Budish, Eric B./ Cramton, Peter/ Shim, John J.: The High-Frequency Trading Arms Race: Frequent Batch Auctions as a Market Design Response, 23. Dezember 2013, Fama-Miller Working Paper No. 14-03; Chicago Booth Research Paper No. 14-03, http://ssrn.com/abstract=2388265.

Campbell, Murray/ Hoane Jr., A. Joseph/ Hsu, Feng-hsiung: Deep Blue, Journal of Artificial Intelligence, Vol. 134 (2002), S. 57 http://sjeng.org/ftp/deepblue.pdf.

Carlson, Mark: A Brief History of the 1987 Stock Market Crash with a Discussion of the Federal Reserve Response, November 2006, http://www.federalreserve.gov/pubs/feds/2007/200713/200713pap.pdf.

CESR: Call for evidence, Micro-structural issues of the European equity markets, CESR/10-142, 01. April 2010, http://www.esma.europa.eu/content/Call-evidence-Micro-structural-issues-European-equity-markets.

CESR: Market Abuse Directive Level 3 – second set of CESR guidance and information on the common operation of the Directive to the market, Juli 2007, CESR/06-562b, https://www.esma.europa.eu/system/files/06_562b.pdf.

CESR: Publication and Consolidation of MiFID Market Transparency Data, Level 3 CESR's Guidelines and Recommendations for the consistent Implementation of the Directive 2004/39/EC and the European Commission's

Regulation No. 1287/2006, CESR/07-043, http://www.esma.europa.eu/system/files/07_043.pdf.

CESR: Technical Advice on Possible Implementing Measures of the Directive 2004/39/EC on Markets in Financial Instruments, CESR/05-290b, http://www.esma.europa.eu/system/files/05_290b.pdf.

CESR: Technical Advice to the European Commission in the Context of the MiFID Review – Equity Markets, CESR/10-802, 29. Juli 2010, http://www.esma.europa.eu/system/files/10_802_Technical_Advice_MiFID_Review_Equity_Markets.pdf.

CFTC: Presentation of the Technology Advisory Committee, Sub-Committee on Automated and High Frequency Trading, http://www.cftc.gov/ucm/groups/public/@newsroom/documents/file/wg1presentation062012.pdf.

CME Group: CME Globex Reference Guide, http://www.cmegroup.com/globex/files/GlobexRefGd.pdf.

Cohen, Paul D.: Securities Trading Via the Internet, Standford Journal of Law, Business and Finance, Vol. 4 (1999), S. 1.

Coval, Joshua/ Jurek, Jakub/ Stafford, Erik: The Economics of Structured Finance, 20. Oktober 2008, Harvard Business School Finance Working Paper No. 09-060, http://ssrn.com/abstract=1287363.

Cox, James D./ Hillman, Robert W./ Langevoort, Donald C.: Securities Regulation: Cases and Materials, 7. Auflage (2013), Wolters Kluwer Law & Business.

Cumming, Douglas J./ Zhan, Feng/ Aitken, Michael J.: High Frequency Trading and End-of-Day Price Dislocation, http://ssrn.com/abstract=2145565.

Dean, Jennifer Victoria Christine: Paradigm Shifts & Unintended Consequences: The Death of the Specialist, the Rise of High Frequency Trading, & the Problem of Duty-Free Liquidity in Equity Markets, Florida International Law Review, Vol. 8 (2012), S. 201 http://ecollections.law.fiu.edu/lawreview/vol8/iss1/15.

Deutsch, Markus/ Grotemeyer, Hans-Werner/ Schipmann, Volker: IT-Planung für Unternehmensgründer, Vieweg+Teubner Verlag, 2007.

DiCicco, Susan F./ Hanawalt, Cynthia: Theory of Implied Misrepresentation in Securities Fraud Cases, New York Law Journal, Vol. 243 (2010), No. 63, http://www.bingham.com/Publications/Files/2010/04/Theory-of-Implied-Misrepresentation-in-Security-Fraud-Cases.

Direct Edge: Fix Specifications, Version 1.30, 6. Dezember 2012, http://www.directedge.com/Portals/0/docs/Specs/FIX%20Spec.pdf.

Direct Edge: Order Type Guide, https://www.directedge.com/Portals/0/01Trading/Trading%20Products/Order%20Types/Order%20Type%20Guide.pdf.

Domowitz, Ian: An Exchange is a Many-Splendored Thing: The Classification and Regulation of Automated Trading Systems, in: Lo (Hrsg.), The Industrial Organization and Regulation of the Securities Industry, 1996.

Drygala, Tim: A Step Ahead of the Crowd, WM – Zeitschrift für Wirtschafts- und Bankrecht, 2001, S. 1282.

Easley, David/ López de Prado, Marcos/ O'Hara, Maureen: Flow Toxicity and Liquidity in a High Frequency World, 2. Februar 2012, http://ssrn.com/abstract=1695596.

Eichelberger, Jan: Manipulation ohne Absicht? – Die subjektive Komponente bei dem Verbot der Marktmanipulation (§ 20a WpHG), WM – Zeitschrift für Wirtschafts- und Bankrecht, 2007, S. 2046.

Elliott, Robert J./ van der Hoek, John/ Malcom, William P.: Pairs trading, Quantitative Finance, Vol. 5 (2005), S. 271.

Elton, Edwin J./ Gruber, Martin J.: Modern portfolio theory, 1950 to date, Journal of Banking & Finance, Vol. 21 (1997), S. 1743.

Erben, Roland Franz: Herdentrieb, RiskNews Issue, Vol. 3 (2004), S. 42.

ESMA: Consultation Paper on MiFID II/MiFIR, ESMA/2014/549, http://www.esma.europa.eu/system/files/2014-549_-_consultation_paper_mifid_ii_-_mifir.pdf.

ESMA: Discussion Paper on MiFID II/MiFIR, ESMA/2014/548, http://www.esma.europa.eu/system/files/2014-548_discussion_paper_mifid-mifir.pdf.

Fernandes, Nuno/ Ferreira, Miguel A.: Insider Trading Laws and Stock Price Informativeness, Review of Financial Studies, Vol. 22 (2009), S. 1845, http://registration.akm.ch/images/img.php?abstract_file_id=13509.

Ferrarini, Guido: Pan-European Securities Markets: Policy Issues and Regulatory Responses, European Business Organization Law Review, Vol. 3 (2002), S. 249, http://ssrn.com/abstract=314576.

Fleischer, Holger: Die Richtlinie über Märkte für Finanzinstrumente und das Finanzmarkt-Richtliniemusetzungsgesetz – Entstehung, Grundkonzeption, Regelungsschwerpunkte, Zeitschrift für Bank- und Kapitalmarktrecht, 2006, S. 389.

Furbush, Dean: Program Trading, Concise Encyclopedia of Economics, Library of Economics and Liberty, http://www.econlib.org/library/Enc1/ProgramTrading.html.

Gedicks, Frederick M.: Suitability Claims and Purchases of Unrecommended Securities: a Theory of Broker-Dealer Liability, Arizona State Law Journal, Vol. 37 (2005), S. 535, http://ssrn.com/abstract=607322.

Goldstein, Michael A./ Kavajecz, Kenneth A.: Eights, Sixteenths, and Market Depth: Changes in Tick Size and Liquidity Provision on the NYSE, Journal of Financial Economics, Vol. 56 (2000), S. 125.

Golub, Anton: Overview of High Frequency Trading, Manchester Business School, 15. April 2011, http://tradersplace.net/document/9/overview-ofhigh-frequency-trading.

Gomber, Peter/ Arndt, Björn/ Lutat, Marco/ Uhle, Tim: High-Frequency Trading, http://ssrn.com/abstract=1858626.

Goshen, Zohar/ Parchmovsky, Gideon: The Essential Role of Securities Regulation, Duke Law Journal, Vol. 55 (2006), S. 711, http://scholarship.law.duke.edu/dlj/vol55/iss4/1.

Goshen, Zohar/ Parchomovsky, Gideon: On Insider Trading, Markets, And „Negative" Property Rights in Information, Virginia Law Review, Vol. 87 (2001), S. 1229.

Gray, Daniel: The Essential Role of Regulation in Promoting Equity Market Competition, Brooklyn Journal of Corporate, Financial & Commercial Law, Vol. 1 (2007), S. 395,

http://practicum.brooklaw.edu/sites/default/files/print/pdfs/journals/brooklyn-journal-corporate-financial-and-commercial-law/volume-1/number-2/cfcl_v1ii_3.pdf.

Grimme, Leoni/ v. Buttlar, Julia: Neue Entwicklungen in der Ad-hoc-Publizität, WM – Zeitschrift für Wirtschafts- und Bankrecht, 2003, S. 901.

Grossman, Sanford Jay/ Miller, Merton H.: Liquidity and Market Structure, The Journal of Finance, Vol. 43 (1988), S. 617, http://people.stern.nyu.edu/lpederse/courses/LAP/papers/InventoryRisk/GrossmanMiller.pdf.

Hagströmer, Björn/ Norden, Lars: The Diversity of High Frequency Traders (May 18, 2013), http://ssrn.com/abstract=2153272.

Haldane, Andrew: The Race to Zero, Speech at the International Economic Association Sixteenth World Congress, Beijing, China, 8. Juli 2011, http://www.bankofengland.co.uk/publications/Documents/speeches/2011/speech509.pdf.

Harris, Larry: Trading & Exchanges: Market Microstructure for Practitioners, Oxford Press (2003).

Hasbrouck, Joel: Intraday Price Formation in U.S. Equity Index Markets, Journal of Finance, Vol. 58 (2003), S. 2375.

Hellgardt, Alexander: Kapitalmarktdeliktsrecht: Haftung von Emittenten, Bietern, Organwaltern und Marktintermediären – Grundlagen, Systematik, Einzelfragen, Mohr Siebeck (2008).

Hopt, Klaus: The European Insider Dealing Directive, Common Market Law Review, Vol. 27 (1990), S. 51.

Hupka, Jan: Das Insiderrecht im Lichte der Rechtsprechung des EuGH, Europäische Zeitschrift für Wirtschaftsrecht, 2011, S. 860.

Jackson, Howell E./ Pan, Eric J.: Regulatory Competition in International Securities Markets: Evidence from Europe in 1999-Part I, Business Lawyer, Vol. 56 (2001), S. 653, http://ssrn.com/abstract=266176.

Jarrell, Gregg A.: Change at the Exchange: The Causes and Effects of Deregulation, Journal of Law and Economics, Vol. 27 (1984), S. 273.

Jeitschko, Thomas D.: NYSE Changing Hands: Antitrust and Attempted Acquisitions of an Erstwhile Monopoly, 17. August 2013, http://ssrn.com/abstract=2311722.

Joint CFTC-SEC Advisory Committee on Emerging Regulatory Issues (JAC): Findings Regarding the Market Events of May 6, 2010, Report of the Staffs of the CFTC and SEC to the Joint Advisory Committee on Emerging Regulatory Issues, 30. September 2010, http://www.sec.gov/news/studies/2010/marketevents-report.pdf.

Jones, Charles M.: What Do We Know About High-Frequency Trading?, Columbia Business School Research Paper No. 13-11, http://ssrn.com/abstract=2236201.

Karmel, Robert S.: Turning Seats into Shares: Causes and Implications of Demutualization of Stock and Future Exchnages, Hastings Law Journal, Vol. 53 (2002), S. 367, http://ssrn.com/abstract=256867.

Karmel, Roberta S.: Outsider Trading on Confidential Information – A Breach in Search of a Duty, Chardozo Law Review, Vol. 83 (1998), S. 83, http://ssrn.com/abstract=10321.

Kearns, Michael/ Nevmyvaka, Yuriy: Machine Learning for Market Microstructure and High Frequency Trading, in: Easley/Lopez de Prado/O'Hara (Hrsg.), High Frequency Trading – New Realities for Traders, http://www.cis.upenn.edu/~mkearns/papers/KearnsNevmyvakaHFTRiskBooks.pdf.

Ketchum, Richard G./ Weimer, Beth E.: Market 2000 and the Nasdaq Stock Market, Iowa Journal of Corporate Law, Vol. 19 (1994), S. 559.

Keyser, Henry: The Law Relating to Transaction on the Stock Exchange, 1. Auflage (1850), Oxford Press.

Kirilenko, Andrei A./ Samadi, Mehrdad/ Kyle, Albert S./ Tuzun, Tugkan: The Flash Crash: The Impact of High Frequency Trading on an Electronic Market, 24. September 2014, http://ssrn.com/abstract=1686004.

Klöhn, Lars: § 6 Kapitalmarktrecht, in: Langenbucher (Hrsg.), Europarechtliche Bezüge des Privatrechts, 2. Auflage (2008), S. 281.

Klöhn, Lars: §§ 12–15, in Hirte/Möllers, Kölner Kommentar zum WpHG, 2. Auflage (2014), Carl Heymanns.

Klöhn, Lars: Die insiderrechtliche Bereichsausnahme für Bewertungen aufgrund öffentlich bekannter Umstände (§ 13 Abs. 2 WpHG), WM – Zeitschrift für Wirtschafts- und Bankrecht, WM 2014, S. 537.

Klöhn, Lars: Kapitalmarkt, Spekulation und Behavioral Finance, Duncker & Humblot, 2006.

Klöhn, Lars: Marktmanipulation auch bei kurzfristiger Kursbeeinflussung – das „IMC Securities"- Urteil des EuGH, Neue Zeitschrift für Gesellschaftsrecht, 2011, S. 934.

Klöhn, Lars: The European Insider Trading Regulation after Spector Photo Group, European Company and Financial Law Review, 2010, S. 347.

Klöhn, Lars: Wertpapierhandelsrecht diesseits und jenseits des Informationsparadigmas, Zeitschrift für das gesamte Handels- und Wirtschaftsrecht, Vol. 177 (2013), S. 349.

Korsmo, Charles R.: High-Frequency Trading: A Regulatory Strategy, Richmond Law Review Vol. 48 (2013), S. 523, http://lawreview.richmond.edu/wp/wp-content/uploads/2014/03/Korsmo-482-AC.pdf.

Kruse, Dominik: §§ 12–15, in: Schwark/Zimmer (Hrsg.), Kapitalmarktrechtskommentar, 4. Auflage (2010).

Kurtzman, Joel: How the Markets Really Work, Crown Business (2002).

Langevoort, Donald: U.S. Securities Regulation and Global Competition, Virginia Law & Business Review, Forthcoming, Vol. 3 (2008), S. 191, http://ssrn.com/abstract=1313133.

Leber, Christian/ Geib, Benjamin/ Litz, Heiner: High Frequency Trading Acceleration using FPGAs, http://ra.ziti.uni-heidelberg.de/cms/images/pdfs/High-frequency-trading.pdf.

Lee, Sang/ Zubulake, Paul: The High-Frequency Game Changer – How Automated Trading Strategies Have Revolutionized the Markets, New Jersey, Wiley Publishing (2011).

Leis, Diego: High Frequency Trading: Market Manipulation and Systemic Risks from an EU perspective, 29. Februar 2012, http://ssrn.com/abstract=2108344.

Levitt, Arthur: Best Execution, Price Transparency and Linkages: Protecting the Investor Interest, Washington University Law Quarterly, Vol. 78 (2000), S. 514.

Lewis, Michael: Flash Boys, 2014.

Lin, Tom C.: The New Investor, UCLA Law Review Vol. 60 (2013), S. 678, http://ssrn.com/abstract=2227498.

Loss, Louis/ Seligman, Joel: Fundamentals of Securities Regulation, 6. Auflage (2011).

Macey, Jonathan R./ O'Hara, Maureen: Regulating Exchanges and Alternative Trading Systems: A Law and Economics Perspective, Journal of Legal Studies, Vol. 28 (1999), S. 17.

Macey, Jonathan R./ O'Hara, Maureen: From Markets to Venues: Securities Regulations in an Evolving World, Standford Law Review, Vol. 58 (2005), http://digitalcommons.law.yale.edu/fss_papers/1396.

MacIntosh, Jeffrey G.: High Frequency Traders: Angels or Devils?, C.D. Howe Institute, Commentary No. 391, Oktober 2013, http://www.cdhowe.org/pdf/Commentary_391.pdf.

Mahoney, Paul G.: The Exchange As Regulator, Virginia Law Review, Vol. 83 (1997), S. 1453, http://ssrn.com/abstract=10539.

Mandelbrot, Benoit/ Hudson, Richard L.: The Misbehavior of Markets: A Fractal View of Financial Turbulence, 2006.

Mankiw, N. Gregory: Principles of Economics, 6. Auflage (2011).

Manne, Henry G.: Insider Trading and the Stock Market, The Free Press NY (1966), http://www.jura.uni-muenchen.de/fakultaet/lehrstuehle/eidenmueller/_dokumente/ecil/manne_1966.pdf.

Markham Jerry W./ Harty, Daniel J.: For Whom the Bell Tolls: The Demise of Exchange Trading Floors and the Growth of ECNs, The Journal of Corporation Law, Vol. 33 (2008), S. 865.

Markham, Jerry W./ Harty, Daniel J.: For Whom the Bell Tolls: The Demise of Exchange Trading Floors and Growth of ECNs, Iowa Journal of Corporate Law, Vol. 33 (2008), S. 865.

Markowitz, Harry: Portfolio Selection, The Journal of Finance, Vol. 7 (1952), S. 77.

Matus, Gabriel: The Regulation of Alternative Trading Systems: Market Fragmentation and the New Market Structure, New York Law School Law Review, Vol. 44 (2001), S. 583.

McLaughlin, Daniel A.: Liability Under Rules 10b-5(a) & (c), Delaware Journal of Corporate Law, Vol. 31 (2006), S. 631, http://ssrn.com/abstract=910052.

Mennicke, Petra R.: Sanktionen gegen Insiderhandel. Eine rechtsvergleichende Untersuchung unter Berücksichtigung des US-amerikanischen und britischen Rechts, Duncker & Humblot (1996).

Michie, Ranald: The Global Securities Market: a History, Oxford Press (2008).

Mock, Sebastian/ Stoll, Andreas: § 20a, in Hirte/Möllers (Hrsg.), Kölner Kommentar zum WpHG, 2. Auflage (2014), Carl Heymanns.

Moloney, Niamh: The European Securities and Markets Authority and institutional design for the EU financial market: a tale of two competences: part (1) rulemaking European Business Organization Law Review, Vol. 12 (2011), S. 41.

Moon, John G.: The Dangerous Territoriality of American Securities Law: A Proposal for an Integrated Global Securities Market, http://cyber.law.harvard.edu/rfi/papers/Territorya.PDF.

Nazareth, Annette L.: Symposium Securities Law for the Next Millennium: A Forward-Looking Statement: Remarks, St. John's Law Review, Vol. 75 (2001), S. 15.

O'Hara, Maureen/ Oldfield, George S.: The Microeconomics of Market Making, The Journal of Financial and Quantiative Analysis, Vol. 21 (1986), S. 361.

Palmiter, Alan R.: Securities Regulation, Wolters Kluwer Law & Business, 6. Auflage (2014).

Pan, Eric: A European Solution To The Regulation of Cross-Border Markets, Brooklyn Journal of Corporate, Financial & Commerical Law, Vol. 2 (2007), S. 133.

Panayides, Marios: Affirmative Obligations and market making with inventory, The Journal of Financial Economics, Vol. 86 (2007), S. 513, http://ssrn.com/abstract=890803.

Patterson, Scott D.: The Quants: How a New Breed of Math Whizzes Conquered Wall Street and Nearly Destroyed It, Crown Business (2010).

Podewils, Felix: Wertpapier-Auftragsausführungssysteme im Wettbewerb, Börsen, Geregelte Märkte und Internalisierer, Verlag Dr. Kowac (2007).

Poser, Norman S.: Restructuring the Stock Markets: A Critical Look at the SEC's National Market System, New York University Law Review, Vol. 56 (1981), S. 883.

Pouncy, Charles R.: The Scienter Requirement and Wash Trading in Commodity Futures: The Knowledge Lost in Knowing, Cardozo Law Review, Vol. 16 (1995), S. 1625, http://ssrn.com/abstract=1629256.

Read, Colin: The Efficient Market Hypothesists, Plagrave Macmillan (2012).

Robbins Geller Rudman & Dowd LLP: Complaint, *City of Providence, Rhode Island v. BATS Global Markets, Inc. et al.*, http://www.rgrdlaw.com/media/cases/279_complaint.pdf.

Rojas, Raúl: Konrad Zuse's Legacy: The Architecture of the Z1 and Z3, IEEE Annals of the History of Computing, Vol. 19 (1997), S. 5.

Ross, Lee: The intuitive psychologist and his shortcomings: Distortions in the attribution process, in: Berkowitz (Hrsg.), Advances in experimental social psychology, 10. Auflage (1977).

Samuelson, Paul: General Proof that Diversification Pays, Journal of Financial and Quantitative Analysis, Vol. 2 (1967), S. 1.

Schall, Alexander: Insiderinformation und zivilrechtliche Aufklärungspflicht – Das Leitbild des Individualvertrags als neue Perspektive, JuristenZeitung, 2010, S. 392.

Schlieper, Ulrich: Tatonnement and Non Tatonnement Process of the Price Mechanism, Zeitschrift für Nationalökonomie, Vol. 34 (1974), S. 107.

Schultheiß, Tilman: Die Neuerungen im Hochfrequenzhandel, WM – Zeitschrift für Wirtschafts- und Bankrecht, 2013, S. 596.

Scopino, Gregory: The (Questionable) Legality of High-Speed ‚Pinging' and ‚Front Running' in the Futures Markets, http://ssrn.com/abstract=2432359.

SEC: Concept Release on Equity Market Structure, 14. Januar 2010, Release No. 34-61358; File No. S7-02-10, www.sec.gov/rules/concept/2010/34-61358.pdf.

SEC: Market 2000 – An Examination of Current Equity Market Developments, Januar 1994, http://www.sec.gov/divisions/marketreg/market2000.pdf.

SEC: SEC, Office of Compliance Inspections and Examinations, National Examination Priorities 2013, 21. Februar 2013, https://www.sec.gov/about/offices/ocie/national-examination-program-priorities-2013.pdf.

SEC: Special Study: Electronic Communication Networks and After-Hours Trading, http://www.sec.gov/news/studies/ecnafter.htm.

SEC: The October 1987 Market Break, A Report by the Division of Market Regulation, Februar 1988, http://www.sechistorical.org/collection/papers/1980/1988_0201_MarketBreak_01.pdf.

Seitz, Jochen: Die Integration der europäischen Wertpapiermärkte und die Finanzmarktgesetzgebung in Deutschland, Zeitschrift für Bank- und Kapitalmarktrecht, 2002, S. 340.

Seligman, Joel: The Future of the National Market System, The Journal of Corporation Law, Vol. 10 (1984), S. 79.

Seligman, Joel: The SEC Advisory Committee on Market Information and the Future of the National Market System, The Business Lawyer, Vol. 57 (2002), S. 637.

Shkilko, Andriy/ Van Ness, Bonnie F./ Van Ness, Robert A.: Locked and Crossed Markets on NASDAQ and the NYSE, Journal of Financial Markets, Vol. 11 (2008), S. 3 http://ssrn.com/abstract=610584.

Simon, George T./ Trkla, Kathryn M.: The Regulation of Specialists and Implications for the Future, The Business Lawyer, Vol. 61 (2005), S. 217.

Skjeltorp, Johannes Atle/ Ødegaard, Bernt Arne: When Do Listed Firms Pay for Market Making in Their Own Stock?, Financial Management, SSRN: http://ssrn.com/abstract=1944057.

Smith, Jeffrey: The Cross-Sectional Effects of Order Handling Rules and 16ths on NASDAQ, National Association of Securities Dealers, Working Paper 98-02 (1998), S. 3.

Somowitz, Ian/ Lee, Ruben: On the Road to Reg ATS – A Critical History of the Regulation of Automated Trading Systems, eBusiness Research Center Working Paper 10-2001, http://www.smeal.psu.edu/ebrc/publications/res_papers/2001_10.

Spindler, Gerald/ Hüther, Mario: Börse ohne Parkett – oder: Alternative Trading Systems – Elektronische Handelssysteme in den USA, Recht der Internationalen Wirtschaft, 2002, S. 649.

Stout, Lynn: Irrational Expectations, Legal Theory, Vol. 3 (1997), S. 227.

Stout, Lynn: Why the Law Hates Speculators: Regulation and Private Ordering in the Market for OTC Derivatives, Duke Law Journal, Vol. 48 (1999), S. 701, http://scholarship.law.duke.edu/dlj/vol48/iss4/2.

Subcommittee on Annual Review, Committee on Federal Regulation of Securities: Significant 1986 Regulation and Legislative Developments: Triple-Witching Friday Experiment, The Business Lawyer, Vol. 42 (1987), S. 827.

Szonert-Binienda, Maria: Passporting Financial Services Throughout the European Union, Banking Law Journal, Vol. 116/5 (1999), S. 456.

US Presidential Task Force on Market Mechanisms: Report of the Presidential Task Force on Market Mechanisms, submitted to The President of the United States, The Secretary of the Treasury, and The Chairman of the Federal Reserve Board (Brady Report), Januar 1988, https://archive.org/details/reportofpresiden01unit.

Venkataraman, Kumar/ Waisburd, Andrew: The Value of the Designated Market Maker, Journal of Financial and Quantitative Analysis, Vol. 42 (2007), S. 735.

Ventoruzzo, Marco: Comparing Insider Trading in the United States and in the European Union: History and Recent Developments, Law Working Paper No. 257/2014, http://ssrn.com/abstract=2442049.

Walla, Fabian: Die Europäische Wertpapier- und Marktaufsichtsbehörde (ESMA) als Akteur bei der Regulierung der Kapitalmärkte Europas – Grundlagen, erste Erfahrungen und Ausblick, Zeitschrift für Bank- und Kapitalmarktrecht, 2012, S. 265.

Yoon, Hyun: Trading in a Flash: Implication of High Frequency Trading for Securities Regulators Worldwide, Emory International Law Review, Vol. 24 (2010), S. 913.

Zhang, S. Sarah: Need for Speed: An Empirical Analysis of Hard and Soft Information in a High Frequency World, http://ssrn.com/abstract=1985951.

A. Phänomen | Definition | Thesenstruktur

I. Phänomen

Nach der Subprime-Krise (2007) und der Eurokrise (2010) scheint ein neuer Schrecken am Horizont der Finanzmärkte empor gestiegen zu sein: der Hochfrequenzhandel (englisch: *high-frequency trading*).

Folgt man dem medialen Bild, so gewinnt man den Eindruck, dass scheinbar unbemerkt Computer den Börsenhandel übernommen und so das traditionsreiche Börsenparkett in eine reine Fernsehkulisse verwandelt haben.[1] Die Kaufentscheidungen liegen nun nicht mehr bei stimmmächtigen Parketthändlern, sondern bei Computern, die von Algorithmen mit griffigen Namen wie *stealth*, *guerrilla*, *sniper* und *sniffer* gelenkt werden.[2] Kauf- und Verkaufsaufträge werden in Bruchteilen von Sekunden abgewickelt und der normale Anleger (*mom-and-pop investor*) bleibt auf der Strecke liegen.[3]

Die Folge wäre, dass wer nicht technologisch Schritt halten kann, vom Markt ausgestoßen wird und wer versucht Schritt zu halten, gezwungen ist Millionen in die immer neueste Technik zu investieren, um stets einen kleinen Vorsprung vor der Konkurrenz erzielen zu können.[4] Es scheint, dass nur die Größten und Stärksten am Finanzmarkt überleben können und der Privatanleger längst auf der Strecke geblieben ist. Als wenn dies nicht genug des Schreckens wäre, birgt der Hochfrequenzhandel zudem die ständige Gefahr technischer Störungen. Computer können die hohe Aufgabenlast nicht immer bewältigen und mancher Algorithmus ist schlicht fehlerhaft, so wie im Falle der *Knight Capital Group*, welche aufgrund eines Programmierfehlers 440 Millionen Dollar verlor.[5] Dies ist aber nicht der einzige „Crash“, der mit dem Hochfrequenzhandel in Verbindung gebracht wird. So soll bereits der *Black Monday Crash* vom 19. Oktober 1987 und der *Flash Crash* vom 6. Mai 2010 ebenfalls auf Computerhändler zurückzuführen sein.[6] Letzterer soll dabei für die Vernichtung von einer Billion Dollar an Markt-

---

1 Handelsblatt online, Schnell sein und Hirn ausschalten, 19.09.2011.
2 Reuters online, Snipers, sniffers, guerillas: the algo-trading war, 31.05.2007.
3 FAZ online, Millisekunden-Handel: Börsen kämpfen mit ihrer Technik, 07.08.2012.
4 FTD online, Hochfrequenzhandel: Jede Millisekunde kann entscheiden, 19.11.2012.
5 Forbes online, Knight Capital Trading Disaster Carries $440 Million Price Tag, 02.08.2012.
6 Telepolis online, Rausch der Geschwindigkeit, 15.11.2012.

kapitalisierung verantwortlich sein.[7] So ist es nicht verwunderlich, dass die Wirtschaft nun nach einer strengen Regulierung des Hochfrequenzhandels verlange.[8]

Was nach filmreifer Fiktion klingt, hat aber durchaus seinen Wahrheitskern: Kaufentscheidungen werden tatsächlich von Computern gefällt. Die dramatischen Börsencrashs gab es wirklich und es scheint ein Zusammenhang mit dem Hochfrequenzhandel zu bestehen. Wenn nun nach Regulierung gerufen wird, entsteht der Eindruck, als würde nach einem vermeintlichen Allheilmittel gerufen, um ein diffus empfundenes Problem zu lösen.

Fraglich ist, ob überhaupt der Hochfrequenzhandel ein Problem darstellt. Wäre dem so, stellt sich die Frage, wie dieses zu lösen sei, wobei hierbei zunächst zu fragen ist, ob das Problem nicht durch fehlerhafte Regulierungsmaßnahmen hervorgerufen wurde. In einem solchen Fall wäre es effizienter, das grundlegende Problem zu lösen, anstatt dieses mit zusätzlichen Regulierungsmaßnahmen zu kompensieren.

II. Definition

Zunächst ist der Bedeutungsgehalt des Begriffs *Hochfrequenzhandel* abzugrenzen. Der Begriff des Hochfrequenzhandels weist lediglich die Modalität eines Börsenhandels aus, dass dieser häufig, also mit einer hohen Frequenz erfolgt. Der Begriff weist jedoch nicht aus, welche Handelsstrategien oder Geschäftsstrategien damit verfolgt werden, noch wer in diesem aktiv ist. Zahlreiche Definitionen haben versucht, den Bedeutungsgehalt des Hochfrequenzhandels einzugrenzen.

1. Definitionsversuche

Folgende Definitionen sind dabei in den USA und der EU hervorgebracht worden:

a) Gesetz über das Kreditwesen
Indirekt wird der Hochfrequenzhandel in § 1 Abs. 1a Nr. 4 lit. d) KWG beschrieben:

[Das] Kaufen oder Verkaufen von Finanzinstrumenten für eigene Rechnung als unmittelbarer oder mittelbarer Teilnehmer eines inländischen organisierten Marktes oder multilateralen Handelssystems mittels einer hochfrequenten algorithmischen Handelstechnik, die gekennzeichnet ist durch die Nutzung von Infrastrukturen, die darauf abzielen, Latenzzeiten zu minimieren, durch die Entscheidung des Systems über die Einleitung, das Erzeugen, das Weiterleiten oder

7 1.000 Milliarden oder 1.000.000.000.000 = 10^{12}.

8 FAZ online, Fondsverband gegen superschnellen Aktienhandel, 21.08.2012.

die Ausführung eines Auftrags ohne menschliche Intervention für einzelne Geschäfte oder Aufträge und durch ein hohes untertägiges Mitteilungsaufkommen in Form von Aufträgen, Quotes oder Stornierungen, auch ohne Dienstleistung für andere (Eigenhandel),

b) U.S. Securities and Exchange Commission

In ihrem *Concept Release on Equity Structure* definierte die SEC wie folgt den Hochfrequenzhandel:

[High Frequency Trading refers] to professional traders acting in a proprietary capacity that engage in strategies that generate a large number of trades on a daily basis. These traders could be organized in a variety of ways, including as a proprietary trading firm (which may or may not be a registered broker-dealer and member of the FINRA), as the proprietary trading desk of a multi-service broker-dealer, or as a hedge fund (all of which are referred hereinafter collectively as a "proprietary firm"). Other characteristics often attributed to proprietary firms engaged in HFT are: (1) the use of extraordinarily high-speed and sophisticated computer programs for generating, routing, and executing orders; (2) use of co-location services and individual data feeds offered by exchanges and others to minimize network and other latencies; (3) very short time-frames for establishing and liquidating positions; (4) submission of numerous orders that are cancelled shortly after submission; and (5) ending the trading day in as close to a flat position as possible (that is, not carrying significant, unhedged positions over-night).[9]

c) U.S. Commodity Futures Trading Commission

Das *CFTC Technology Advisory Committee Sub-Committee on Automated and High Frequency Trading* beschrieb den Hochfrequenzhandel als:

High frequency trading is a form of automated trading that employs:

- *algorithms for decision making, order initiation, generation, routing, or execution, for*
- *each individual transaction without human direction;*
- *low-latency technology that is designed to minimize response times, including*
- *proximity and co-location services;*
- *high speed connections to markets for order entry; and*
- *high message rates (orders, quotes or cancellations).*[10]

9 SEC, Concept Release on Equity Market Structure, 2010, S. 45.

10 CFTC Technology Advisory Committee Sub-Committee on Automated and High Frequency Trading – Working Group Presentation, May 2012, S. 3.

d) Committee of European Securities Regulators

Das *Committee of European Securities Regulators* definierte den Hochfrequenzhandel als:

HFT is a form of automated trading and is generally understood as implying speed. Using very sophisticated computers and IT programs, HF traders execute trades in matters of milliseconds on electronic order books and hold new equity positions possibly down to a "sub-second". HFT generally involves a getting in and out of positions throughout the daywith a "flat" position at the end of the day. HF traders use their own capital and do not act as on behalf of clients. HF traders follow different strategies (e.g. arbitrage, trading on prices which appear out of equilibrium, trading on perceived trading patterns, etc.) but are generally geared towards extracting very small margins from trading financial instruments between different trading platforms at hyper fast speed.[11]

e) MiFID II

Eine hochfrequente algorithmische Handelstechnik wird in Art. 4 Abs. 1 Nr. 40 MiFID II wie folgt definiert:

'high-frequency algorithmic trading technique' means an algorithmic trading technique characterised by:
(a) infrastructure intended to minimise network and other types of latencies, including at least one of the following facilities for algorithmic order entry: co-location, proximity hosting or high-speed direct electronic access;
(b) system-determination of order initiation, generation, routing or execution without human intervention for individual trades or orders; and
(c) high message intraday rates which constitute orders, quotes or cancellations;

f) Deutsche Börse Group

Im Hochfrequenzhandelsgutachten der *Deutsche Börse Group* raffinieren die Autoren aus den bestehenden Definitionen eine Liste spezifischer Eigenschaften, die mit dem Hochfrequenzhandel regelmäßig in Verbindung gebracht werden, da bisher keine Definition konsensfähig sei.[12]

Diese spezifischen Charakteristiken umfassen:
- hohe Orderanzahlen;
- schnelle Orderstornierung;
- eigenhandel;

11 CESR, Call for Evidence, Micro-structural issues of the European Equity Markets, S. 2.
12 *Gomber/Arndt/Lutat/Uhle*, High-Frequency Trading, S. 13–15.

- Gewinne aus der Liquiditätsintermediation;
- keine gewichtigen Übernachtpositionen;
- kurze Haltedauer;
- extrem geringe Gewinne aus dem Handel;
- hohes Geschwindigkeitsbedürfnis;
- Nutzung von Co-Location/Proximity Services und individuellen Finanzdatenströme; und
- Fokus liegt auf liquiden Instrumenten.

2. Eigenständige Definition für den Rahmen dieser Untersuchung

Für den weiteren Verlauf der Arbeit wird eine eigene Definition gewählt:

> *Hochfrequenzhandel ist eine Form der Finanzintermediation, die Gewinne aus der Konsumtion von Marktineffizienzen (Arbitrage) realisiert, die durch Regulierungsmaßnahmen, Liquiditätsungleichgewichte (Market Making), Preisfindungsineffizienzen, Latenzen oder durch Heuristiken der Marktteilnehmer hervorgerufen werden. Aufgrund des positionalen Wettbewerbs innerhalb dieser Finanzintermediation erfolgt diese modal in einer zunehmend schnelleren und hochfrequenten Weise.*

III. Verlauf der Untersuchung

Zu Beginn soll der finanzwissenschaftliche Hintergrund des Hochfrequenzhandels erläutert werden. Hierbei sollen die Handelsstrategien, die Handelsinfrastruktur und die Marktverteilung des Hochfrequenzhandels dargestellt werden. Im Weiteren soll der Regulierungsrahmen und die Entstehung des Hochfrequenzhandels in den USA und der EU dargestellt werden.

Ziel der Untersuchung ist es, festzustellen, ob und welcher Anpassungen die Regulierungsrahmen der USA und der EU bedürfen, um den Problemen und Gefahren des Hochfrequenzhandels wirksam begegnen zu können. Diese grundsätzliche Frage soll mit Hilfe dreier Thesen untersucht werden (1) Der Hochfrequenzhandel beeinträchtigt durch Orderfluten und der Gefahr fehlerhafter Algorithmen die Finanzmarktstabilität und Finanzmarktqualität, da die Regulierungsrahmen über keine wirksamen Schutzmechanismen verfügen; (2) Hochfrequenzhändler werden von den Handelsplätzen bevorteilt und verfügen über technologische Fähigkeiten, die zu einer regulierungsbedürftigen Marktteilnehmerasymmetrie führen; und (3) der Hochfrequenzhandel offenbart Schwächen des Marktmissbrauchsschutzes.

Sollte der Hochfrequenzhandel tatsächlich ursächlich für Probleme und Gefahren sein, versucht diese Arbeit Regulierungsempfehlungen zu erarbeiten, die diese nicht lediglich kompenisieren, sondern ursachennah abstellen. Dies soll deren Regulierungswirkung erhöhen und mögliche Begleitbeeinträchtigungen in anderen Finanzmarktbereichen vermindern. Dies setzt wiederum Kenntnisse vom Gesamtmarktverhalten voraus, wodurch sich folgende Fragen ergeben (1) Warum haben Marktteilnehmer eine Motivation, massenhaft Order zu entsenden und ungetestete Algorithmen für den Aktienhandel zu nutzen; (2) Welchen Nutzen haben Handelsplätze, Hochfrequenzhändler gegenüber anderen Marktteilnehmern zu begünstigen; und (3) Woraus ergeben sich marktmissbräuchliche Eigenschaften des Hochfrequenzhandels? Da die Beantwortung dieser Frage, Grundlage für alle Folgefragen ist, soll auch mit diesen begonnen werden.

Die Arbeit beschränkt sich auf die Regulierung des Aktienhandels, da der Hochfrequenzhandel am stärksten im Aktienhandel erfolgt.[13]

13 *Aldridge*, High-Frequency Trading, S. 12.

B. Finanzwissenschaftlicher Hintergrund

Nach der Definition des Hochfrequenzhandels soll im finanzwissenschaftlichen Abschnitt ein Einblick in die Welt des Hochfrequenzhandels gegeben werden. Hierzu sollen die im Hochfrequenzhandel verfolgten Handelsstrategien, das Marktumfeld und die Crashs mit möglichen HFT-Bezug erläutert werden.

I. HFT | Handelsstrategien

Die im Hochfrequenzhandel verfolgten Handelsstrategien sind solche der Finanzintermediation. Eine solche zeichnet sich durch die Vermittlung zwischen dem Kapitalangebot und der Kapitalnachfrage aus. An einem einfachen Beispiel veranschaulicht bedeutet dies, dass der Intermediär vom ungeduldigen Verkäufer kauft und versucht diese Positionen an spätere Kaufinteressierte weiterzuleiten. Da der Intermediär dadurch auch das Weiterveräußerungsrisiko trägt, lässt sich der Intermediär auch diesen Unmittelbarkeitsservice bezahlen, indem er nur günstig einkauft und zu hohen Preisen versucht zu veräußern. Während Handelsplätze also ein Forum zum Austausch von Angebot- und Nachfrageinteressen bieten, führen Intermediäre diese konkret zusammen und machen diesen Austausch effizienter. Intermediäre haben somit kein wirtschaftliches Interesse, in ein Papier zu investieren, sondern wollen lediglich diese als Vermittler für einen bestimmten Zeitraum halten. Intermediäre möchten lediglich Liquidität in der jeweils gewünschten Form dem Markt anbieten. Da sie nicht beabsichtigen, wirtschaftliche Eigentümer des Wertpapieres zu werden, bezeichnet man Intermediäre auch als *sell-side*, während andere Investoren, die sich in ein Unternehmen einkaufen wollen, also von der Wertentwicklung profitieren wollen, als *buy-side* bezeichnet werden. Die Begrifflichkeiten haben nichts mit dem tatsächlichen Kauf oder Verkauf zu tun.

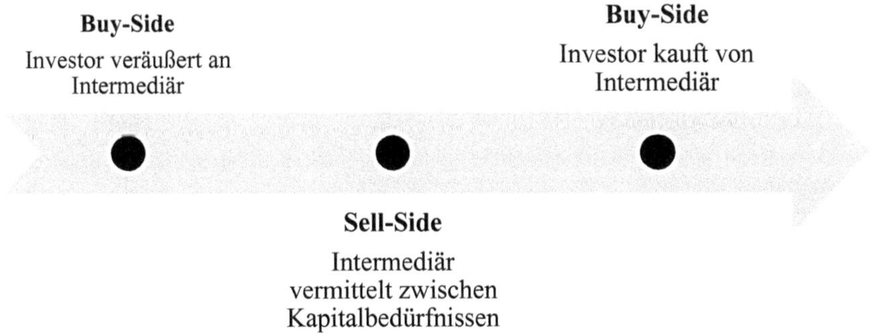

1. Market Making

Unter einem *market making* versteht man das fortlaufende Stellen passiver Order (*limit order*) sowohl auf der Käufer- als auch Verkäuferseite. Grundsätzlich besteht hierbei der Gewinn aus der Differenz zwischen dem höchsten Kaufgebot und dem niedrigsten Verkaufsgebot (*bid-ask spread*).[14]

Ein *market making* kann aufgrund einer verpflichtenden Stellung als *designated market maker* (NYSE) oder *designated sponsor* (FWB) erfolgen. Im Gegenzug für diese Verpflichtung erhalten *market maker* Handelsvorteile und oder ein Entgelt. Das *market making* erfolgt aber auch durch nicht verpflichtete Marktteilnehmer (*endogenes market making*).[15] Der Handelsanreiz für *endogene market maker* liegt in den Gewinnen aus dem *bid-ask spread*. Weitere Anreize bilden asymmetrische Preisgestaltung der Handelsplätze (*maker/taker fee*) oder das Gewähren von Rabatten, die Handelsplätze einführten, um Liquidität anzulocken, um sich im Wettbewerb der Handelsplätze durchzusetzen.[16] Die *market maker* agieren dabei im Markt wie Liquiditätspuffer und können ein kurzzeitiges Überangebot und Unterangebot ausgleichen, indem sie dieses allmählich, also dämpfend, an den Markt weiterleiten.[17] Somit vermeiden sie, dass *blocktrades* starke Preisbewegungen hervorrufen.

Der Handel als *market maker* ist aber nicht risikofrei und ein *market maker* kann seine Profite steigern, indem er die damit verbundenen Risiken minimiert. Kauft ein *market maker* eine Position auf, so sieht er sich zwei Gefahren ausgesetzt. Zum einen dem Inventarrisiko, der Gefahr, dass die aufgebaute Position an Wert verliert und nicht mehr an den Markt ohne Verluste zurückgegeben werden kann.[18] Ferner die Gefahr einer adversen Selektion, dass der *market maker* unter einem Informationsnachteil leidet, den andere Marktteilnehmer ausnutzen.[19] Um die Gewinne aus dem *bid-ask spread* nicht zu gefährden, müssen *market maker* diese Risiken ausbalancieren. Hierbei versuchen Hochfrequenzhändler den Kursverlauf bestmöglich zu antizipieren. Um den Kursverlauf antizipieren

---

14 *O'Hara/Oldfield*, The Microeconomics of Market Making, The Journal of Financial and Quantitative Analysis, Vol. 21 (1986), S. 361.

15 *Anand/Venkataraman*, Market Conditions, Obligations and the Economics of Market Making, S. 1.

16 The Wall Street Journal, What's Behind High-Frequency Trading, Wall Street Journal, 1. August 2009, http://online.wsj.com/articles/SB124908601669298293.

17 *Anand/ Venkataraman*, Should Exchanges Impose Market Maker Obligations?, S. 3.

18 *Aldridge*, High-Frequency Trading, S. 167.

19 *Ibid.*

zu können, greifen *market maker* auf finanzmathematische Modelle zurück, die durch Auswertung historischer Marktdaten erstellt wurden.[20]

Einen weiteren Schutz bietet die schnelle Rückgabe der Position an den Markt, denn je kürzer die Position gehalten wird, desto geringer fallen Inventarrisiko und adverse Selektionsrisiken aus. Ferner ermöglicht ein häufigeres Zirkulierenlassen der Liquidität, auch größere Gewinne, trotz geringer *spreads*. Der überwiegende Teil der Hochfrequenzhandelsaktivitäten konzentriert sich auf Market-Making-Aktivitäten und es wird geschätzt, dass Strategien des *market making* zwischen 65 und 71 Prozent aller HFT-Aktivitäten ausmachen.[21]

2. Arbitrage

Ein weiteres Geschäftsfeld des Hochfrequenzhandels stellt der Arbitragehandel dar, bei welchem Intermediäre Preisineffizienzen nutzen, die durch korrelierende Instrumente oder sich wiederholende Handelsmuster sichtbar werden.[22] Preisineffizienzen können in unterschiedlicher Form, örtlich, zeitlich oder materiell gegeben sein. Im Folgenden sollen die unterschiedlichen Formen einer Arbitrage veranschaulicht werden.

a) Preisineffizienzen in einem Fragmentiertem Marktumfeld

Innerhalb der fragmentierten Martstruktur der USA und EU können gleiche Finanzinstrumente an unterschiedlichen Handelsplätzen gehandelt werden. Gemäß dem *law-of-one-price* müssten alle Güter an jedem Ort zum selben Preis gehandelt werden, wenn keine Sekundärkosten (Transport, Lagerung, etc.) anfallen würden (vollkommener Markt).[23]

Die Aktie der *Siemens AG* (SIE) müsste also denselben Wert in Berlin, wie in Frankfurt haben. Ist dem nicht so, eröffnen sich Handelsmöglichkeiten. Wäre beispielsweise der Preis der Aktien SIE in Berlin geringer als in Frankfurt, so könnte man in Berlin Aktien günstig einkaufen und zeitgleich Aktien gewinnbringend in Frankfurt verkaufen. Hierdurch ergibt sich ein nahezu risikofreier Gewinn. Das Risiko ist umso geringer, je geringer der Zeitabstand zwischen Kauf und Verkauf ist, da somit das Risiko gegenläufiger Preisbewegungen minimiert wird.

---

20 *Citadell Investment Group, LLC v. Teza Technologies LLC*, 924 N.E. 2d 95, S. 97–98.

21 *Hagströmer/Norden*, The Diversity of High Frequency Traders, S. 1.

22 *Aldridge*, High-Frequency Trading, S. 131.

23 *Mankiw*, Principles of Economics, S. 686.

b) Arbitrage zwischen unterschiedlichen Klassen von Instrumenten desselben Emittenten

Unterschiedliche Finanzinstrumente (Stamm- und Vorzugsaktien) desselben Emittenten verhalten sich grundsätzlich gleich auf Informationen bezüglich des Emittenten. Weichen die Marktreaktionen zwischen den einzelnen Instrumentenklassen ab, eröffnen sich wiederum Preisineffizienzen zu Arbitragezwecken.[24] Regelmäßig entstehen die Abweichungen aufgrund unterschiedlicher Liquidität im jeweiligen Marktsegment, da je liquider der Markt ist, desto schneller er auch Informationen einpreisen kann.[25]

c) Pairs Trading

Unternehmen eines gleichen Wirtschaftszweiges sollten grundsätzlich gleich auf gesamtwirtschaftliche Bewegungen reagieren. Coca-Cola (KO) und Pepsi-Cola (PEP) sind Produzenten eines koffein- und kohlensäurehaltigen Erfrischungsgetränkes. Steht ein heißer Sommer bevor, sollten beide Hersteller grundsätzlich gleiche Aussichten auf Gewinnsteigerungen, relativ zu ihrem Marktanteil, haben und entsprechend gleich deren Kurswerte steigen. Erzielten nun historisch beide Unternehmen gleiche Gewinne und Verluste, ist es wahrscheinlich, dass wenn der Kurs von KO und nicht der von PEP steigt, PEP unterbewertet ist und erst mit einer Verzögerung dem Gesamttrend folgen wird. Die Konsumtion dieser Ineffizienz erfolgt durch Kauf des unterbewerteten Instrumentes, hier PEP und dem Verkauf des überbewerteten Instrumentes, hier KO. Hierdurch können Gewinne unabhängig von der Marktentwicklung erzielt werden, also auch, wenn sich beide Werte im Abwärtstrend befinden, da die relative Ineffizienz konsumiert, also durch einen Arbitragehandel in Gewinne gewandelt wird.[26]

Inwieweit die Gewinne eines Instrumentes mit denen seines Marktumfeldes korrelieren, wird durch den Wert α ausgewiesen. Inwieweit ein Instrument regelmäßig hinsichtlich seines α-Wertes schwankt, wird durch den β-Wert ausgewiesen.

---

24 *Amihud/ Mendelson*, Asset Pricing and the Bid-Ask Spread, Journal of Financial Economics, Vol. 17 (1986), S. 223.

25 *Amihud/ Mendelson*, Asset Pricing and the Bid-Ask Spread, Journal of Financial Economics, Vol. 17 (1986), S. 223; *Amihud*, Illiquidity and stock returns: cross-section and time-series effects, Journal of Financial Markets, Vol. 5 (2002), S. 31; *Brennan/ Subrahmanyam*, Market microstructure and asset pricing: On the compensation for illiquidity in stock returns, Journal of Financial Economics, Vol. 41 (1996), S. 441.

26 *Elliott/ van der Hoek/ Malcom*, Pairs trading, Quantitative Finance, Vol. 5 (2005), S. 271.

Kauft man nun zwei Instrumente mit dem gleichen β-Wert, aber den entgegengesetzten α-Werten, können so Marktbewegungen ausgeglichen und auch Gewinne realisiert werden.[27] Die Zeitfenster für eine Market-Neutral-Arbitrage sind kurz und diese zu entdecken, verlangt hohe finanzanalytische Kapazitäten.[28]

d) ETF

Dem *law-of-one-price* folgend sollte auch der Marktpreis eines ETF mit dem Wert seiner Bestandteile korrelieren. Weichen diese voneinander ab, bieten sich Marktineffizienzen, die durch Arbitragegeschäfte in Gewinne umgewandelt werden können. So reagieren *S&P 500 ETF* schneller auf Informationen, als die Instrumente innerhalb des Index, da im *S&P 500 ETF* Segment mehr Liquidität vorhanden ist, als im Aktienhandel des Korbinhaltes.[29]

e) Allgemeine statistische Arbitrage

Der Marktpreis ist regelmäßig nicht stabil, da sich dieser im Wege eines Try-and-Error-Verfahrens durch Angebot und Nachfrage erst bestimmen muss (Preisfindungsmechanismus). Da das vollständige Angebot regelmäßig nicht auf die vollständige Nachfrage zeitgleich trifft, sondern versetzt und dabei unterschiedliche Erwartungen in die Instrumente eingepreist werden, ergeben sich zwangsläufig Preisschwingungen. Diesen Prozess bezeichnet man auch als *tâtonnement* (frz. etwas ertasten) und ähnelt dem eines Schwingkreises, der auf Impulse (Order) reagiert.[30] Diese Schwingungen sind Ineffizienzen der Preisfindung, die wiederum Arbitragemöglichkeiten bieten, wenn man den Schwingungsverlauf antizipieren kann.

f) Event Arbitrage

Die *event arbitrage* ist eine spezifische Form der statistischen Arbitrage, die gezielt Arbitragemöglichkeiten in den Tâtonnement-Preisschwingungsprozessen infolge

---

27 *Aldridge*, High-Frequency Trading, S. 103–104.

28 *Id.*, S. 134–135.

29 *Ibid.*

30 *Schlieper*, Tatonnement and Non Tatonnement Process of the Price Mechanism, Zeitschrift für Nationalökonomie 34 (1974), 107.

von Neuigkeitsmeldungen (*news release*) sucht,[31] sogenannte Korrespondenzverzerrungen.[32] Hierzu werten HFT-Akteure historische Marktdaten aus, um Muster aus diesen ableiten zu können, die sich für eine Event Arbitrage eignen. HFT werten fortlaufend die Marktdaten aus. Trifft eine neue Information ein, die historisch mit einer hinreichenden Wahrscheinlichkeit für ein bestimmtes Marktpreisreaktionsmuster gesorgt hat, baut der HFT sofort eine Position auf, die es ihm ermöglicht, die nun eintretenden Preisschwingungen zu konsumieren.

Relevante Marktereignisse sind dabei: Unternehmensdatenmeldungen,[33] branchenbezogene Meldungen[34] und makroökonomische Meldungen.[35] Unternehmensdatenmeldungen erscheinen regelmäßig zu definierten Zeiten und geben Auskunft über die Erträge des Unternehmens oder sind Analystenberichte. Branchenmeldungen beziehen sich regelmäßig auf Veränderungen des rechtlichen, wie auch wirtschaftlichen Umfeldes und erfolgen regelmäßig nicht zu definierten Momenten. Makroökonomische Meldungen sind Informationen zu gesamtwirtschaftlichen Veränderungen, wie Leitzinsänderungen, Inflationsratenfeststellung, ifo-Geschäftsklimaindex und ähnliche Indikatoren der gesamtwirtschaftlichen Lage. Diese erscheinen regelmäßig zu definierten Zeitpunkten.

g) Stale Quote Sniping

Ferner bieten verzögerte Reaktionen anderer Marktteilnehmer selbst Arbitragemöglichkeiten, wodurch Hochfrequenzhändler selbst der Gefahr ausgesetzt sind, Gegenstand einer Ineffizienzkonsumtion zu werden, wenn sie nicht über hinreichend schnelle Handelsinfrastrukturen verfügen.[36] Hintergrund ist folgender: Bieten zwei *market maker* Liquidität in einem Instrument an und treffen neue Informationen ein, die den intrinsischen Wert des Instrumentes positiv beeinflussen, werden beide *market maker* ihre Gebote entsprechend nach oben anpassen.[37] Der schnellere Hochfrequenzhändler kann nun das Gebot des langsameren Hochfrequenzhändlers konsumieren, bevor dieser dieses stornieren kann und an den

31 *Aldridge*, High-Frequency Trading, S. 147.

32 *Ross*, The intuitive psychologist and his shortcomings: Distortions in the attribution process, in: Berkowitz (Hrsg.), Advances in experimental social psychology, 10. Auflage, S. 2.

33 *Aldridge*, High-Frequency Trading, S. 153.

34 *Id*, S. 154.

35 *Id*, S. 154–155.

36 *Budish/Cramton/Shim*, The High-Frequency Trading Arms Race: Frequent Batch Auctions as a Market Design Response, S. 4.

37 *Ibid.*

Markt zum neuen Preis weiterreichen.[38] Der schnellere HFT realisiert risikofrei einen Gewinn. Eine solche Arbitrage wird als *stale quote sniping* bezeichnet. Hochfrequenzhändler müssen also schnell handeln können, um rechtzeitig Ineffizienzen zu konsumieren und andererseits schnell handeln können, um nicht selbst Gegenstand einer Arbitrage zu werden.[39]

h) Mustererkennung aus historischen Marktdaten

Es ist anzunehmen, dass Hochfrequenzhändler nicht auf ökonomischen Theorien basierend nach einer für eine Arbitrage relevante Korrelation suchen, sondern mittels *machine learning* (maschinelles lernen) die gesamten Marktdaten durchsuchen und grundsätzlich eine jede sich verallgemeinerungsfähige Korrelation ermitteln, ohne diese ökonomisch zu begründen.[40] Daraus ergibt sich, dass eine Vielzahl von unterschiedlichen Arbitragemöglichkeiten möglich ist.

3. Ableitungen

Durch die Möglichkeit, in Bruchteilen von Sekunden, die eigenen Order sofort an Marktveränderungen anzupassen, reduzieren sich die Risiken eines *market making*, und *market maker* können engere *spreads* bieten. Die schnellen Marktzugriffsfähigkeiten ermöglichen auch die Konsumtion von sehr kurzlebigen und geringen Ineffizienzen. Dies führt zu einer Verringerung der *spreads*, der Angleichung der Märkte und dem Dämpfen jeglicher Form von Preisfindungsineffizienzen. Dies harmonisiert die Märkte und lässt die impliziten Transaktionskosten für alle Marktteilnehmer sinken, was letztendlich nicht nur Banken und „Reichen" nützt, sondern auch dem Kleinanleger und dem Rentensparer, da Pensionsfonds effizienter und günstiger deren Ersparnisse am Kapitalmarkt anlegen können.[41]

Für Hochfrequenzhändler bedeutet dies jedoch, dass durch das Schrumpfen der *spreads* und dem Verschwinden von Ineffizienzen auch die Quellen ihrer Profite schrumpfen und sie ihr Handelsvolumen und die Frequenz steigern müssen,

---

38 *Ibid.*

39 *Id*, S. 57.

40 *Kearns/ Nevmyvaka*, Machine Learning for Market Microstructure and High Frequency Trading, S. 3.

41 *Malkiel*, High-Frequency Trading Benefits Both Large and Small Investors, Financial Times, 15. Dezember 2009, S. 24, online: http://www.ft.com/cms/s/0/33881656-e918-11de-a756-00144feab49a.html.

um auch weiterhin Gewinne realisieren zu können.[42] Dabei setzen die Hochfrequenzhändler ihre Handelsstrategien nicht isoliert ein, sondern kombinieren diese höchstwahrscheinlich. Die Kombinierbarkeit von Handelsstrategien ist keine neue Erfindung, sondern wurde bereits Mitte des 19. Jahrhunderts betrieben, sogenannte *speculative jobbers*.[43]

II. Grundlagen | Finanzmathematik und Informationstechnologie

Die Handelsstrategien des Hochfrequenzhandels beruhen im Wesentlichen auf der Fähigkeit den Kursverlauf zu antizipieren und mittels eines schnellen Zugriffs auf die Orderbücher, dieses Wissen umzusetzen. Hierzu bedarf der Hochfrequenzhandel wesentlich der Finanzmathematik und der Informationstechnologie. Im Folgenden soll ein Überblick über die Entwicklung der Finanzmathematik und Informationstechnologie gegeben werden.

1. Finanzmathematik

In der von *Louis Bachelier* im März 1900 an der *Sorbonne* eingereichten Dissertation zum Thema „*Théorie de la Spéculation*" betrachtete dieser den Kursverlauf von Aktienkursen erstmals ausschließlich mit stochastischen Mitteln, wobei er die Kursergebnisse als Zufallsprozess verstand.[44] Die Frage der Börsenspekulation verlagerte sich vom Instinkt oder der Wahrsagung in den Bereich der Wahrscheinlichkeitsverteilung, wodurch zwar jede Kursbewegung möglich, aber mit Blick auf den historischen Verlauf unterschiedlich wahrscheinlich ist.[45] *Bachelier* nimmt dabei an, dass sich die historische Schwankungsintenstität auf die künftige Volatilität des Kurses auswirkt und entwickelt eine Formel, die diesen Zufallsprozess auf einer Zeitschiene nachbilden konnte.[46] Dieses Modell ermöglicht nicht direkt die Vorhersage, wann ein Kurs steigen oder fallen wird, ermöglicht aber die Bestimmung, wann innerhalb des Kursverlaufes im Sinne eines Zufallsverlaufes mit dem Erreichen eines bestimmten Kursniveaus zu rechnen ist.[47] Die Ausrichtung dieses Modells erklärt sich durch *Bacheliers* vorangegangener Tätigkeit an

---

42 *Gomber/Arndt/Lutat/Uhle*, High-Frequency Trading, S. 15.

43 *Keyser*, The Law Relating To Transactions on the Stock Exchange, S. 26–27.

44 *Bachelier*, Théorie de la Spéculation, Annales scientifiques de l'É.N.S. 3e série, tome 17 (1900), S. 21.

45 *Id*, S. 31.

46 *Id*, S. 73.

47 Vgl. *Bernstein*, Capital Ideas, The improbable Origins of Modern Wall Street, S. 17ff.

der Pariser Börse, an welcher *Barrier-Optionen* gehandelt wurden, die erst ab dem Erreichen bestimmter Kurswerte aktiviert und ausgezahlt wurden.[48] *Bacheliers* Arbeit erlangte zu seiner Zeit, hinsichtlich der Benotung als auch hinsichtlich der ihm daraufhin angebotenen Anstellung, keine große Anerkennung.[49] Die Finanzmathematik und das darin liegende Interesse für Börsenspekulation waren noch nicht präsent. *Bachelier* war seiner Zeit voraus.

Dies änderte sich in den 1950ern, Börsenspekulation war nun Gegenstand der Forschung und besonderes Interesse galt dabei der Begrenzung von Risiken durch Diversifikation der Kapitalanlage, wodurch Derivate ein wachsendes Interesse auf sich zogen.[50] Besonders engagiert forschten hier *James Tobin*, *William Sharpe* und *Harry Markowitz*, welche die moderne Portfoliotheorie begründeten.[51] *Paul A. Samuelson* forschte ebenfalls in diesem Bereich und erhielt mittels einer Postkarte von *Leonard Jimmie Savage*, amerikanischer Statistiker und Mathematiker, den Hinweis, die Dissertation von *Bachelier* zu lesen.[52] *Samuelson* erkannte, dass *Bacheliers* Verständnis, den Zufallsprozess eines Börsenkurse hinsichtlich seiner Wahrscheinlichkeit zu begrenzen eleganter war, also sich diesem durch Einsteins *Brownschen Bewegung* zu nähern.[53] *Bachelier* war an der Wall Street angekommen.

Mit Beginn der 1960er und dem Wachstum der Derivate-Märkte war es Finanzmarktteilnehmern zunehmend leichter, ihre Risiken gezielt durch Zeichnung von Derivaten auszulagern.[54] Diese Risikodiversifikation erlaubte es nun, das eigene Risiko präzise zu gestalten und anzupassen, oder gar das Risiko, durch entgegengesetzte Risiken nahezu gänzlich aufzuheben.[55] Im Streben nach optimaler Risikodiversifikation, der daraus resultierenden Vervielfachung von Derivaten und dem damit einhergehenden Bedürfnis, Optionswerte berechnen zu können, rückte die Optionspreistheorie Ende der 1960er besonders durch das Wirken von *Fischer*

---

48 *Mandelbrot/Hudson*, The Misbehavior of Markets: A Fractal View of Financial Turbulence, S. 123–124.

49 *Id*, S. 124.

50 *Elton/Gruber*, Modern portfolio theory, 1950 to date, Journal of Banking & Finance; Vol. 21 (1997), S. 1743.

51 *Markowitz*, Portfolio Selection, The Journal of Finance, Vol. 7 (1952), S. 77.

52 *Read*, The Efficient Market Hypothesists, S. 75.

53 *Ibid.*

54 *Samuelson*, General Proof that Diversification Pays, Journal of Financial and Quantitative Analysis, Vol. 2 (1967), S. 1 ff.

55 *Ibid.*

Black, Myron Scholes und *Robert Merton* in das Interesse der Wissenschaft.[56] Diesen gelang es dann erstmals aus dem bisher verfügbaren Wissen eine Optionspreisformel abzuleiten, welche sie im Jahre 1973 veröffentlichten.[57] *Merton* und *Scholes* erhielten 1997 den Nobel-Gedächtnispreis für ihre Wirtschaftsforschung; *Black* war bereits 1995 verstorben.[58]

Die Finanzmathematik expandiert mit der Veröffentlichung der Optionspreisformel.[59] Im Streben, die Risiken immer diversifizierter abbilden zu können, mussten immer mehr Informationen in den dadurch immer komplexer werdenden Finanzmodellen berücksichtigt werden. Banken suchten nun gezielt Finanzmathematiker und Physiker, um komplexe Finanzmodelle erarbeiten zu können.[60] Entsprechend reagierte der akademische Markt und Universitäten boten Kurse in unterschiedlichen Disziplinen der Finanzmathematik an, wobei *Chicago* eine zentrale Rolle einnahm.[61] Derartige Kurse werden der Disziplin der quantitativen Finanzanalyse zugerechnet und Absolventen werden als *Quants* bezeichnet.[62] Die Finanzmathematik boomte nicht nur im Sinne einer Analyse. Es wurden mit Hilfe dieser auch neue Finanzinstrumente entworfen, die noch bessere Risikodiversifizierungsmöglichkeiten boten.[63]

Merton und Scholes wurden auch selbst im Kapitalmarkt aktiv und gründeten den Hedge Fond *Long Term Capital Management* (LTCM).[64] LTCM positionierte sich auf Grundlage neuster quantitativer Erkenntnisse am Markt und verzeichnete schnell Erfolge. LTCM erzielte im ersten Jahr einen Gewinn von 21 Prozent, im zweiten Jahr von 41 Prozent und im dritten Jahr von 43 Prozent.[65] So spektakulär

---

56 *Black/Scholes*, The Pricing of Options and Corporate Liabilities, Journal of Political Economy Vol. 81 (1973), S. 637.

57 *Ibid.*

58 The Sveriges Riksbank Prize in Economic Sciences in Memory of Alfred Nobel 1997, Press Release, 14. Oktober 1997, online: http://www.nobelprize.org/nobel_prizes/economic-sciences/laureates/1997/press.html.

59 *Read*, The Efficient Market Hypothesists, S. 76.

60 *Patterson*, The Quants: How a New Breed of Math Whizzes Conquered Wall Street and Nearly Destroyed It, 2010, 3.

61 Illinois Institute of Technology, Master of Quantitative Finance, http://science.iit.edu/mathematical-finance.

62 *Yates*, Quants: The Rocket Scientists of Wall Street, Investopedia, online: http://www.investopedia.com/articles/financialcareers/08/quants-quantitative-analyst.asp.

63 *Coval/Jurek/Stafford*, The Economics of Structured Finance, S. 2.

64 *Erben*, Herdentrieb, RiskNews Issue 3 (2004), S. 42.

65 Wall Street Journal, All Bets Are Off: How the Salesmanship and Brainpower Failed at Long-Term Capital, 16. November 1998, http://online.wsj.com/articles/SB911168945488412500.

der Aufstieg von LTCM war, war auch dessen Abstieg. In Folge der Rubelkrise (1998), einem unvorhersehbaren und extremen Marktereignis, welches die Modelle (noch) nicht berücksichtigen konnten, erlitt LTCM Verluste von USD 4,6 Milliarden, was einen Kollaps der Weltfinanzwirtschaft bedeutet hätte.[66] Die Federal Reserve (Fed) koordinierte die Übernahme der LTCM Verbindlichkeiten durch deren Kreditgeber und LTCM wurde Anfang 2000 aufgelöst.[67] Der Zusammenbruch von LTCM beeinträchtigte massiv die Märkte, doch bremste dies nicht die Entwicklung die Finanzmathematik. Noch heute wird das Black-Scholes-Merton-Modell in modifizierter Form genutzt.[68] Um immer mehr Informationen aus einer immer stärker vernetzten Welt zusammenzuführen, werden immer komplexere Modelle entwickelt, die auch eine immer stärkere Rechenlast hervorrufen. Gerade letzteres wird jedoch durch parallele Fortschritte in der Informationstechnologie ermöglicht.

2. Informationstechnologie

Im Folgenden sollen wesentliche Schritte der Informationstechnologieentwicklung innerhalb der Datenverarbeitung und der Datenübertragung geschildert werden.

a) Datenverarbeitung

Im Jahre 1941 stellte *Konrad Zuse* mit dem *Zuse 3* in *Berlin* den ersten vollautomatischen, in binärer Gleitkommarechnung arbeitenden Rechner mit Speicher und einer Zentralrecheneinheit aus Telefonrelais her.[69] Dies war der Startschuss für eine immer rasantere Entwicklung in der Computerindustrie, deren Geschwindigkeit sich am besten mit dem *Mooreschen Gesetz* beschreiben lässt. *Gordon Moore*, Mitgründer von *Intel*, sagte 1965 voraus, dass sich die Komplexität integrierter Schaltkreise mit minimalen Komponentenkosten aller zwei Jahre verdoppeln würde.[70]

66 *Ibid.*

67 Federal Reserve System, Near Failure of Long-Term Capital Management, September 1998, online: http://www.federalreservehistory.org/Events/DetailView/52.

68 London Metal Exchange, The Black76 Options Pricing Formula, https://www.lme.com/en-gb/trading/contract-types/options/black-scholes-76-formula/.

69 *Rojas*, Konrad Zuse's Legacy: The Architecture of the Z1 and Z3, IEEE Annals of the History of Computing, Vol. 19 (1997), S. 5.

70 *Moore*, Cramming more components onto integrated circuits, Electronic, Vol. 38/8 (1965), S. 114–117.

Komplexität meint dabei die Anzahl der auf einem Computerchip befindlichen Schaltkreise und damit schlussendlich die Rechenleistung.[71]

Beginnend bei etagenfüllenden Großcomputern vollzog sich eine digitale Revolution, die stetig in neue Lebensbereiche vordrang. Im Jahre 1996 schlug IBMs Supercomputer *Deep Blue* den damals amtierenden Schachweltmeister *Garri Kasparow*.[72] Im Jahre 2011 gewann IBMs Supercomputer *Watson* das Ratespiel *Jeopardy!* und bewies damit, dass nicht nur Fortschritte in der Rechenleistung, sondern auch, darauf aufbauend, Fortschritte in der Künstlichen Intelligenz durch Musteerkennungsalgorithmen möglich sind.[73] Diese neuen Rechenleistungen und die Digitalisierung zuvor ungeahnter Informationsmengen (historische Daten) machten es möglich, eine zuvor ungeahnte Menge an Informationen in Entscheidungsprozesse einzubeziehen oder aus diesen neues Wissen zu synthetisieren. Letzteres unterfällt dem heute gängigen Oberbegriff *big data*.[74]

Der Rückgang der Produktionskosten in der Chipindustrie ist dabei nicht auf die steigende Nachfrage durch Großbanken oder Weltraumprojekte zurückzuführen, sondern auf die Nachfrage privater Haushalte, hauptsächlich getrieben durch die Computerspieleindustrie, die mit jedem neuen Computerspiel den heimischen Spielern neue Investitionskosten auferlegten und sichtbare Ressourcen in die Chipindustrie verlagerten.[75] Die Entwicklung verlagerte sich dabei zunehmend von *Central Processing Units* (CPUs) auf *Graphics Processing Units* (GPUs) und nun auf *Field Programmable Gate Arrays* (FPGAs).[76] CPUs sind in struktureller Hinsicht Universalwerkzeuge, bei welchen der Speicher und der Prozess-Scheduler einen großen Teil der Chiparchitektur einnehmen.[77] Bei GPUs hingegen, räumt die Architektur durch eine Parallelschaltung mehrerer *Arithmetic Logic Units* (ALUs) viel Raum für die Rechenleistung ein, was aber die Anforderungen an die Programmierung erhöht, da der Rechenaufwand gleichmäßig auf die ALUs verteilt werden

---

71 *Ibid.*

72 *Campbell/Hoane Hsu*, Deep Blue, Journal of Artificial Intelligence, Vol. 134 (2002), S. 57, 58.

73 *Gabbatt*, IBM computer Watson wins Jeopardy clash, The Guardian, 17. Februar 2011, http://www.theguardian.com/technology/2011/feb/17/ibm-computer-watson-wins-jeopardy.

74 The White House, Executive Office of the President, Big Data: Seizing Opportunities, Preserving Values, May 2014, S. 1.

75 *Aldridge*, High-Frequency Trading, S. 22.

76 *Aldridge*, High-Frequency Trading, S. 22–24.

77 *Ibid.*

muss, um deren Leistungspotential voll abzuschöpfen.[78] FPGAs sind demgegenüber „unbeschriebene Blätter“, die über eine Reihe binärer Funktionseinheiten verfügen, die programmiert werden können, um jede gewünschte Schaltkreisarchitektur hervorzurufen (digitale Schaltungssynthese).[79] Die Chips können direkt beschrieben werden, wobei einfache Programmiersprachen wie Verilog und VHDL verwendet werden, die durch einen FPGA-Compiler direkt auf die Chipsätze aufgespielt werden.[80] Der Vorteil dieser Lösung ist, dass die Syntax nicht während der Laufzeit kompiliert werden muss und unmittelbar in Maschinensprache auf dem Chip vorhanden ist und ausgeführt werden kann.[81]

Ein FPGA-Chip kann zwischen EUR 3 und EUR 3.000 kosten.[82] Die *Verilog* Software kann also Open-Source-Software erworben werden, eine Commercial-Lizenz kostet etwa EUR 20.000 und die FPGA-Programmierung wird regulär im Studium der Elektrotechnik unterrichtet.[83] Demgegenüber erfordert das Abschöpfen des optimalen Leistungspotentials einer FPGA-Konzeption ein erhebliches Hard- als auch Softwareverständnis. Mit diesem Optimierungspotential können FPGAs die Leistungskapazitäten von CPUs und GPUs für spezifische Anwendungen übertreffen, sind also Spezialwerkzeuge. Der Geschwindigkeitsvorteil von FPGAs, die in den *execution server* von Hochfrequenzhändlern arbeiten und direkt durch Kollokationsdienste mit den Matching-Prozessoren der Handelsplätze verbunden sind, kann marktentscheidend sein.[84] FPGAs erfreuen sich im Privatbereich auch zunehmender Beliebtheit, da sie die Möglichkeit eröffnen, sich eigene Grafikkarten maßzuschneidern oder Recheneinheiten zu kreieren, die auf ein *bitcoin mining* ausgerichtet sind.[85]

---

78 *Ibid.*

79 *Ibid.*

80 *Ibid.*

81 *Ibid.*

82 *Ibid.*

83 Westsächsische Hochschule Zwickau (WHZ), Elektrotechnik, Modul ELT100, Modulbeschreibung, online: http://www.fh-zwickau.de/fileadmin/ugroups/europaportal/Module_ELT/ELT110.pdf.

84 *Leber/ Geib/ Litz*, High Frequency Trading Acceleration using FPGAs, S. 5.

85 *Ryder*, All About Bitcoin Mining: Road to Riches or Fool's Gold?, tom's Hardware, 9. Juni 2013, http://www.tomshardware.com/reviews/bitcoin-mining-make-money,3514-5.html.

b) Datenübertragung

Das gestiegene Datenverarbeitungspotential wurde durch Fortschritte der Datenübertragung verstärkt. Die erste Verbindung von Recheneinheiten zum Datenaustausch erfolgte im Jahre 1969 durch das Projekt *Advanced Research Project Agency* (ARPA) des US-Verteidigungsministeriums.[86] Ziel war es, Universitäten und Forschungseinrichtungen miteinander zu vernetzen, um die teure Rechenzeit der Supercomputer besser teilen zu können. Die Übertragung erfolgte mittels eines *Interface Message Processors*, der die Kommunikation im Netzwerk mittels Paketvermittlung kontrollierte (*package switching*).[87] Das Übertragungsprotokoll war aber lediglich für die Kommunikation zwischen Forschungseinrichtungen optimiert und erlaubte keine zuverlässige Vernetzung mit anderen Netzwerken. *Vint Cerf* und *Bob Kahn* entwickelten 1973/74 hierzu eine frühe Version des *Transmission Control Protocols* (TCP), um nicht heterogene Netzwerke miteinander verbinden zu können.[88] Im Jahr 1989 entwickelte *Tim Berners-Lee* die Grundlagen für das *World Wide Web*.[89] Auf Beschluss der *National Science Foundation* wurde 1990 das Internet für kommerzielle Nutzung freigegeben.[90] 1993 wurde der erste grafikfähige Webbrowser *Mosaic* veröffentlicht.[91] Mit dem wachsenden Zustrom privater Anwender stiegen die kommerziellen Anwendungsmöglichkeiten und Finanzmittel strömten in den Ausbau von Internetpräsenzen. Aufgrund der Verknappung des IP-Raumes wurden 1995 die ersten Spezifikationen für IPv6 veröffentlicht, um die Anzahl möglicher Permutationen der Internetnutzerkennungen zu erweitern.[92]

Das Internet besteht physisch aus einer Vielzahl von Netzwerken, die miteinander verbunden sind. Die Verbindung erfolgt hierbei weitestgehend durch Glasfaserkabel, die in Erwartung hohen Datenaufkommens zahlreich und auch zwischen den Kontinenten auf dem Meeresgrund verlegt wurden. Weite Teile privater Nutzer kommen jedoch nur bedingt in den Genuss dieser schnellen Infrastruktur, da

---

86 *Abbate*, Inventing the Internet, S. 43.

87 *Ibid.*

88 Network Working Group, Request for Comments: 675, Specification of Internet Transmission Control Program, Dezember 1974, http://tools.ietf.org/html/rfc675.

89 *Abbate*, Inventing the Internet, S. 147.

90 National Science Foundation, NSF and the Birth of the Internet (1990s), Flash Special Reports, http://www.nsf.gov/news/special_reports/nsf-net/textonly/90s.jsp.

91 *Calore*, April 22, 1993: Mosaic Browser Lights Up Web With Color, Creativity, WIRED.com, http://www.wired.com/2010/04/0422mosaic-web-browser/.

92 Network Working Group, Request for Comments: 1883, Internet Protocol, Version 6 (IPv6) Specification, Dezember 1995, online: http://tools.ietf.org/html/rfc1883.

ihre Anbindung an das Providernetzwerk mittels Kupferleitung erfolgt und dieser Flaschenhals sie erheblich ausbremst. Im ländlichen Raum können diese Leitungen sehr lang sein. Unternehmen, also auch Hochfrequenzhändler umgehen dieses Problem, indem sie sich mittels einer Standleitung aus Glasfaserkabel direkt mit dem Internet verbinden.

Hochfrequenzhändler verbinden sich mit den Handelsplätzen mittels des Internets und nutzen dabei regelmäßig 3 Ebenen der Signalübertragung. Auf der ersten Ebene wird das *user datagram protocol* (UDP) verwendet.[93] Dieses Protokoll überträgt nur die nötigsten Bytes für die Signalzustellung. Die einzelnen Datenpakete verfügen über keinen Index, der einen Übertragungsverlust ersichtlich machen würde.[94] UDP ermöglicht es daher nicht, den Datenverlust zu bemerken und eine Neusendung zu verlangen, ist aber im Gegenzug sehr schnell. UDP wird regelmäßig für Audio-/Videostreams verwendet, da hier die Geschwindigkeit entscheidend ist und der Verlust einiger Datenpakete im Verhältnis zum Geschwindigkeitsvorteil akzeptabel ist.[95] Im Hochfrequenzhandel wird UDP für die Echtzeitverfolgung von Handelsdaten genutzt, da nur UDP die schnellstmögliche Übertragung ermöglicht.[96] Soll jedoch ein ganzheitliches Marktbild gewährleistet werden, wie es zum Beispiel zum Zwecke einer historischen Marktdatenauswertung notwendig wäre, ist UDP ungeeignet. Das *Transmission Control Protocol/ Internet Protocol* (TCP/IP) nummeriert demgegenüber sequentiell alle Datenpakete, überträgt die Gesamtanzahl und ermöglicht so die erneute Sendung korrumpierter Datenpakete.[97] TCP/IP ermöglicht eine sicherere Übertragung, ist aber dreimal langsamer als UDP.[98] UDP und TCP/IP bedürfen aber noch eines Standards, der die Struktur, der zu übertragenden Information vorgibt. Hierbei werden Protokolle wie *Financial Information eXchange (FIX), ITCH, OUCH* und *FAST* verwendet.[99] FIX ist eine frei zugänglich *extensible markup language* (XML), die für die Übertragung von *quotes*, *order* und weiteren transaktionsbezogenen

93 *Leber/Geib/Litz*, High Frequency Trading Acceleration using FPGAs, S. 2.
94 Internet Standard, RFC 768, User Datagram Protocol, 28. August 1980, http://tools.ietf.org/html/rfc768.
95 *Aldridge*, High-Frequency Trading, S. 26.
96 *Ibid.*
97 Network Working Group, Request for Comments: 675, Specification of Internet Transmission Control Program, Dezember 1974, http://tools.ietf.org/html/rfc675.
98 *Aldridge*, High-Frequency Trading, S. 26.
99 *Leber/Geib/Litz*, High Frequency Trading Acceleration using FPGAs, S. 2.

Informationen verwendet wird.[100] FIX gibt vor, in welcher Reihenfolge die Informationen übertragen, wie sie separiert und mit welcher Syntax diese zu übertragen sind. Im Folgenden wird der Aufbau einer FIX Übertragung dargestellt:[101]

Parameter	Wert
Version	FIX 4.2
Zeitstempel	20140107-17.26:11.138
Security Identifier	TSLA
Security Type	CS (Common Stock)
Base Currency	USD
NBBO	208.97–209.00
NBBO Volume	5,497,088

FIX ist weit verbreitet, aber im Vergleich zu Nasdaq Protokollen wie ITCH und OUCH langsam.[102] Die Informationen sind binär verarbeitbar, müssen also nicht aus der XML Nachricht herauscompiliert werden. Interessant ist, dass weder UDP noch TCP/IP eine Verschlüsselung verwenden. FIX bietet Verschlüsselungsmöglichkeiten, was aber Rechenleistung und somit Zeit beansprucht und zum Wettbewerbsnachteil wird.[103] Die Übertragung kann mittels des Client-Server-Modells erfolgen, bei welchen die Informationen durch das Internet unter Nutzung von zuverlässigen Knotenpunkten für *internet service provider* weitergeleitet werden, oder mittels *peer-to-peer* unter zuverlässiger Neuadressierung der *peers*, um ein Abfangen der Gesamtnachricht zu verhindern.[104] Beim *co-location* wird das Internet ganz umgangen. Die finale Transaktionsentscheidung verlässt nie den Handelsplatz.

Die folgende Tabelle weist die Übertragungsdauer von Handelssignalen zwischen Handelsplätzen in Millisekunden aus. Die Daten sollten vorsichtig genutzt werden, da sie aus einer Veröffentlichung aus dem Jahr 2013 stammen, also bereits überholt sein dürften.[105]

---

100 FIX Protocol Organization, What is FIX?, 8. Juni 2009, http://www.fixtradingcommunity.org/pg/main/what-is-fix.

101 http://www.freeformatter.com/xml-formatter.html.

102 *Aldridge*, High-Frequency Trading, S. 28.

103 *Ibid.*

104 *Aldridge*, High-Frequency Trading, S. 31.

105 *Aldridge*, High-Frequency Trading, S. 31.

	NYC	Chicago	London	Frankfurt	Tokyo
NYC		15.291 ms	65.533 ms	74.153 ms	141.756 ms
Chicago			80.740 ms	89.360 ms	127.595 ms
London				8.620 ms	215.825 ms
Frankfurt					215.825 ms

3. Elektronifizierung und Öffnung der Finanzmärkte

Der technologische Wandel erfasste auch die Handelsinfrastruktur und im Besonderen auch die Handelsplätze. Die 1967 gegründete Institutional Networks Corporation startete 1969 *Instinet*, das erste große außerbörsliche und elektronische Handelssystem, ein *electronic communication network* (ECN).[106] Instinet erlaubte den direkten computerbasierten, automatischen und anonymen Handel zwischen institutionellen Investoren, bei welchem keine Kommissionskosten aufgrund der Umgehung von Brokern (Disintermediation) anfielen.[107] Nutzer zahlten einen monatlichen Beitrag, wodurch sie ein Terminal erhielten, das mittels eines Telefons mit der Computer-Handelsplattform verbunden war. Instinet existiert auch heute als Tochtergesellschaft der *Nomura Holdings Inc.* und ist Gründer von *Chi-X Europe* (erstes und größtes europäisches MTF) und *Chi-X Global*.[108] Das ursprüngliche Marktmodell von *Instinet* bestand in der Umgehung des *fixed-commissions regime* der NYSE, da Broker gänzlich umgangen werden konnten.[109] Später spezialisierten sich alternative Handelsplattformen auf institutionelle Anleger,[110] bestimmte Finanzinstrumente wie Unternehmensanleihen, staatliche Anleihen oder Derivate, um eine eigene Nische besetzen zu können.[111]

---

106 *Leis*, High Frequency Trading, S. 6; *Michie*, The Global Securities Market: a History, S. 5; Ian Domowitz, An Exchange is a Many-Splendored Thing: The Classification and Regulation of Automated Trading Systems, in: *Lo, Andrew W. Lo* (Hrsg.), The Industrial Organization and Regulation of the Securities Industry, S. 93.

107 C.IV.2 (*Einsetzen des Wettbewerbs und Disintermediation*).

108 finanzen.net, Deutsche Bank bietet Großkunden Aktienhandel über Chi-X an, online: http://www.finanzen.net/nachricht/aktien/Deutsche-Bank-bietet-Grosskunden-Aktienhandel-ueber-Chi X an-341977.

109 *Poser*, Restructuring the Stock Markets: A Critical Look at the SEC's National Market System, New York University Law Review, Vol. 56 (1981), S. 883, 901; C.II.2.a) (*Aufheben des Fixed Commissions Regime*).

110 *Macey/O'Hara*, Regulating Exchanges and Alternative Trading Systems: A Law and Economics Perspective, Journal of Legal Studies, Vol. 28 (1999), S. 17, 46.

111 *Ketchum/Weimer*, Market 2000 and the Nasdaq Stock Market, Iowa Journal of Corporate Law, Vol. 19 (1994), S. 559, 572.

Der Handel war überdies mittels ECN nicht nur örtlich, sondern auch zeitlich außerhalb der Börsen möglich.[112]

Die Nasdaq nahm 1971 als erste elektronische Börse ihre Handelsaktivität auf.[113] Sie setzte dabei auf den Wettbewerb zwischen den Dealern im Stellen von *quotes*, anstatt wie die NYSE ein Auktionssystem einzuführen, das durch *specialists* für das jeweilige Instrument organisiert wird.[114] Dem drohenden Wettbewerb versuchte die NYSE im Jahr 1976 durch Einführung des *Designated Order Turnaround System* (DOT) zu begegnen, welches die elektronische Übermittlung von Order erlaubte.[115] Ein automatisches *matching* erfolgte jedoch noch nicht durch die NYSE.[116] Im Jahr 1992 vereinte die Nasdaq 42 Prozent des gesamten US-Aktienhandels auf sich. Im Jahre 1999 zogen die ECN fast 20 Prozent des *order flows* für Nasdaq Aktien an.[117] 2001 lag der Anteil bei 30 Prozent.[118] 2008 handelte die Nasdaq nur noch 42 Prozent ihrer notierten Aktien selbst.[119] Dieser Prozess der Migration des Marktvolumens wird als Marktfragmentierung bezeichnet.[120]

Auch Handelsteilnehmer elektronisierten ihre Handelsinfrastruktur und nutzten bereits 1980 Formen des *program trading* (algorithmischer Handel) im Handel mit S&P 500 Aktien und dem S&P 500 Index-Future. Die Programme waren so eingerichtet, dass sie bei einer gewinnbringenden Abweichung zwischen den Bestandteilen des Index und dem Index-Future automatisch Order in die elektronischen

---

112 *Markham/Harty*, For Whom the Bell Tolls: The Demise of Exchange Trading Floors and Growth of ECNs, Iowa Journal of Corporate Law, Vol. 33 (2008), S. 865, 902.

113 *Michie*, The Global Securities Market: a History, S. 255.

114 *Markham/Harty*, For Whom the Bell Tolls: The Demise of Exchange Trading Floors and Growth of ECNs, Iowa Journal of Corporate Law, Vol. 33 (2008), S. 865, 899.

115 *Id*, S. 897.

116 *Ibid.*

117 *Macey/O'Hara*, Regulating Exchanges and Alternative Trading Systems: A Law and Economics Perspective, Journal of Legal Studies, Vol. 28 (1999), S. 17, 19.

118 *Nazareth*, Symposium Securities Law for the Next Millennium: A Forward-Looking Statement: Remarks, St. John's Law Review, Vol. 75 (2001), S. 15, 19.

119 Nasdaq Performance Statistics, Nasdaq Continues to Lead in Matched Market Share of All U.S.-Listed Equities, online http://www.nasdaqtrader.com/trader.aspx?id=marketshare.

120 *Matus*, The Regulation of Alternative Trading Systems: Market Fragmentation and the New Market Structure, New York Law School Law Review, Vol. 44 (2001), S. 583, 600–601.

Order-Routing-Systeme entsandten.[121] Mit dem technologischen Fortschritt wurden auch die Kommunikationsmittel schneller und günstiger. Investoren konnten damit auch zunehmend unabhängig von den Börsen, die anfangs zentrale Informationsplätze waren, einen genauen Marktüberblick erhalten. Es verlagerte sich das Bewerten der Finanzinstrumente von den Brokerhäusern (*sell-side*) zunehmend in die Investorenhäuser (*buy-side*).[122]

Im Wege der Fragmentierung und Elektronifizierung des Handels schwand die Bedeutung der Brokerhäuser und der traditionellen Börsen. Der zunehmend technologisch aufgerüstete Handel veränderte den Finanzhandel, wodurch Börsen nun nicht mehr die zentrale Stelle des Handels und der Informationsverbreitung waren. Die Initialzündung für den Hochfrequenzhandel erfolgte aber erst durch Regulierungsmaßnahmen, welche das Marktumfeld so verändern sollten, dass ein Geschwindigkeitswettbewerb in der Finanzintermediation entstand.[123] Die wiederum rief einen „Geschwindigkeitsdurst" der Hochfrequenzhändler hervor, der wiederum ein technologisches Aufrüsten seitens der Kommunikationsdienstleister und Handelsplätze hervorrief. Hochgeschwindigkeitsdatenkabel wurden verlegt, um noch bessere Anbindungen an die Handelsplätze zu ermöglichen. Das Unternehmen *Spread Networks* verlegte für USD 300 Millionen ein neues optisches Kabel zwischen NYC und Chicago in Luftlinie durch die Appalachen.[124] Das Projekt läuft unter dem Projektnamen *Express* und zielt auf eine Verbesserung der Ausführungsgeschwindigkeit um 5 Millisekunden.[125] Ferner entdeckten die Handelsplätze den Markt der Zusatzdienste, wie zum Beispiel Kollokationsdienste, wo Marktteilnehmer die Möglichkeit erhalten, ihre Server direkt in der Börse aufzustellen, um noch schnellere Anbindungen zu erlangen.[126] Eine qualitative Handelsausführung ist in der heutigen Marktumgebung zwingend mit Fragen der IT verbunden.

---

121 *Furbush*, Program Trading, in: Concise Encyclopedia of Economics, Library of Economics and Liberty, online: http://www.econlib.org/library/Enc1/ProgramTrading.html.

122 *Aldridge*, High-Frequency Trading, S. 5–6.

123 C.IV.4 (*Wettbewerb der Finanzintermediäre wird hochfrequent*).

124 Financial Times, Enduring lessons from the legend of Rothschild's carrier pigeon, 28. Mai, 2013, http://www.ft.com/cms/s/0/255b75e0-c77d-11e2-be27-00144feab7de.html#axzz3GnM3VWwo.

125 *Budish/Cramton/Shim*, The High-Frequency Trading Arms Race: Frequent Batch Auctions as a Market Design Response, S. 1; *Philips*, Trading at the Speed of Light, Business Week, 2. April 2012, S. 46, http://www.businessweek.com/articles/2012-03-29/trading-at-the-speed-of-light.

126 E.II (*Kollokationsdienste*).

III. Insight | Die Branche des Hochfrequenzhandels

Nach dem Vorangegangen, stellt sich die Frage, welche Marktdurchdringung der Hochfrequenzhandel erlangt hat, welche Gewinne dieser erzielt, welche Unternehmen im HFT tätig sind und welche Arbeitsbedingungen bei diesen herrschen.

1. Marktanteil des Hochfrequenzhandels

Der Anteil des Hochfrequenzhandels am Gesamthandelsvolumen wird in den USA auf zwischen 40 Prozent und 70 Prozent geschätzt und in der EU auf zwischen 20 Prozent und 40 Prozent. Trotz der Spannweite der Schätzungen lässt sich festhalten, dass der Hochfrequenzhandel einen wesentlichen Anteil am Gesamthandelsvolumen ausmacht. Die Schätzungen sind im Einzelnen:[127]

Report	**USA**	**EU**
TABB Group (September 2009)	61 %	
Celent (Dezember 2009)	42 %	
Rosenblatt Securities (September 2009)	66 %	35 %
Brogaard (November 2010)	68 %	
Jarnecie/Snape (Juni 2010)		20–30 %
Tradeworx (April 2010)	40 %	
Swinburne (November 2010)	70 %	40 %
TABB Group (Januar 2011)		35 %

Zu den größten Hochfrequenzhändlern zählen *KCG Holdings*, *Virtu Financial*, *Jump Trading* und *Citadel LLC*. Im Dezember 2012 fusionierte *Gecto LLC* mit *Knight Capital Group* zu *KCG Holdings*, in Folge des USD 440 Millionen Verlustes der *Knight Capital Group*, welcher durch einen Programmierfehler verursacht war.[128] Das neu fusionierte Unternehmen *KCG Holdings* ist ein *designated market maker* an der NYSE.[129]

2. Gewinne durch den Hochfrequenzhandel

Aus dem Nichts kommend, erzielte die Hochfrequenzhandelsindustrie 2009 mit USD 5 Milliarden einen Spitzenwert, bevor dieser aufgrund steigenden Wettbewerbes und sich verändernder Marktbedingungen 2011 auf USD 2 Milliarden und

127 *Gomber/Arndt/Lutat/Uhle*, HFT, Tabelle 6, S. 73.
128 B.IV.3 (*Knightmare (1. August 2012)*).
129 D.IV (*Liquiditätssicherung*).

2012 auf USD 1,5 Milliarden sank.[130] Zum Vergleich: JP Morgan Chase erzielte 2009 einen Gewinn von USD 11,6 Milliarden und 2011 einen von USD 18,9 Milliarden. Der Hochfrequenzhandel ist eine Nische des Finanzmarktes.[131] Der Hochfrequenzhändler *Virtu Financial.* veranschaulicht in dem für seinen US-Börsengang erforderlichen Prospekt, dem *SEC Form S-1,* dass die Gewinne aus dem Hochfrequenzhandel keine Glückstreffer sind, sondern das Ergebnis einer kontinuierlich gewinnbringenden Handelsaktivität. Innerhalb von 1238 Handelstagen verzeichnet *Virtu Financial.* lediglich an einem Tag einen Verlust.[132]

3. Verteilung des Hochfrequenzhandels auf die Marktteilnehmer

Der Hochfrequenzhandel wird grundsätzlich nicht von traditionellen Finanzmarktteilnehmern betrieben, sondern von spezialisierten Boutiquen, die einen Startup-Charakter haben. Lediglich zwischen 10 und 20 Broker-Dealer sind mittels *proprietary desks*, sowie weniger als 20 Hedge Fonds im Hochfrequenzhandel aktiv.[133] Demgegenüber sind zwischen 100 und 300 unabhängige Boutiquen, die durch Eigenhandel im Hochfrequenzhandel eine neue Marktnische erschlossen haben, aktiv.[134] Trotz der kleinen Anzahl von Hochfrequenzhändlern, sind diese eine Gruppe von Gewicht, da sie das Handelsvolumen massiv durchdrungen haben.[135]

4. Arbeitsumfeld, Bewerbungsvoraussetzungen und Gehälter

Die Mehrheit der im Hochfrequenzhandel Beschäftigten arbeiten in spezialisierten Boutiquen, welche erst innerhalb der letzten Jahre gegründet wurden. Die derzeitige Personalpolitik von Hochfrequenzhändlern zielt auf die Einstellung von Spitzenkräften mit Abschlüssen in Mathematik, Physik und Informatik, die zusätzlich ein postgraduales Studium abgeschlossen haben.[136] Laut indeed.com bewegen sich

---

130 *Popper*, High-Speed Trading No Longer Hurtling Forward, New York Times, 14. Oktober 2012, http://www.nytimes.com/2012/10/15/business/with-profits-dropping-high-speed-trading-cools-down.html?pagewanted=all&_r=0.

131 *Ibid.*

132 Virtu Financial, Inc, Form S-1, Registration No. 333, S. 3.

133 *MacIntosh*, High Frequency Traders: Angels or Devils?, S. 3.

134 *Golub*, Overview of High Frequency Trading, S. 2.

135 SEC, Concept Release on Equity Market Structure, 75 FR 3593, 3606.

136 *Wahba/Chasan*, Geeks Trump Alpha-males as Algos Dominate Wall St, Reuters, 2. Dezember 2009, http://www.reuters.com/article/2009/12/02/us-highfrequency-culture-idUSTRE5B114220091202.

2014 die durchschnittlichen Jahresgehälter für einen Quant im Hochfrequenzhandel in den USA zwischen USD 140.000 und USD 200.000.

IV. Crashs mit HFT-Bezug

Im Weiteren sollen drei Marktcrashs beschrieben werden, die mit dem Hochfrequenzhandel bzw. dem automatisierten Handel in Verbindung gebracht werden, um ein besseres Verständnis von den Marktinteraktionen und Gefahren aus dem Hochfrequenzhandel zu gewinnen.

1. Black Monday Crash (19. Oktober 1987)

a) *Marktbedingung vor dem Crash*

Vor dem Crash erfreute sich der Aktienhandel starker Gewinne, die auch über den *price-earnings ratios* lagen und so erste Befürchtungen einer Überbewertung hervorriefen. Dies wurde zum einen durch Beitritt neuer Marktteilnehemer befeuert, da Pensions Fonds während der 1980er verstärkt in den Aktienhandel eintraten, was die Nachfrage und so den Preis anhob.[137] Ferner wurden die Preise durch eine günstige Steuerpolitik gefördert, da Unternehmen Zinsen steuerlich geltend machen konnten, die aufgrund von Schulden für *buyouts* entstanden. Dies machte viele Unternehmen zu potentiellen Übernahmezielen, was deren Wert (künstlich) erhöhte.[138] Der wirtschaftliche Ausblick war aber durch weltweit steigende Zinsen, einem wachsendem US-Handelsdefizit und einem Wertverlust des US-Dollars getrübt, was die Furcht vor Inflation und höheren Zinsen in den USA steigen ließ.[139]

Bereits im Jahre 1987 war der Markt teilweise automatisiert. Mit Hilfe von Computermodellen, die auf einer Vielzahl von Finanzmodellen beruhten und bereits aktuelle Handelsinformationen verarbeiteten, konnten Investoren ihre Handelsstrategien zeitnah optimieren und Handelsentscheidungen ableiten.[140] Die Nutzung dieses *program trading* wurde durch das NYSE *Designated Order Turnaround System* (DOT) vereinfacht. DOT erlaubte es NYSE Mitgliedern, ihre großen Order direkt an das NYSE Common Switch zu senden und sodann

137 US Presidential Task Force on Market Mechanisms, Brady Report, S. 15.

138 *Ibid.*

139 *Ibid.*

140 *Id*, III-11.

an *specialists* oder *trading posts* zur Ausführung weiterzuleiten.[141] Die durch ein *program trading* umgesetzten Strategien waren:

- Portfolio Insurance: Hierbei berechnen die Modelle ein optimales Stock-to-Cash-Verhältnis entsprechend der jeweiligen Marktpreise. Vereinfacht versuchen sie das Investitionsgewicht in fallenden Märkten zu verringern und in steigenden Märkten zu vergrößern. Somit wollen sie Gewinne akkumulieren und Verluste vermeiden. In der Praxis führten die *portfolio insurer* ihre Transaktionen im Future-Markt aus und nicht im Aktienhandel, da dieser günstiger war und vielen Portfolio Insurern es nicht möglich war, die Aktien ihrer Kunden flexibel zu handeln.[142]
- Index Arbitrage: Hierbei ermitteln die Modelle Preisabweichungen, also Ineffizienzen zwischen den Indexfuture und den zugrundeliegenden Aktien, welche sich für eine Arbitrage eignen.

b) Ereignisse zwischen dem Mittwoch, den 14. Oktober und dem Freitag, dem 16. Oktober 1987

Am Morgen des Mittwoch, den 14. Oktober 1987 wurde der Markt von zwei Meldungen getroffen. Zunächst wurde bekannt, dass das *Ways and Means Committee* des *U.S. House of Representatives* eine Gesetzesinitiative eingebracht hatte, welche die Steuervorteile, die mit der Finanzierung von Firmenübernahmen verbunden waren, abschaffen sollte.[143] Durch Wegfall der Steuererleichterungen wurden Zielgesellschaften durch erhöhte Finanzierungskosten für Übernahmen weniger interessant. Entsprechend wurde der Wert der Finanzinstrumente neu evaluiert und entsprechend niedriger bewertet. Zum anderen meldete das *Commerce Department* das Handelsdefizit für August, das größer als erwartet ausfiel. Aufgrund dieser Meldung verlor der US-Dollar an Wert. Zinsen stiegen und verstärkten den Abwärtsdruck auf Aktienpreisen.[144]

Am Donnerstag, den 15. Oktober 1987, verloren die Aktien weiter an Wert, was weitestgehend auf Grundlage von Befürchtungen der Pensionsfonds und Kleinanlegern getrieben war, die ihr Kapital von Aktien in sichere Anleihen (*bonds*)

---

141 *Carlson*, A Brief History of the 1987 Stock Market Crash with a Discussion of the Federal Reserve Response, S. 5.

142 US Presidential Task Force on Market Mechanisms, Brady Report, S. 7.

143 *Id*, S. 15.

144 *Id*. S. 16.

verlegten. Ferner erfolgte in den letzten 30 Minuten des Handels ein ungewöhnlich hohes Verkaufsaufkommen seitens der *portfolio insurer.*[145]

Am Freitag, den 16. Oktober 1987 fielen die Aktienkurse weiter. Technischer Faktor war hierbei der *triple-witchingfriday*, an welchem gleichzeitig die Optionen auf Aktien, Aktienindizes und Derivateindizes ausliefen.[146] Die vorherrschenden Befürchtungen wurden durch technische Faktoren verstärkt, da mehrere Optionen ausliefen und die zuvor erfolgten Preisbewegungen die *at-the-money options* vernichteten, so dass Investoren nicht einfach ihre Positionen in neue Kontrakte zu Hedging Zwecken umwandeln konnten.[147] Dies zwang immer mehr Investoren in den Future-Markt, um sich durch den Verkauf von Futures gegen den Verfall von Aktien abzusichern. Der verstärkte Verkauf von Future-Kontrakten verstärkte den Preisabwärtstrend und vergrößerte die Diskrepanz zwischen den Future-Werten und den zugrundeliegenden Aktien. Index-Arbitrage-Händler nutzten diese Diskrepanzen und übertrugen so den Abwärtstrend auch auf den Aktienmarkt.[148] Am Ende des Handelstages hatte der S&P 500 gegenüber seinem Vorwochenwert neun Prozent verloren.

Der Wertverlust führte dazu, dass die Portfolio-Insurance-Modelle einen Überschuss von Aktien oder Futures auswiesen und den weiteren Verkauf von Aktien oder Future verlangten, um das einseitige Risiko abzusichern.[149] Die *portfolio insurer* mussten ihre Positionen abstoßen.[150] Einige aggressive Händler antizipierten diese Verkäufe und versuchten diesen und dem zu erwartenden Preisverfall zuvorzukommen und stürmten mit Verkaufsordern die Handelsplätze.[151] Der Markt spürte bereits den Anstieg des Handelsvolumens, wodurch es notwendig wurde, dass am Samstag die Händler der CME zusammenkamen, um ihre Positionen und Bestände zu ordnen.

---

145 US Presidential Task Force on Market Mechanisms, Brady Report, S. 21.

146 Subcommittee on Annual Review, Committee on Federal Regulation of Securities, Significant 1986 Regulation and Legislative Developments: Triple-Witching Friday Experiment, The Business Lawyer, Vol. 42 (1987), S. 827, 865.

147 *Carlson*, A Brief History of the 1987 Stock Market Crash with a Discussion of the Federal Reserve Response, S. 7.

148 US Presidential Task Force on Market Mechanisms, Brady Report, S. III-12.

149 *Id*, S. 29.

150 *Ibid.*

151 US Presidential Task Force on Market Mechanisms, Brady Report, S. 29.

c) *Montag, der 19. Oktober 1987*

Am Montag, den 19. Oktober 1987, herrschte ein enormer Verkaufsdruck, da die Anzahl der Verkaufsorder, die der Kauforder deutlich überstieg (Ungleichgewicht des Orderbuches).[152] Aufgrund dieser Situation nahmen viele *specialists* innerhalb der ersten Stunde nicht ihre Handelsaktivität auf.[153] Gegen 10:00 war der Handel in 95 S&P-Aktien noch nicht eröffnet, was 30 Prozent des S&P-Indexwertes entsprach.[154] Demgegenüber öffnete der Handel im Future-Markt planmäßig und der dort herrschende Verkaufsdruck drückte die Preise nach unten. Demgegenüber verharrte der Kassamarkt geschlossen und Diskrepanzen zwischen dem Future und Kassamarkt entstanden, was Index-Arbitrage-Händler in die Märkte zwang. Diese entsendeten nun aufgrund des abstürzenden Future-Marktes *market sell order* in den Kassamarkt, da sie diesen als überbewertet einstuften und diese Diskrepanz konsumieren wollten bzw. ihre Positionen retten wollten.

Mit Beginn des Handels und der Abwicklung der zahlreichen *market sell order* stürzte auch der Aktienmarkt ab. Als die Index-Arbitrage-Händler die Verluste realisierten, die sie aufgrund ihrer *market sell order* erlitten, versuchten sie ihre Verluste durch Käufe von Future-Werten auszugleichen, was dem Future-Markt einen *rebound*[155] gab, jedoch auch die Marktverunsicherung steigerte.[156] Als die Aktien deutlich niedriger im Handel einsetzten, empfahlen die Modelle der *portfolio insurer* den weiteren Verkauf. Die Marktteilnehmer versuchten ihr Marktrisiko zu verringern und verkauften Aktien, als auch Future-Werte, anstatt lediglich Future-Werte, wie es die gängige Praxis war.[157] Diese Verkäufe überwältigten die Märkte. Der *Dow Jones Industrial Average*, *S&P 500* und *Wilshire 5000* verloren zwischen 18 und 23 Prozent.[158] Der S&P 500 Future-Kontrakt verlor um 29 Prozent.[159]

Gegen 13:00 Uhr verbreitete sich die Nachricht, dass der SEC Chairman mit der NYSE über eine kurzzeitige Handelsunterbrechung spreche. Dies schürte die Angst, dass Positionen an der NYSE infolge einer Handelsunterbrechung

---

152 *Id.*, Brady Report, S. 5.

153 NYSE erlaubte es specialists mit Einwilligung eines floor officials den Handel auszusetzen, wenn ein Ungleichgewicht des Orderbuches die Verpflichtung des specialists übersteigen würde; SEC, The October 1987 Market Break, S. II-13.

154 SEC, The October 1987 Market Break, S. II-13.

155 Rebound meint die Kurswiederherstellung/-erholung nach negativer Marktaktivität.

156 US Presidential Task Force on Market Mechanisms, Brady Report, S. 30.

157 *Id*, S. II-16.

158 US Presidential Task Force on Market Mechanisms, Brady Report, S. III-21.

159 SEC, The October 1987 Market Break, S. II-12.

eingefroren werden könnten.[160] Das darauf einsetzende Handelsvolumen überwältigte die Handelssysteme, was dazu führte, dass Handelsabschlüsse an der NYSE erst mit einer Verzögerung von einer Stunde gemeldet werden konnten, was Verwirrung unter den Händlern hervorrief. Investoren wussten also nicht, ob ihre *limit order* ausgeführt wurden, oder neue gesetzt werden mussten.[161]

Das Verkaufsvolumen war am Montag auf wenige Marktteilnehmer konzentriert, da auf die Top 10 Verkäufer 50 Prozent des Handelsvolumens entfielen. Viele dieser Verkäufer waren *portfolio insurer*. So begann beispielsweise ein gewichtiger Marktteilnehmer gegen 10:00 mit dem Verkauf von 13 Positionen, welche jeweils knapp unter USD 100.000.000 lagen. Diese Einrichtung setzte also an diesem Montag USD 1,1 Milliarden in den Markt ab. Trotz des mächtigen Abwärtstrends versuchten *specialists*, die von ihnen betreuten Aktien zu stützen und kauften unter herben Verlusten massiv auf.[162] Die abstürzenden Marktpreise zwangen schlussendlich aber auch sie zur Kapitulation.[163]

d) Dienstag, der 20. Oktober 1987

Vor der Markteröffnung veröffentlichte die Federal Reserve das kurze Statement: *The Federal Reserve, consistent with its responsibilities as the Nation's central bank, affirmed today its readiness to serve as a source of liquidity to support the economic and financial system.*[164]

Die Bedeutung dieses Statements ergibt sich aus der Nachschusspflicht im Terminmarkt. Wenn Investoren eine Future-Position eingehen, müssen diese zur Sicherheit einen Teil des Kontraktwertes beim Broker im Depot hinterlegen. Dies kann *cash* oder durch bestimmte Sicherheiten, wie *treasury bonds* erfolgen. Wenn der Wert der Future-Position sich verringert, wird entsprechend das Depotkonto belastet und der Investor muss zusätzliche Sicherheiten beim Broker hinterlegen. Die entsprechende Aufforderung wird als *margin call* bezeichnet.[165] Diese erfolgen regelmäßig am Ende des Tages und bei besonders hohen Kursveränderungen auch innerhalb des Tages. Die durch Kursverluste eingenommenen Depotbestände werden genutzt, um diese denen mit Kursgewinnen in ihrem Depot zur

---

160 *Carlson*, A Brief History of the 1987 Stock Market Crash with a Discussion of the Federal Reserve Response, S. 9.

161 *Ibid.*

162 SEC, The October 1987 Market Break, S. IV-9.

163 US Presidential Task Force on Market Mechanisms, Brady Report, S. VI-42.

164 Former Federal Reserve Chairman Alan Greenspan, 20. Oktober 1987.

165 US Presidential Task Force on Market Mechanisms, Brady Report, S. VI-23-24.

Verfügung zu stellen. Auch wenn sich gegenseitig neutralisierende Gewinne und Verluste erzielt wurden, wird nicht saldiert und es muss zunächst der Nachschusspflicht entsprochen werden, bevor Buchungen aufgrund der Gewinne erfolgen.[166] Dies hinderte die Marktteilnehmer daran, schnell neue Positionen einzugehen, da sie zunächst ihren Kredit kurzzeitig und unnötig erhöhen mussten, um den Margin Call zu erfüllen. Infolge der starken Preisveränderungen am Montag, den 19. Oktober 1987 waren die Mitglieder des *CME Clearinghouse* enormen *margin calls* ausgesetzt, die 10-mal höher waren als regulär.[167]

Um diese Margin-Call-Verpflichtungen überhaupt erfüllen zu können, mussten diese Clearinghouse-Mitglieder ihren Kredit bei den vier Banken erhöhen, die *settlement services* für die CME anboten.[168] Diese waren umso mehr über ihr *Risk Exposure* gegenüber dem Finanzmarkt besorgt, als dieser im Abstürzen war.[169] Die *CME Member Firms* waren Töchter der *Wallstreet Broker-Dealer*, welche in Beziehung zu den großen New Yorker Banken standen.[170] Die *Clearinghouse-* Mitglieder würden den Kredit der Chicagoer Settlement Bank mit Mitteln der New Yorker Banken zurückzahlen. Um gerade diese Kreditgewährung zu ermöglichen, stützte die *Federal Reserve* diese Banken am Ende dieser Finanzierungskette, damit die Turbulenzen nicht durch einen Liquiditätsengpass aufgrund der Margin-Call-Verpflichtung in die Realwirtschaft durchschlugen.[171] Durch den Support der Federal Reserve waren die Konten der Clearinghouse-Mitglieder zur Markteröffnung wieder gedeckt. Hierzu bot die *Federal Reserve* zusätzliche Kredite. Sie hob kurzzeitig die Beschränkungen im Transfer von *treasury bonds* auf, mit Hilfe derer Sicherheit geleistet werden konnte.[172]

Dies hob die Marktstimmung und die NYSE gewann wieder an Kurs. Dennoch war der Handel noch immer gestört. Über den Tag wurden sieben Prozent der Aktien, darunter auch die am häufigsten gehandelten, vom Handel durch die *specialists* ausgesetzt, da das Orderbuchungleichgewicht einen Handel unmöglich machte.[173] Zu Beginn des Handels schloss die NYSE die *index arbitrage program*

---

166 US Presidential Task Force on Market Mechanisms, Brady Report, S. VI-23 und 24.

167 *Ibid.*

168 *Carlson*, A Brief History of the 1987 Stock Market Crash with a Discussion of the Federal Reserve Response, S. 13.

169 *Ibid.*

170 *Ibid.*

171 *Id*, S. 17.

172 *Ibid.*

173 US Presidential Task Force on Market Mechanisms, Brady Report, S. 45.

trader vom DOT-System aus, was die Markttiefe beeinflusst haben könnte.[174] Diese entkoppelte die Entwicklungen zwischen dem Kassa- und Future-Markt.[175] Daraufhin erholte sich der Aktienmarkt, wohl auch dadurch, dass die Leitfunktion des Future-Marktes keinen weiteren Kursverfall des Kassamarktes auswies (*removal of the billboard*).[176] Als der Future-Markt den Handel gegen 13:00 fortsetzte, verlor jedoch der Aktienmarkt trotzdem wieder an Wert. Erst mit der Verkündung großer Buyback-Programme der Unternehmen, um die Nachfrage nach ihren Aktien zu stützen, erholte sich der Finanzmarkt allmählich.[177]

e) Zusammenfassung

Der *Black Monday* lässt sich auf die Kumulation mehrerer schädlicher Faktoren zurückführen:

- Index-Arbitrage-Händler und Portfolio-Insurance-Händler, die für ein erhöhtes Handelsvolumen und ein Ungleichgewicht der Liquidität sorgten;[178]
- Zusammenbruch der Handelsplatzverbindungen; und[179]
- Überwältigung der Finanzmarktteilnehmer durch Handelsvolumen, die aus Angst und Unsicherheit versuchten, ihre Positionen abzustoßen und somit die Lage verschärften.[180]

2. Flash Crash (6. Mai 2010)

Der Flash Crash bezeichnet den US-amerikanischen Börseneinbruch vom 6. Mai 2010, bei welchem der *S&P 500* innerhalb von sechs Minuten um fast sechs Prozent abstürzte und der *Dow Jones Industrial Index* zeitweise neun Prozent verlor. Genauso plötzlich wie der Börseneinbruch erfolgte, konnten sich die Werte auch innerhalb der folgenden 20 Minuten wieder erholen. Dieser Crash zeichnet sich durch ein hohes Handelsvolumen (in zehn Minuten wurden 1,3 Milliarden Aktien gehandelt, was dem sechsfachen des durchschnittlichen Handelsvolumen

---

174 *Carlson*, A Brief History of the 1987 Stock Market Crash with a Discussion of the Federal Reserve Response, S. 11.

175 US Presidential Task Force on Market Mechanisms, Brady Report, S. III-22 bis 26.

176 SEC, The October 1987 Market Break, S. II-24.

177 *Ibid.*

178 US Presidential Task Force on Market Mechanisms, Brady Report, S. 57.

179 *Id.*, S. 56.

180 *Id.*, S. I-2.

entspricht) und dem rapiden Verfall einiger Aktien, die bis zu 99 Prozent an Wert verloren, aus.[181]

a) *CME S&P 500 E-Mini-Kontrakte und ein Händler aus Kansas*

Der Flash Crash ist in der Gesamtschau der damaligen unruhigen Marktlage zu sehen. Der *S&P 500* Index lag um 75 Prozent höher als sein Wert vom März 2009, was bei Investoren die Angst einer Blasenbildung nährte.[182] Die Griechenlandkrise schürte Befürchtungen hinsichtlich der Entwicklung des Euros und damit der wirtschaftlichen Entwicklung des gesamten Euroraumes. In den Medien wurde über die Explosion der *Deepwater Horizon* und der unaufhörlichen Verschmutzung des Golfs von Mexiko berichtet, deren Auswirkung auf die Südkuste der USA ungewiss war.[183]

Trotz der am Markt vorherrschenden Verunsicherung, starken Volatilität und abnehmenden Liquidität, startete der Hedge Fond, *Waddell & Reed* aus *Overland Park, Kansas* ein automatisiertes Verkaufsprogramm über 75.000 *Juni 2010 CME S&P 500 E-Mini* Kontrakten (ungefährer Gesamtwert: USD 4,1 Milliarden).[184] Die CME-S&P500-E-Mini-Kontrakte wurden am 9. September 1997 eingeführt und werden ausschließlich auf der CME-Globex-Handelsplattform mittels eines vollständig elektronischen Limit-Order-Buches gehandelt.[185] Der Handel erfolgt rund um die Uhr mit der Möglichkeit technischer Unterbrechungen.[186] Der Nominalwert eines E-Mini-Kontraktes beträgt USD 50 multipliziert mit dem *S&P 500* Aktienindex. Die Tick Size beträgt 0.25 Indexpunkte oder USD 12,50.[187] Im Handel der E-Mini-Future-Kontrakte erfolgt hauptsächlich die Preisfindung für den

---

181 JAC, Findings Regarding the Market Events of May 6, 2010.

182 *Amoruso*, Written Statement of the Senior Managing Director and General Counsel of Knight Capital Group, Inc., Submitted before the CFTC-SEC Advisory Committee on Emerging Regulatory Issues Panel Discussion, The events of May 6 – views and observations regarding liquidity, trading and the apparent breakdown of an orderly market, 22. Juni 2010.

183 *Ibid.*

184 *Kirilenko/Samadi/Kyle/Tuzun*, The Flash Crash: The Impact of High Frequency Trading on an Electronic Market, S. 9.

185 CME Group, E-mini S&P 500 Futures Contract Specs, http://www.cmegroup.com/trading/equity-index/us-index/e-mini-sandp500_contract_specifications.html.

186 *Ibid.*

187 *Kirilenko/Samadi/Kyle/Tuzun*, The Flash Crash: The Impact of High Frequency Trading on an Electronic Market, S. 9.

S&P 500 Index.[188] Das *order matching* erfolgt nach Preis-Zeit-Priorität (FIFO). Es herrscht volle Order-Transparenz und Anonymität. Als Front-Month-Kontrakt bezeichnet man den als nächstes auslaufenden E-Mini-Future-Kontrakt. Dessen letzter Handelstag ist immer der dritte Freitag vor dem Auslaufmonat. Im Front-Month-Kontrakt erfolgte die stärkste Handelsbewegung und auch Preisfindung für den S&P 500 Index.[189] Am 6. Mai 2010 war der *Juni CME S&P 500 E-Mini* der Front-Month-Kontrakt.

b) Hot Potato Effect – Keine stabile Liquiditätsintermediation

Der gestartete Algorithmus war so konfiguriert, dass er 75.000 Kontrakte des Typs *Juni 2010 E-Mini* mit einer Rate von neun Prozent des Handelsvolumens ausführte. Dabei nahm der Algorithmus keine Rücksicht auf den Preis oder die Zeit. Dies hatte zur Folge, dass das Verkaufsziel innerhalb von 20 Minuten erreicht war, obwohl der Markt früher mehrere Stunden benötigte, um diese Liquidität zu absorbieren.[190]

Ursache war, dass Hochfrequenzhändler, die in den Markt gegebene Liquidität sofort aufnahmen.[191] Die Hochfrequenzhändler hatten jedoch kein Interesse, langfristige Positionen im E-Mini-Kontrakt einzugehen und versuchten diese ebenso schnell weiterzuleiten. Nichthochfrequente Intermediäre und Fundamentalkäufer waren aber zunächst zurückhaltend, da es sich zum einen um eine große Position handelte und zum anderen Marktstress vernommen wurde, ihnen also die gebotenen Kontrakte zunächst zu riskant erschienen.[192] Mangels Nachfrage konnten Hochfrequenzhändler nur an andere Hochfrequenzhändler ihre Positionen veräußern. Da diese dann auch keine langfristige Position einnehmen wollten und daher wieder an andere Hochfrequenzhändler veräußerten, setzte dies ein hochfrequentes Karussell in Gang, so dass die E-Mini-Kontrakte wie eine heiße Kartoffel weitergereicht wurden und die Preise abstürzten.[193]

Zwischen 13:45:13 und 13:45:27 CT handelten Hochfrequenzhändler bereits 27.000 Kontrakte, die 49 Prozent des Gesamthandelsvolumen ausmachten, jedoch

188 *Hasbrouck*, Intraday Price Formation in U.S. Equity Index Markets, The Journal of Finance, Vol. 58 (2003), S. 2375, 2400.

189 *Kirilenko/Samadi/Kyle/Tuzun*, The Flash Crash: The Impact of High Frequency Trading on an Electronic Market, S. 11.

190 *Kirilenko/Samadi/Kyle/Tuzun*, The Flash Crash: The Impact of High Frequency Trading on an Electronic Market, S. 15.

191 *Ibid.*

192 *Id.*, S. 16–17.

193 *Id.*, S. 17.

änderte sich die *net position*[194] der Hochfrequenzhändler lediglich um ungefähr 200 Kontrakte.[195] Folglich wurden die Kontrakte nicht aufgenommen, sondern wie beim Jonglieren, ständig in der Luft gehalten. Der Verkaufsalgorithmus interpretierte dieses Handelsvolumen jedoch als reale Liquidität des Marktes. In der Annahme, dass eine massive Liquidität vorherrsche, entsandte der Algorithmus weitere Verkaufsorder.[196]

Problematisch war zudem, dass sich Fundamentalhändler vom Handel zurückzogen und die Hochfrequenzhändler ihre Order nicht mehr gegenüber ihren klassischen Handelspartnern absetzen konnten. Infolgedessen konnten sie auch nicht die neuen Order des Hedge Fond aus Kansas aufnehmen. Ferner konkurrierten sie nun auch mit diesem um die gebotene Liquidität, da der Markt noch nicht die Verkaufsorder absorbiert hatte.[197]

Um 13:45:27 CT drückte der starke Verkaufsdruck den Preis auf USD 1062,00. Innerhalb der nächste Sekunde wurde eine Kaskade von Ordern ausgeführt, die den Preis auf USD 1056,00 (– 1,3 Prozent) sinken ließ.[198] Alle Marktteilnehmer waren von diesem Abwärtsstrudel schockiert und konnten zunächst keine Ursache finden. Marktteilnehmer prüften die Verbindungen zu den Handelszentren, konnten aber keine Störung feststellen.[199] So kamen Zweifel auf, ob die Preise, die durch den SIP ausgestrahlt wurden, korrekt seien, ob ein Terrorangriff erfolgt sei oder Griechenland in die Insolvenz gegangen sei.[200]

c) Fehlender Rebounce durch Fundamentalhändler

Interessanterweise kauften auch Fundamentalhändler nicht die Positionen auf, die sich nun Hochfrequenzhändler wie eine heiße Kartoffel hin und her spielten

194 Differenz aus Long- und Short Verbindlichkeiten.

195 *Kirilenko/Samadi/Kyle/Tuzun*, The Flash Crash: The Impact of High Frequency Trading on an Electronic Market, S. 28.

196 *Id.*, S. 16.

197 *Kirilenko/Samadi/Kyle/Tuzun*, The Flash Crash: The Impact of High Frequency Trading on an Electronic Market, S. 16.

198 *Id.*, S. 17.

199 *Ibid.*

200 *Amoruso*, Written Statement of the Senior Managing Director and General Counsel of Knight Capital Group, Inc., Submitted before the CFTC-SEC Advisory Committee on Emerging Regulatory Issues Panel Discussion, The events of May 6 – views and observations regarding liquidity, trading and the apparent breakdown of an orderly market, 22. Juni 2010. S. 3–4.

und zu sehr günstigen Preisen anboten (*Hot Potato Effect*).[201] Um 13:45:27 CT hätte die nächste Transaktion einen Kursverlust von 6.5 Index Points (oder 26 Ticks) bedeutet. Diese löste um 13:45:28 CT die *CME Globex stop logic functionality* aus.[202] Die *stop logic* pausiert die Orderausführung für 5 Sekunden, wenn die nächste Transaktion außerhalb einer Preisspannweite von 6 Index Punkten liegt.[203] Die 5 Sekunden Orderausführungspause wird *reserve state* genannt, bei welcher der Markt offen für neue Order, Orderänderungen oder Stornierungen ist. Die Orderausführung wird aber pausiert, bis der Handel wieder einsetzt.[204]

Um 13:45:33 CT, endete der *reserve state* für den E-Mini Kontrakt und der Handel setzte bei USD 1056,75 ein.[205] Die Preise fluktuierten die nächsten Sekunden. Gegen 13:45:38 CT stieg der Preis rapide an, bis er, trotz einzelner Handelsunterbrechungen, um 14:06:00 CT einen Preis von USD 1123,75 erreichte, was einem Anstieg von 6,4 Prozent ausgehend vom Tagestief (USD 1056,00) entspricht.[206] Damit war der Preis wieder bei dem Level angelangt, an welchem er 13:32:00 CT lag, als die rapide Verkaufswelle einsetzte.[207]

d) Auswirkungen im Kassamarkt

Die Turbulenzen in den *S&P 500* Indexderivaten übertrugen sich auch auf den Kassamarkt, den diese Derivate abbildeten. Die *Accenture* Aktie stürzte innerhalb dieses Crashs kurzzeitig von USD 41 auf USD 1,84 ab. Der *Dow* fiel auf 9872,57, also um 9,16 Prozent gegenüber dem Schlusswert des Vortages, bevor er sich gegen 15:00 ET wieder erholt hatte.[208] Während dieses Kursverlustes erlitten hochwertige Aktien wie *Procter & Gamble* und *3M* Verluste von mehr als 18 Prozent, was Milliarden von Investorvermögen vernichtete.[209] Demgegenüber

201 *Kirilenko/Samadi/Kyle/Tuzun*, The Flash Crash: The Impact of High Frequency Trading on an Electronic Market, S. 17.

202 *Ibid.*

203 CME Group, CME Globex Reference Guide, S. 14.

204 *Ibid.*

205 *Kirilenko/Samadi/Kyle/Tuzun*, The Flash Crash: The Impact of High Frequency Trading on an Electronic Market, S. 17–18.

206 *Kirilenko/Samadi/Kyle/Tuzun*, The Flash Crash: The Impact of High Frequency Trading on an Electronic Market, S. 17–18.

207 JAC, Findings Regarding the Market Events of May 6, S. 4.

208 *Id*, S. 4.

209 *Id*, S. 84–85.

gab es auch Spitzen wie *Sotheby's Rose*, die um das dreitausendfache gehandelt wurde, also statt zu USD 34 zu USD 99.999,99.[210]

Die starken Preisveränderungen lösten bei der NYSE den Sicherheitsmechanismus der *liquidity replenishment points* (LRPs) aus, welcher den elektronischen Handel in einen manuellen wandelte.[211] Zwischen 14:30 ET und 15:00 ET (NYC Zeitzone), also 13.30 CT und 14:00 CT (Chicago Zeitzone) wurden die LRPs etwa 1.000 Mal ausgelöst, wobei dies nur 20 Mal an einem normalen Handelstag geschieht.[212] Wandeln die LRPs den Handel in einen manuellen um, können die anderen Marktteilnehmer ihre Order, also ihre Liquidität, auch anderen Märkten zuführen, auch wenn diese die schlechteren Preise stellen, da die *order protection rule* nur auf einen elektronischen Handel Anwendung findet. Die daraus resultierende Orderflut kann zur Überlastung der anderen Handelsplätze führen.[213]

Erhalten nun Handelsplätze keine Rückmeldung von anderen Märkten, da diese unter Störungen leiden, können diese *self-help* erklären und die *order protection rule* findet relativ zu den Geboten des gestörten Handelsplatzes keine Anwendung. Gegen 14:37 ET erklärte die Nasdaq gegenüber *NYSE Arca* die *self-help*, eine Minuter später folgte Nasdaq OMX BX, was zu ungleichen Liquiditätsverteilungen führte.[214] Verschärfendes Problem war zudem die Praxis der *stub quotes*, welche *market maker* setzten, um ihrer Verpflichtung zweiseitiger Liquiditätsproliferation nachzukommen.[215] Die *stub quotes* sind dabei *limit order*, die in das Orderbuch gestellt werden, deren Preis so abwegig sind, dass sie grundsätzlich nicht ausgeführt würden. Mit dem dramatischen Preisverfall wurden sie jedoch ausgeführt, was den Abwärtstrend verstärkte.

e) Bewertung

Ausschlaggebend war der fehlerhafte Algorithmus des Hedge Fond, der den Markt überflutete und für ein Liquiditätsungleichgewicht im Orderbuch sorgte, also einen *liquidity-induced crash* verursachte.[216] Hochfrequenzhändler haben den Crash zwar verstärkt, aber ausschlaggebend ist nicht deren Aktivität, sondern

---

210 *Haldane*, The Race to Zero, S. 2.

211 JAC, Findings Regarding the Market Events of May 6, S. 4.

212 *Id*, S. 44.

213 *Id*, S. 56.

214 JAC, Findings Regarding the Market Events of May 6, S. 25.

215 *Id*, S. 76.

216 *Easley/López de Prado/O'Hara*, Flow Toxicity and Liquidity in a High Frequency World, S. 122.

die Unfähigkeit des Hedge Fond, den *hot potato effect* der Hochfrequenzhändler richtig zu interpretieren.

3. Knightmare (1. August 2012)

Am 1. August 2012 verlor die *Knight Capital Group* innerhalb von 45 Minuten USD 440 Millionen. Laut des Nanex Reports scheint es, dass die Ursache in einem neuen Market-Making-Algorithmus lag, der die Handelsaktivität von Knight Capital auf das neue *retail liquidity price improvement program*[217] der NYSE hätte anpassen sollen. Dies erkläre auch, warum nur NYSE gehandelte Aktien vom Versagen des Knight Algos betroffen waren.[218]

Die Ursache für das Versagen scheint in der unsachgemäßen Übertragung des Algorithmus von der Testumgebung (*paper testing*) in die Ausführungseinheit (*live unit*) gewesen zu sein.[219] Die Testeinheit war dabei so beschaffen, dass sie für einen simulierten Handel einen zusätzlichen Algorithmus enthielt (*testing routine*), der als Handelsgegenpartei für den zu testenden Algorithmus auftrat und Order generierte. In der Testumgebung existierten also zwei Algorithmen, die gegeneinander antraten und einen vollumfänglichen Handel veranstalteten. Es deutet vieles daraufhin, dass bei der Übertragung des Algorithmus ungewollt auch der Testalgorithmus übertragen wurde.[220] Die Folge war, dass Knight Capital wie ein schizophrener Marktteilnehmer Order in die Märkte entsandte. Für Aktien, in denen Knight Capital, der einzige *market maker* war, stellte dies kein großes Problem dar, da die vom Test-Algo willkürlich entsandten Order sogleich von Knight selbst angenommen wurden. Knight Capital entstand hieraus grundsätzlich kein Verlust, sieht man von expliziten Transaktionskosten ab. Es wurden jedoch eine Unmenge von *wash sales* generiert.[221]

Hinsichtlich der Aktien, in denen Knight nicht der ausschließliche *market maker* war, wurden die irrationalen Order der Testing Routine vom Markt aufgenommen. Der Test-Algorithmus entsendete willkürlich Order, die nun vom Markt tatsächlich wahrgenommen wurden. Hierbei erfuhr Knight massive Verluste. Die Preisbewegungen, die durch den *rogue algo* ausgelöst wurden, waren

---

217 NYSE, News Release, NYSE Euronext to Launch Retail Liquidity Program, 5. Juli 2012, http://www1.nyse.com/press/1341483497580.html.

218 Nanex, Knightmare on Wall Street, 1. August 2012, http://www.nanex.net/aqck2/3522.html.

219 *Ibid.*

220 Nanex, Knightmare on Wall Street, 1. August 2012, http://www.nanex.net/aqck2/3522.html.

221 *Ibid.*

jedoch nicht schnell und stark genug, um Handelsunterbrechungen auszulösen. Diese sind überdies in den ersten 15 Handelsminuten noch nicht aktiv.[222] Die SEC legte hohe Anforderungen an die *trade cancellation*,[223] weshalb Knight Capital den Schaden tragen musste.[224] Innerhalb von 45 Minuten hatte sich Knight zu Tode gehandelt.

222 *Ibid.*

223 D.II.1.c) (*Clearly Erroneous Executions (CEE)*).

224 Bloomberg, Knight Trading Loss Said to Be Linked to Dormant Software, 15. August 2012, http://www.bloomberg.com/news/2012-08-14/knight-software.html.

C. Entstehung | Ist HFT ein Regulierungsreflex?

Wie bereits dargelegt, sollen die zu erarbeitenden Regulierungsempfehlungen die HFT Gefahren durch ein gezieltes Einwirken auf die Ursachen abstellen, wodurch es unumgänglich ist, zu verstehen, warum Marktteilnehmer Fluten von Order in die Märkte entsenden, bereit sind ungetestete Algorithmen zu nutzen und Handelsplätze dies mit für den Hochfrequenzhandel optimierten Handelsbedingungen zu unterstützen. Insoweit ist die Kenntnis vom Entstehungsprozess des Hochfrequenzhandels nicht nur eine spannende Frage für das Allgemeinverständnis, sondern eine entscheidende Vorfrage für die Regulierung, der aus dem Hochfrequenzhandel resultierenden Gefahren.

I. Vorüberlegungen und Thesenkaskade

Der Untersuchung des Entstehungsprozesses des HFT liegt folgende Thesenkaskade zu Grunde: (1) Regulierungsmaßnahmen zur Steigerung des Wettbewerbs der Handelsplätze schufen ein fragmentiertes Handelsumfeld, in welchem jeder Handelsplatz Liquidität anlocken musste, um wettbewerbsfähig zu sein; (2) Handelsplätze stellten den Handel auf einen elektronischen um, was ihre Kosten senkte und es ihnen durch einen direkten elektronischen Zugang ermöglichte, größere Marktteilnehmerkreise anzusprechen und deren Liquidität anzulocken; (3) Neue Marktteilnehmer, meist kleine, aber technologisch versierte *Startups*, konnten somit in neuen Formen der Finanzintermediation Gewinne realisieren; (3) Handelsplätze förderten diese neuen Formen der Finanzintermediation, da diese ihren Märkten Liquidität zuführen; (4) Innerhalb der Finanzintermediation setzte starker Wettbewerb ein, der es nicht nur erforderlich machte, die besten Preise zu bieten, sondern diese auch so schnell wie möglich am Markt anzubieten; und (5) infolge dieses Wettbewerbsdrucks verlagerte sich die Finanzintermediation zunehmend in einen Hochfrequenzhandel.

Sollten diese Thesen verifiziert werden, ergibt sich daraus, dass der Hochfrequenzhandel im Wesentlichen das Nebenprodukt einer Regulierung zur Induzierung des Wettbewerbs der Handelsplätze ist. Daher ist auch eine Kenntnis dieser Regulierungsmaßnahmen unumgänglich, um zu verstehen auf welche Weise diese den Hochfrequenzhandel hervorriefen und inwieweit sie ursächlich für die Gefahren und Probleme des Hochfrequenzhandels sind. Dieses Wissen ermöglicht ein ursachennahes Einwirken auf die HFT-spezifischen Gefahren.

II. Entwicklung der Finanzmarktregulierung | USA

Bevor der Kongress der USA mit den Regulierungspaketen wie dem des *National Market Systems* begann, den Wettbewerb der Handelsplätze zu fördern war der Aktienmarkt der USA durch die Monopolstellung der NYSE geprägt.[225] Dieses Monopol sicherte die wirtschaftliche Stellung der NYSE und ihrer Broker. In Folge des fehlenden Wettbewerbs der Handelsplätze, sah sich die NYSE jedoch nicht veranlasst, durch Innovationen oder günstigere Transaktionskosten attraktiver für Investoren zu erscheinen, da diese dem Monopol der NYSE nicht entkommen konnten. Es stagnierte die Entwicklung der Finanzindustrie. Dem sollte die Finanzmarktregulierung des *National Market System* entgegenwirken.[226] Als Problem sollte sich jedoch die starke Attraktivität eines Liquiditätsmonopols erweisen, die es zu überwinden galt. Fraglich ist, warum ein Liquiditätsmonopol so ansprechend für Investoren war.

1. Attraktivität eines Liquiditätsmonopols

Ein Liquiditätsmonopol hat den Vorteil, dass nahezu die gesamte Marktkapitalisierung auf dem Markt gegeben ist, somit grundsätzlich ein starkes Angebot und eine starke Nachfrage vorherrschen sollte. Handelsinteressen können so schnell miteinander in Einklang gebracht und austariert werden. Je schneller Angebot und Nachfrage zusammengeführt werden, desto akkurater reflektieren die Marktpreise, die gegenwärtigen Wertvorstellungen der Marktteilnehmer. Je akkurater die Marktpreise sind, desto effizienter erfolgt die Ressourcenallokation.[227] Hohe Liquidität bedeutet auch, dass der Markt schneller Aufträge absorbiert, ohne dass diese aufgespalten werden müssen, was Transaktionskosten senkt.[228] Ferner wird es unwahrscheinlicher, dass große Aufträge zu einem Liquiditätsungleichgewicht führen, was den Preisfindungsmechanismus kurzzeitig stören und so die Preise

225 *Jeitschko*, NYSE Changing Hands: Antitrust and Attempted Acquisitions of an Erstwhile Monopoly, S. 1.

226 *Seligman*, Rethinking Securities Markets, The Business Lawyer, Vol. 57 (2002), S. 637, 641.

227 *Klöhn*, Kapitalmarkt, Spekulation und Behavioral Finance, S. 46; *Grossmann/Stiglitz*, On the Impossibility of Informationally Efficient Markets, The American Economic Review, Vol. 70 (1980), S. 393.

228 *Gray*, The Essential Role of Regulation in Promoting Equity Market Competition, Brooklyn Journal of Corporate, Financial & Commercial Law, Vol. 1 (2007), S. 395, 407.

verzerren könnte. Eine Störung des Preisfindungsmechanismus würde den Anstieg der impliziten Transaktionskosten bedeuten. Um dem zu entgehen, müssten Großorder zerteilt werden, was die expliziten Transaktionskosten erhöhen würde und mit der Gefahr gegenläufiger Kursbewegungen im Zeitraum der gestreckten Ausführung einhergehen würde.

Zudem vereinfacht ein einzelner zentraler Handelsplatz den Kommunikationsfluss und spart Ressourcen zur Informationsgewinnung und Weiterleitung. Vor der Elektronifizierung der Handelsplätze erfolgte die Informationsweitergabe und die Allokation von Liquidität langsam. Nur die physische Nähe der Broker am Handelsplatz gewährte den Händlern hinreichende Reaktionsmöglichkeiten. Auch Telefonkosten waren hoch und bis in die 1970er wurden Handelsdaten zentral mittels *ticker tape* ausgewiesen.[229] Wollte ein Investor ein Wertpapier kaufen oder verkaufen, kontaktierte er seinen Broker. Dieser würde den Desk des *brokerage house* in der Börse anrufen. Der dortige *clerk* würde zum *specialist* (verpflichteter *market maker*) gehen und die Order setzen lassen.[230] Bis die Order an der Börse einging, verging viel Zeit und das Marktumfeld konnte sich innerhalb dieser Zeit auch nachteilig ändern.[231] Um auf neue Informationen schnell reagieren zu können, wurden die Informationen zentral in der Börse veröffentlicht und Broker befanden sich in Sichtweite, um schnell auf die veränderte Informationslage zu reagieren.[232]

Der Handel verlangte Wissen über die Handelsregeln, Handelsprotokolle, Jargon und Handelshandzeichen.[233] Der Handel in einem gleichbleibenden Handelsumfeld bot *learning benefits*, da Handelsteilnehmer die Eigenheiten des Marktplatzes und seiner Teilnehmer besser verstanden und zu nutzen wussten, um ihre Transaktionskosten zu senken.

Die positiven Folgen des Liquiditätsmonopols der NYSE sicherten dieser ihre Stellung und hinderten dabei einen Wettbewerb der Handelsplätze, der durch Innovation und kundenfreundlichere Preise den Markt hätte verbessern können. Damit nun ein Wettbewerb der Handelsplätze entstehen konnte, musste man zunächst das natürliche Monopol der NYSE überwinden, indem wettbewerbsfähige Handelsplätze auf den Markt treten und die Beweglichkeit der Investorenliquidität gewährleistet wäre, damit den Investoren beim Wechsel an andere Handelsplätze,

229 *Kurtzman*, How the Markets Really Work, S. 36.

230 *Blume/Siegel/Rottenberg*, Revolution on Wall Street: The Rise and Decline of the New York Stock Exchange, S. 41.

231 *Aldridge*, High-Frequency Trading, S. 5–6.

232 *Ibid.*

233 *Harris*, Trading & Exchanges: Market Microstructure for Practitioners, S. 143–144.

keine höheren impliziten Transaktionskosten entstünden. Die Beweglichkeit der Liquidität verlangt, dass die Handelsplätze in irgendeiner Form vernetzt sind und es dürfen keine wettbewerbshindernden Regelungen zwischen diesen bestehen. Wettbewerbsfähige Handelsplätze müssen hinreichend attraktiv für Investoren sein, also über eine Mindestmarge an Liquidität verfügen. Je liquider, das heißt, je mehr Handelsteilnehmer auf Angebots- wie auch Nachfrageseite vorzufinden sind, desto attraktiver sind die Handelsplätze für Investoren, da sie hier schneller und günstiger einen Handelspartner finden können. Erst mit der notwendigen Marge der Liquidität kann ein echter Handel an einem Handelsplatz erfolgen und auch erst dann ist ein Handelsplatz wettbewerbsfähig. Mit anderen Worten, ein Marktplatz wird erst dann interessant, wenn er nicht nur gut erreichbar ist, sondern auch eine Mindestanzahl von Händlern aufweist. Die Lösung der US-Regulierung bestand aber nicht darin, einem jeden Handelsplatz die notwendige Liquidität zu verschaffen, sondern sollte darin bestehen, einen Finanzmarkt zu schaffen, der aus vielen miteinander vernetzten Handelsplätzen besteht. Durch dieses System sollte die Liquidität jederzeit zum stets besten Handelsplatz migrieren können und das Problem der Kritischen Marge von Liquidität umgangen werden.[234]

2. Amendments to Securities Exchange Act (1975)

Um diesem Monopol entgegenzuwirken, erweiterte der Kongress im Jahr 1975 den Securities Exchange Act von 1934, um den Abschnitt 11A, um die SEC zur Schaffung eines *National Market Systems for Securities* zu mandatieren.[235] Hierdurch wurde die SEC angewiesen, ein *National Market System* zu schaffen, welches aus vielen miteinander in Wettbewerb stehenden Handelsplätzen besteht, die miteinander verbunden sein sollten. Das zu schaffende Marktumfeld sollte folgende Eigenschaften aufweisen: (1) Ökonomisch effiziente Orderausführung; (2) Fairer Wettbewerb zwischen Brokern und Dealern, zwischen Börsen und anderen Handelsplätzen des Sekundärmarktes, sowie zwischen den Börsen selbst; (3) Öffentliche Verfügbarkeit von Vorhandels- und Nachhandelstransparenz; (4) Gebot der Orderbestausführung (*best execution*); und (5) Disintermediation ohne den Verzicht auf ökonomisch effiziente Orderausführungen.[236]

---

234 SEC, Concept Release on Equity Market Structure, Exchange Act Release No. 61358, 75 FR 3593, 3608; *Yoon*, Trading in a Flash: Implication of High Frequency Trading for Securities Regulators Worldwide, Emory International Law Review, Vol. 24 (2010), S. 913, 923.

235 Sec. 11A(a)(2) SEA.

236 House of Representatives, Report No. 94-229 (1975), 94th Congress, 1st Session, S. 93.

Der Kongress signalisierte bereits von Anfang an, dass er die Realisierung dieser Ziele in der elektronischen Vernetzung der Handelsplätze sähe.[237] Die Vernetzung der Handelsplätze sollte gewährleisten, dass die Liquidität zwischen den Handelsplätzen frei zirkulieren konnte und sich so das Problem der kritischen Marge an Liquidität nicht stellen sollte, da die Gesamtliquidität des Marktes jederzeit von überall verfügbar wäre. Durch diese Vernetzung vieler Handelsplätze und der Gefahr des Abwanderns der Liquidität würde sich auf natürliche Weise ein Wettbewerb zwischen den Handelsplätzen entwickeln, der zur Verbesserung der Handelsbedingungen führen sollte.[238]

Das Ziel eines *National Market Systems* war Leitbild mehrerer Regulierungsmaßnahmen der US-Finanzmarktarchitektur, die im Zusammenspiel mit der technologischen Weiterentwicklung (Realisierbarkeit der Handelsplatzvernetzung) einhergingen. Die ersten Regulierungsmaßnahmen zur Schaffung des *National Market Systems* bestanden in dem Aufheben des *fixed commissions regimes* und dem Aufheben von Handelsbeschränkungen hinsichtlich des außerbörslichen Handels und dem Aufbau eines elektronischen handelsplatzübergreifenden Netzwerkes, um handelsplatzübergeifende Handelstransparenz und Orderinteraktion zu gewährleisten.

a) *Aufheben des Fixed Commissions Regime*

Seit dem *Buttonwood agreement* vom 17. Mai 1792 verhinderte das *fixed commissions regime* der NYSE, eine Absprache der NYSE-Broker, dass die zu verlangenden Kommissionen einen bestimmten Mindestsatz unterschreiten würden.[239] Am 23. Januar 1975 erließ die SEC die Rule 19b-3, die es einer jeden Börse untersagte Regelungen, zu erlassen oder aufrechtzuerhalten, die ihren Mitgliedern vorschrieben, unveränderliche Kommissionen bei Transaktionen mit Bezug zur Börse zu verlangen. Die Regelung wurde am 1. Mai 1975 wirksam und wird auch als *May Day Letter* bezeichnet.[240]

Anfangs versuchten die Broker mittels eines *gentlemen's agreements*, die nun verhandelbaren Kommissionen auf einem Mindestniveau zu halten, doch wurde dieses *gentlemens' aggreement* durch Brokerhäuser wie *Charles Schwab* durchbrochen,

---

237 SEC, Concept Release on Equity Market Structure, Exchange Act Release No. 61358, 75 FR 3593, 3596.

238 *Ibid.*

239 *Jarrell*, Change at the Exchange: The Causes and Effects of Deregulation, Journal of Law and Economics, Vol. 27 (1984), S. 273, 276.

240 SEC, Dock. 147 (1975).

das mittels eines *discount brokerage service*, der keine Wertpapierberatung umfasste, neue Kundenkreise zu erschließen versuchte. Innerhalb kurzer Zeit sanken die Kommissionen um 25 Prozent.[241]

b) *Aufheben von Wettbewerbsbehinderungen*

Mit der Implementierung des *National Market Systems* und dafür notwendigen Änderungen des Securities Exchange Act wurde die SEC auch verpflichtet, innerhalb von 180 Tagen alle Börsen- und OTC-Regelungen abzuschaffen, die einen Wettbewerb zwischen den Börsen und *OTC market makers* verhinderten, und die aus Sicht der SEC nicht anderweitig erforderlich waren.[242] Mittels der Rule 19c-1 untersagte die SEC den Börsen Regelungen zu erlassen oder aufrechtzuerhalten, die den Börsenmitgliedern einen außerbörslichen Handel erschweren würden.[243] Die Rule zielte dabei insbesondere auf die NYSE Rule 390,[244] die es NYSE Mitgliedern untersagte, als *OTC market maker* im Wettbewerb mit NYSE *specialists* zu treten. Spiegelbildlich mussten die Börsen aufgrund von Rule 12f-2 Börsen ihren Mitgliedern den Handel mit OTC-Aktien gestatten, soweit dadurch nicht ein fairer und geordneter Markt gefährdet war.[245]

c) *Consolidated Reporting System*

Unerlässlich für die Schaffung eines *National Market Systems* war zudem die Vernetzung der Handelsplätze, um eine handelsplatzübergreifende Handelstransparenz und Orderinteraktion zu gewährleisten. Die handelsplatzübergreifende Sammlung, Verarbeitung und konsolidierte Veröffentlichung von Handelsdaten sollte das Herzstück des *National Market Systems* sein.[246] Hierzu wurden die Börsen (*exchanges*) und die *National Association of Securities Dealers* (NASD) verpflichtet, *market data plans* für die marktweite Vorhandels- und Nachhandelstransparenz aufzustellen, die der SEC zur Genehmigung vorgelegt und mit Zustimmung der SEC verbindlich werden sollten, Sec. 11A SEA.

---

241 *Jarrell*, Change at the Exchange: The Causes and Effects of Deregulation, Journal of Law and Economics, Vol. 27 (1984), S. 273, 280.

242 *Seligman/Loss*, Fundamentals of Securities Regulation, S. 732.

243 17 CFR 240.19c-1.

244 SEC, Release No. 34-42450; File No. SR-NYSE-99-48.

245 17 CFR 240.12f-2.

246 House of Representatives, Report No. 94-229 (1975), 94th Congress, 1st Session, S. 93.

aa) Consolidated Tape Association Plan (Nachhandelstransparenz)

Bevor die SEC ein konsolidiertes System zur Veröffentlichung der Marktdaten initiierte, wurde die Handelstransparenz durch die NYSE und AMEX *ticker tapes* erzielt. Wurden NYSE Securities in regionalen Börsen oder im außerbörslichen Markt gehandelt, erschienen diese Handelsabschlüsse jedoch nicht in diesen *ticker tapes*.[247] Die SEC wollte nun auch diese Handelsabschlüsse mit in die *ticker tapes* der NYSE und AMEX integrieren, um auch *specialists* der regionalen Börsen und *OTC market maker* in den Wettbewerb mit den etablierten Börsen einzubeziehen.

Umgesetzt wurde dies von der SEC im Jahr 1972 durch Erlass der Rule 17a-15 und 1980 durch Veränderung der Rule 11Aa3-1.[248] Die Rule 11Aa3-1 verlangte, dass Börsen und die NASD Pläne zur Sammlung, Verarbeitung und Veröffentlichung der abgeschlossenen Transaktionen in konsolidierter Form aufstellten. Dem folgend, reichten die Börsen und die NASD den industrieweiten *Consolidated Tape Association Plan* bei der SEC ein.[249] Durch den Plan wurde die *Securities Industry Automation Corporation* (SIAC) als zentrale Einrichtung mit der Konsolidierung und Emittierung der Handelsdaten beauftragt. Die SIAC wurde anfangs gemeinsam durch die NYSE und AMEX und seit 2006 allein durch die NYSE betrieben.[250] Der *Consolidated Tape Association Plan* schreibt vor, dass die Börsen und die NASD Transaktionen ihrer Mitglieder in NYSE Aktien innerhalb von 90 Sekunden melden, unabhängig davon, ob die Transaktion an einer Exchange oder im OTC Handel erfolgte.[251] Ergänzend meldet der *Automated Confirmation Transaction Reporting Service* (ACT), betrieben durch die NASDAQ, alle Handelsabschlüsse in außerbörslich gelisteten Aktien.[252]

bb) Consolidated Quotation Plan (Vorhandelstransparenz)

Damit die Liquidität auch zielgerichtet zum besten Handelsplatz migrieren kann, muss den Marktteilnehmern bereits vor der Transaktion ersichtlich sein, wo sich

247 House of Representatives, Report No. 93-865 (1974), 93d Congress, 2nd Session, S. 5–8.

248 *Seligman*, The Future of the National Market System, The Journal of Corporation Law, Vol. 10 (1984), S. 79, 86.

249 SEC, Release No. 10-787. (CTP Plans wurden wirksam).

250 NYSE, NYSE Group Completes Acquisition of SIAC, Press Release, Dezember 2006, http://www1.nyse.com/about/publication/1164799108199.html.

251 *Moon*, The Dangerous Territoriality of American Securities Law: A Proposal for an Integrated Global Securities Market, S. 9.

252 *Ibid.*

die besten Handelsbedingungen bieten. Eine marktübergreifende Vorhandelstransparenz stellt daher einen Eckpfeiler für einen zentralisierten Markt dar.[253] Anders als das *Consolidated Last Sale Reporting Tape*, hat das *Consolidated Quotations System* das wahre Potential, eine Diversifikation des Handels hervorzurufen, also eine Migration, weg vom Monopol der NYSE.[254]

Hierzu verabschiedete die SEC im Jahr 1978 die Rule 11Ac1-1, die alle Börsen und die NASD verpflichtete, bindend die Verkaufs- bzw. Ankaufspreise, sowie das entsprechende Volumen für die besten Gebote zu veröffentlichen.[255] Der darauf industrieweit eingereichte *Consolidated Quotation Plan* wurde von der SEC am 28. Juli 1978 genehmigt, wodurch erstmals ein nahezu ganzheitliches Bild, der auf allen Märkten gebotenen Liquidität gezeichnet und der Öffentlichkeit zugänglich gemacht wurde.[256] Das sich dadurch zeichnende Bild der handelsplatzübergreifenden Liquidität war jedoch nicht perfekt. Regionale Börsen waren nicht in der Lage, bindende Quotierungen für alle dort gehandelten Aktien zu stellen. Hintergrund war das abgeleitete Preisfestsetzungsverfahren, bei welchem die regionalen Börsen die Preise des Primärmarktes übernahmen und auf Ebene der Ausführungs- und Clearing-Gebühren versuchten günstiger zu sein.[257] Da *specialists* an regionalen Börsen, im Gegensatz zu ihren Kollegen an der NYSE oder AMEX, mehrere Aktien handelten, somit also mehr *quotes* stellen mussten und sowieso nur die *quotes* der Primärmärkte übernahmen, entwickelten sie ein automatisches Quotierungssystem, welches jedoch nicht prüfte, ob der *specialist* tatsächlich in der Lage war, auch zu den *quotes* zu handeln. Daher galten die *autoquotes* als wenig zuverlässig.[258] Die *OTC market maker* hingegen setzten keine *autoquotes* ein, sondern setzten manuell, unregelmäßig und unzuverlässig ihre Quotierungen.[259] Somit war die ausgewiesene Vorhandelstransparenz von regionalen Börsen und *OTC market maker* zwar integriert, aber durch ihre Unzuverlässigkeit nur von bedingtem Wert. Die großen etablierten Börsen sahen ihre Position noch nicht bedroht.

---

253 Advisory Committee on Market Disclosure, Report to the SEC by the Advisory Committee on Market Disclosure on a Consolidated Quotations System, Securities Regulation & Law Report Vol. 178 (1972), H-1, H-3.

254 *Seligman/Loss*, Fundamentals of Securities Regulation, S. 744.

255 SEC, Final Rule, Release No. 34-37619A.

256 SEC, Rule Proposal, Release No. 12-670; Final Rule 14-415.

257 *Loss/Seligman*, Fundamentals of Securities Regulation, S. 744.

258 SEC, Release No. 17-583.

259 *Ibid.*

Im Februar 1982 begann die SEC auch zurückzusteuern und gestaltete die Quotierungsregel flexibler. Nur Primärbörsen wurden verpflichtet, bindende Quotierungen zu veröffentlichen. Die *OTC market maker* konnten freiwillig bindende Quotierungen veröffentlichen. Regionale Börsen waren hierzu weiterhin durch das *Intermarket Trading System* (ITS),[260] aber nicht durch die SEC zur Veröffentlichung verpflichtet.[261] Die Vorhandelstransparenz für außerbörslich gehandelte Aktien wurde durch den *NASDAQ Quotation Dissemination Service* (NQDS) gewährleistet.[262]

d) Intermarket Trading System (ITS)

Die Übersicht über die aktuell auf unterschiedlichen Handelsplätzen gebotene Liquidität nützt nur, wenn auch auf diese zugegriffen werden kann, dass heißt eine handelsplatzübergreifende Orderinteraktion gewährleistet ist und die Handelsplätze hierfür hinreichend miteinander vernetzt sind.[263]

Am 26. Januar 1978 forderte die SEC die Börsen und NASD auf, umgehend ein System zur besseren Vernetzung der verschiedenen Handelsplätze und ein System zur Orderweiterleitung zu entwickeln.[264] Im März 1978 wurde der industrieweite *Plan for the Purpose of Creating and Operating an Intermarket Communications Linkage* (ITS Plan) bei der SEC eingereicht. Am 14. April akzeptierte die SEC den eingereichten Plan und erließ eine vorläufige Genehmigung, entsprechend Section 11A(a)(3)(B) des Exchange Act, gegenüber allen Börsen und der NASD mit der Pflicht, ITS innerhalb von 120 Tagen durchzusetzen.[265]

Gleichlaufend kündigte die NASD Pläne an, das Nasdaq-System zu verbessern, damit dieses auch ein computergestütztes Orderausführsystem umfasst, dass es partizipierenden Unternehmen ermöglicht ihre Order für börslich gelistete Aktien an *OTC market maker* weiterzuleiten, *Computer Assisted Execution System* (CAES).[266]

ITS stellte zudem in den *ITS rules* – also keine *SEC rule* – das Verbot auf, eine Order auszuführen, wenn an einem anderen Handelsplatz ein besseres Gebot bestehen würde (*ITS trade-through rule*).[267] Entsprechend mussten Broker-Dealer

---

260 C.II.2.d) (*Intermarket Trading System*).
261 SEC, Release No. 18-482.
262 17 CFR § 240.11Ac1-1(c)(1),(2),(10).
263 SEC, Release No. 14-416 ("1978 Statement"), S. 26.
264 *Ibid.*; SEC, Release No. 13-662, S. 20.
265 15 U.S.C. 78k-1(a)(3)(B).
266 SEC, Release No. 34-42212.
267 ITS Plan, Section 8 (d) (i).

ihre eigenen Quotierungen den gegenwärtig besten Geboten anpassen, oder das Kundengebot mittels eines *commitment to trade* an den Handelsplatz weiterleiten, der die besten Quotierungen stellte. ITS ebnete somit den Weg für eine Liquiditätsmigration.

3. New Order Handling Rule (1997)

Um intransparente Nebenmärkte zu beseitigen und einen zentralisierten Markt zu stärken, dessen Preiswettbewerb für einen sich über alle Märkte erstreckenden Preisfindungsmechanismus sorgt, erließ die SEC die *new order-handling rule.*[268] Diese ist zweigliedrig und umfasst zum einen die *limit order display rule*[269] und zum anderen die *firm quote rule.*[270]

a) Limit Order Display Rule

Im Jahr 1996 erweiterte die SEC die Vorhandelstransparenzverpflichtungen, um den Abschnitt 4, SEC Rule 11Ac1-4, sogenannte *limit order display rule.*[271] Lagen nun *specialists* oder den *market makers* Kundenorder vor, die besser als ihre eigenen Gebote waren, wurden diese regelmäßig nicht veröffentlicht und gegenüber Eigenbeständen oder später ausgeführt. Dies erlaubte den *specialists* und *OTC market maker*, die Gewinne aus den *spreads* künstlich aufrechtzuerhalten, verhinderte aber eine marktweite Preisverbesserung und somit einen funktionierenden und effizienten Preisfindungsmechanismus. Diesem Interessenkonflikt wirkt Rule 11Ac1-4 entgegen. Die *specialists* und *OTC market maker* mussten nun ihre Gebote entsprechend verbessern, wenn ihnen Kundenorder vorlagen, die besser als ihre eigenen waren, wodurch ein transparenter Preiswettbewerb entstehen konnte.[272]

---

268 SEC, Release No. 34-37619A; *Levitt*, Best Execution, Price Transparency, and Linkages: Protecting the Investor Interest, Washington University Law Quarterly, Vol. 78 (2000), S. 514, 516.

269 SEC, Final Rule, Release No. 37-619A.

270 *Smith*, The Cross-Sectional Effects of Order Handling Rules and 16ths on NASDAQ, National Association of Securities Dealers, Working Paper 98-02 (1998), S. 3.

271 SEC, Final Rule, Release No. 37-619A.

272 *Ibid.*, *Benhamou/Serval*, On the Competition between ECNs, Stock Markets and Market Makers, S. 15.

b) *Firm Quote Rule*

Flankierend verlangt Rule 11Ac1-1(b)(1)(ii), dass Kundenorder nicht schlechter ausgeführt werden dürfen, als die gegenwärtig publizierten Gebote der *specialists* und *OTC market maker*.[273] Diese Regelungen sollten die Integrität des Preisfindungsmechanismus stützen und für einen handelsplatzübergreifenden Preisfindungsmechanismus sorgen.

4. Regulation Alternative Trading Systems (1999)

Mit dem verstärkten Aufkommen neuartiger Handelsplattformen, wie den ATS stellte sich die Frage, ob diese auch denselben aufsichtsrechtlichen Erfordernissen wie Börsen (*exchange*) unterlagen bzw. wenn nicht, welche Regulierungskategorie dann einschlägig sei. Bis 1999 kannte der Finanzmarkt der USA vier Regulierungskategorien, die *exchange*, den Broker, den Dealer und die National Securities Association. Eine *exchange* wurde im Securities Exchange Act von 1934 weit definiert und ATS würden dem weiten Exchange-Begriff grundsätzlich unterfallen.[274] Problematisch hieran sind jedoch die weitreichenden Regulierungslasten, die mit dem Status einer *Exchange* einhergehen. Alle Börsen sind zugleich eine *self-regulatory organizations* (SRO), die den Anforderungen aus Sec. 6 SEA entsprechen müssen. So müssen die SRO gewährleisten, dass die Aktivitäten ihrer Mitglieder konform mit den Bundesgesetzen und dem internen SRO Regelwerk ergehen. Entsprechend muss das SRO interne Regelwerk auch über Durchsetzungsmechanismen verfügen, um z.B. markmissbräuchliches Verhalten zu verhindern, faire Handelsbedingungen zu gewährleisten und den Zugang zu handelsbezogenen Einrichtungen gewährleisten. Ferner müssen diese die Veröffentlichung einer Vor- sowie Nachhandelstransparenz gewährleisten

---

273 SEC, Special Study: Electronic Communication Networks and After-Hours Trading, S. 20; *Borrelli*, Market Making in the Electronic Age, Loyola University Chicago Law Journal, Vol. 32 (2001), S. 815, 848.

274 Sec. 3(a)(1) SEA: *any organization, association, or group of persons, whether incorporated or unincorporated, which constitutes, maintains, or provides a market place or facilities for bringing together purchasers and sellers of securities or for otherwise performing with respect to securities the functions commonly performed by a stock exchange as that term is generally understood, and includes the market place and the market facilities maintained by such exchange.*

und die Vernetzung mit anderen Handelsplätzen sicherstellen,[275] was in einen Beitritt zu CQS, CTA und ITS mündet.[276]

Würde man den ATS all diese Anforderungen auferlegen, wären diese in ihrer Wettbewerbseigenschaft geschwächt und könnten diesen Anforderungen unter Umständen gar nicht nachkommen. Zum anderen wären viele Anforderungen unnötig, da ATS keinen Primärmarkt betreiben und sich auf den Sekundärmarkt beschränken. Andererseits wären die Regulierungslasten genauso ungleich verteilt, wenn ATS keiner Regulierung, insbesondere derer des Sekundärhandels unterliegen würden.[277] Gerade diese Zwischenstellung, die ATS im Finanzmarkt einnahmen, konnte das damalige Regulierungssystem nicht erfassen. Die ATS versuchten der Rechtsunsicherheit zwischen den Jahren 1969 bis 1990 durch *no-action letters* vorzugreifen, indem sie versuchten, von der SEC für ihre Handelsplätze eine Unbedenklichkeitserklärung zu erlangen, um so den Regulierungsanforderungen einer Börse zu entgehen. Die SEC prüfte hierbei im Einzelfall und gab eine Alles-oder-Nichts Entscheidung, entweder die volle Regulierungslast einer Börse oder gar keine. Diese No-Action-Letter-Praxis war jedoch keine Antwort auf das Erfordernis einer differenzierten Regulierung der ATS. Ferner waren die dieser Praxis zugrundeliegenden Kriterien schwer nachvollziehbar, bzw. uneinheitlich angewandt.[278]

Die SEC löste diesen Konflikt mit der Regulation ATS, die 1999 in Kraft trat.[279] Hiernach konnten ATS entscheiden, ob sie sich als *exchange* oder als *broker-dealer* registrieren lassen möchten.[280] Die Regulation ATS wurde auf Betreiben des SEC Chairman *Arthur Levitt* vorangetrieben, der so den für ihn unliebsamen Duopol aus NYSE und NASDAQ bekämpfen wollte.[281] Überschreitet ein ATS in einem Finanzinstrument die Schwelle von fünf Prozent des Handelsvolumens, muss das

275 *Somowitz/Lee*, On the Road to Reg ATS – A Critical History of the Regulation of Automated Trading Systems, S. 6.

276 C.II.2.c) (*Consolidated Reporting System*) und C.II.2.d) (*Intermarket Trading System*).

277 *Spindler/Hüther*, Börse ohne Parkett – oder: Alternative Trading Systems – Elektronische Handelssysteme in den USA, Recht der Internationalen Wirtschaft, 2002, S. 649, 651.

278 *Cohen*, Securities Trading Via the Internet, Standford Journal of Law, Business and Finance, Vol. 4 (1999), S. 1, 26.

279 SEC, Regulation of Exchanges and Alternative Trading Systems (Reg ATS), Release No. 34-40760, Federal Register Vol. 63 (1998), S. 70844.

280 *Id*, S. S. 70892–70893.

281 Forbes, Wall Street's New Masters, Forbes, 21. September 2009, S. 40, http://www.forbes.com/forbes/2009/0921/revolutionaries-stocks-getco-new-masters-of-wall-street.html.

ATS zum einen eine Vorhandelstransparenz ausweisen und zum anderen einen fairen und nicht diskriminierenden Handelszugang für Mitglieder und Nichtmitglieder der ATS gewährleisten. Überdies kann die SEC neben dieser Schwellenregelung auch aus eigenem Ermessen, aufgrund der Bedeutung eines ATS, die Pflicht zur Börsenregistrierung aussprechen, wenn das ATS aus ihrer Sicht eine für den Finanzmarkt ähnliche Bedeutung wie eine Börse erlangt hat.[282] In dieser nach Handelsvolumen differenzierenden Regulierung lag der Kompromiss, wodurch den ATS nicht durch erhöhte Regulierungserfordernisse der Zutritt zum Markt verwehrt sein sollte, aber andererseits diese nicht ohne ihren *fair-share* an Regulierungslast, ihrem Geschäft nachgehen können sollten. Lag ein Handelsplatz unter der fünf Prozent Schwelle, konnte dieser ohne das Ausweisen einer Vorhandelstransparenz, quasi im dunklen agieren. Derartige Handelsplätze werden als *dark pools* bezeichnet.[283] Die *dark pools* bieten Anonymität und Diskretion hinsichtlich der Marktaktivität, so dass große Transaktionen verdeckt erfolgen können. Damit sind *dark pools* eine ideale Handelsplattform für institutionelle Händler, wie Pensions Fonds, die den Preis-/Mengeneffekt reduzieren wollen, wenn sie große Positionen (*blocktrades*) gefragter Wertpapiere absetzen oder ankaufen wollen.[284]

5. Decimalization (2001)

Im Jahr 2001 wurde das Mindesthandelsvolumen je Transaktion reduziert[285] und die minimale Preisvariation (*tick size*) auf einen Cent gesenkt.[286] Dies verringerte die Viskosität der am Markt zirkulierenden Liquidität. Dadurch verkleinerte sich der *bid-ask spread*, wodurch Einnahmen aus dem *market making* schrumpften.[287] Zusätzlich nahm die Frequenz des Handels zu, da schon kleine Preisbewegungen

---

282 Regulation of Exchanges and Alternative Trading Systems, Exchange Act Release No. 34-40760, 63 Fed. Reg. 70844 (Dec. 22, 1998).

283 *Lee/Zubulake*, The High-Frequency Game Changer – How Automated Trading Strategies Have Revolutionized the Markets, S. 32.

284 *Leis*, High Frequency Trading: Market Manipulation and Systemic Risks from an EU Perspective, S. 9.

285 *Karmel*, Turning Seats into Shares: Causes and Implications of Demutualization of Stock and Future Exchnages, Hastings Law Journal Vol. 53 (2002) S. 367, 373–375.

286 *Goldstein/Kavajecz*, Eights, Sixteenths, and Market Depth: Changes in Tick Size and Liquidity Provision on the NYSE, Journal of Financial Economics, Vol. 56 (2000), S. 125, 125–126.

287 *Goldstein/Kavajecz*, Eights, Sixteenths, and Market Depth: Changes in Tick Size and Liquidity Provision on the NYSE, Journal of Financial Economics, Vol. 56 (2000), S. 125, 127.

Gewinnchancen boten und Handelsinteressen nicht zu dem früher notwendigem Mindestvolumen je Transaktion zusammengefasst werden mussten.

6. Regulation National Market System (2005)

Die SEC erließ am 9. Juni 2005 durch *Regulation National Market System* (Reg NMS) ein Paket von Regulierungsmaßnahmen, welches die bestehenden Regulierungsmaßnahmen des *National Market System* konsolidieren und modernisieren sollte.[288] Dieses Paket umfasst folgende Regelungen:

a) Handelstransparenz

aa) Market Data Plans

Reg NMS greift das bestehende Konzept der *market data plans* auf und verpflichtet alle SRO hinsichtlich des Handels in börsennotierten Aktien, in einem *market data plan* mitzuwirken, der die Sammlung, Konsolidierung durch einen *securities information processor* (SIP) und die zentrale Emittierung von Nachhandelsdaten (Rule 601) und die der Vorhandelsdaten (Rule 602) regelt. Insofern wird das bestehende System aus *Consolidated Tape Association Plan* (CTA Plan) und *Consolidated Quotation Plan* (CQ Plan) einbezogen.[289] Ferner werden durch Rule 604 Reg NMS Exchange *specialists* und *OTC market maker* verpflichtet, ihre besten Kunden-Limit-Order in ihren Ordern widerzuspiegeln, was der bisherigen *order-handling rule* entspricht.[290]

bb) Locked & Crossed Markets

Ferner werden zum Zwecke der Marktintegrität die SRO durch Rule 610 (d) Reg NMS verpflichtet, keine *locked* oder *crossed markets* in ihrer Vorhandelstransparenz auszuweisen. Eine Marktsituation, in der das Gebot zum Kauf (*bid*) das Gebot zum Verkauf (*ask/offer*) übersteigt, der *spread* also negativ ist, bezeichnet man als *Crossed Market*. Eine Marktsituation, in der das Gebot zum Kauf (*bid*) dem Gebot zum Verkauf (*ask/offer*) entspricht, der *spread* also null ist, bezeichnet man als *locked market*. Aus Sicht der SEC seien derartige Marktereignisse unnatürlich, da sie einen fairen und geordneten Markt behinderten und die

---

288 SEC, Release No. 34-51808.

289 C.II.2.c)aa) (*Consolidated Tape Association Plan*) und C.II.2.c)bb) (*Consolidated Quotation Plan*).

290 C.II.3 (*New Order Handling* Rule (1997)).

Markteffizienz beeinträchtigten (*inconsistent with fair and orderly markets and detract [...] from market efficiency*).[291]

cc) Direkte Datenströme

Neben den Handelsdaten, die durch den SIP emittiert werden (*public data feeds*), bieten Handelsplätze auch eigene Datenströme an, sogenannte *proprietary* oder *direct data feeds.* Diese beinhalten regelmäßig mehr Information als die durch den SIP emittierten Mindesthandelsdaten und geben Einblick in das gesamte Orderbuch, sogenannte *level-2 market data.* Die Rule 603(a) verlangt, dass die direkten Datenströme *on fair and reasonable terms and not unreasonably discriminatory* verfügbar gemacht werden. Ferner dürfen Handelsplätze ihre Handelsdaten ihren Kunden nicht früher zur Verfügung stellen, als sie die Daten an den SIP übermitteln.[292] Direkte Datenströme bieten den Vorteil eines umfassenderen Marktbildes und sind schneller verfügbar, da sie nicht den SIP durchlaufen müssen. Letzteres wirft Fairnessfragen auf.[293]

b) Access Rule

Ferner muss es gemäß Rule 610 (a) Reg NMS einem jeden Marktteilnehmer möglich sein, auf Grundlage fairer und nicht diskriminierender Bedingungen auf die in der Vorhandelstransparenz ausgewiesenen Gebote zuzugreifen.[294] Zusätzlich beschränkt Rule 610 (c) Reg NMS die Handelsgebühren. Beträgt der ausgewiesene Preis der Aktie USD 1,00 oder mehr, so kann die Gebühr nicht höher als USD 0,003 pro Aktie sein. Ist der ausgewiesene Preis geringer als USD 1,00 können die Gebühren nicht mehr als 0,3 Prozent des Aktienpreises betragen.

---

291 SEC, Reg NMS, Final Rule, Release No. 34-51808, S. 194.

292 SEC, Reg NMS, Final Rule, Release No. 34-51808, S. 271–272, ("Adopted Rule 603(a) will not require a market center to synchronize the delivery of its data to end-users with delivery of data by a Network processor to end-users. Rather independently distributed data could not be made available on a more timely basis than core data is made available to a Network processor. Stated another way, adopted Rule 603(a) prohibits an SRO or broker-dealer from transmitting data to a vendor or user any sooner than it transmits the data to a Network processor.").

293 Siehe: E.III (*Datenströme*).

294 SEC, Concept Release on Equity Market Structure, Federal Register Vol. 75 (2005), S. 3594, 3602.

c) Minimale Preisvariation

Zudem untersagt Rule 612 den Börsen, der FINRA, den ATS, Finanzmarktdatenhändlern, Brokern und Dealern ein jedes Veröffentlichen, Berücksichtigen oder Entgegennehmen eines Gebotes, einer Indikation des Handelsinteresses für eine börsennotierte Aktie, wenn die daraus resultierende Preisabweichung kleiner ist als:

- USD 0,01, wenn die Aktie gleich oder höher als USD 1.00 zum Handel geboten wird; oder
- USD 0,0001, wenn die Aktie unter USD 1,00 zum Handel geboten wird.

Die Ratio der Regelung ist das Ermöglichen nuancierter Preisfindung ohne dabei der Gefahr ausgesetzt zu sein, dass sich die Liquidität auf einer unendlichen Anzahl von Preisschienen verteilt.

d) Best Execution

Eine Verpflichtung zur *best execution*, die Wertpapierfirmen verpflichtet ihre Kundenaufträge stets auf die beste Weise auszuführen, findet sich nicht in Reg NMS und wurde nie zuvor explizit in Bundesgesetzen oder einer SEC Regelung ausgesprochen. Die *best execution* ist in den USA wesentlich durch die Rechtsprechung geprägt, welche die Verpflichtung aus dem allgemeinen Vertretungsrecht (*agency law*) und dem Treuhandverhältnis (*trust relationships*) ableitet.[295]

Mit der Entscheidung im *adminstrative proceeding* gegen *Duker & Duker* aus dem Jahr 1939 erklärte die SEC, dass ein Broker mit der Aufnahme seiner Geschäfte und der Annahme von Kundenaufträgen, konkludent auch erklärt, dass er fair mit den Klienten arbeite (*implied representation*).[296] Der dabei zugrundeliegende Grundsatz wird *shingle theory* genannt, da die Brokerhaftung mit dem Aufhängen des „Praxisschildes" (*shingle*) beginnt. Die Gerichte bestätigten die *shingle theory* in *Charles Hughes & Co. v. SEC.*[297] Im Fall *Newton v. Merril Lynch* legte das dritte Bezirksgericht dar, dass *agents* ihren *principals* gegenüber zur Loyalität und Sorgfalt verpflichtet sind, woraus sich auch ableite, dass in deren bestem Interesse zu handeln sei.[298] Daraus ergibt sich die Verpflichtung alle vernünftigerweise zu verlangenden Anstrengungen aufzubringen, um den Profit des

---

295 *Gehdicks*, Suitability Claims and Purchases of Unrecommended Securities: a Theory of Broker-Dealer Liability, Arizona State Law Journal Vol. 37 (2005), S. 535, 550.

296 SEC, Administrative Proceeding, *Duker & Duker*, Release No. 37-673, S. 5.

297 *Charles Hughes & Co. v. SEC*, 139 F.2d 434 (2d Cir. 1943), 321 U.S. 786.

298 *Newton v. Merrill Lynch, Pierce, Fenner & Smith*, 259 F.3d 154 (3d Cir. 2001).

Kunden zu mehren.[299] Dies heißt, der Broker muss nicht darlegen, dass er die beste Ausführungsvariante wählte, sondern darlegen, dass er alles vernünftige (*reasonable*) tat, um den wirtschaftlichen Gewinn zu maximieren. Im Fall *Newton* leitete *Merril Lynch* den Auftrag an die Nasdaq und nicht an andere ATS, obwohl sie im Eigenhandel gerade diese Strategie aus Kostengründen verfolgten, da sie dort regelmäßig bessere Preise erzielten. Dies war ein Indiz dafür, dass Merrill Lynch nicht den vernünftigerweise zu verlangenden Sorgfaltsmaßstab bei der Ausführung von Kundenaufträgen wählte.[300]

Im Jahr 1986 veröffentlichte die SEC einen Kriterienkatalog zur Konkretisierung der Best-Execution-Verpflichtung. Dabei betonte die SEC, dass das Gebot der Bestausführung sich nicht auf die Dimension des Preises beschränke, sondern eine Vielzahl von Faktoren der Ausführungsqualität und die Bedürfnisse des Kunden zu berücksichtigen seien. Dies könne die Verschwiegenheit, Zuverlässigkeit aber auch der Preis sein.[301]

e) Order Protection Rule

Die SEC sah zudem die Gefahr, dass im *National Market System*, mit der Vielzahl seiner Handelsplätze, keine hinreichende Orderinteraktion stattfinden würde. Konkret bestand die Gefahr, dass bestpreisige Order in abgelegenen Handelsplätzen ignoriert werden würden und so die Effizienz des Preisfindungsmechanismus aufgrund der Vielzahl der Handelsplätze leiden würde. Um einen über alle Handelsplätze sich erstreckenden Preisfindungsmechanismus zu garantieren, erließ die SEC die Rule 611 Reg NMS.[302] Diese besagt, dass Handelsplätze Order nicht zusammenführen dürfen (*order matching*), wenn diese nicht dem durch den SIP ausgewiesenen NBBO entsprechen oder besser sind. Die Order, welche zusammen den NBBO stellen, also den handelsplatzübergreifenden höchstgebotenen Kaufpreis und niedrigstgebotenen Verkaufspreis verkörpern, sind davor geschützt, dass an ihnen vorbei gehandelt wird (*trade-through*). Die *trade-through rule* gilt jedoch nur während der regulären Handelszeiten, Rule 600(b) (77), also zwischen 09:30 und 16:00 p.m., wobei die regulären Handelszeiten auch geändert werden können, Rule 605(a)(2). Soweit die Handelsplätze über keine Order verfügen, die dem NBBO entsprechen oder verbessern, sind

---

299 *Newton v. Merrill Lynch, Pierce, Fenner & Smith*, 259 F.3d 154 (3d Cir. 2001), (*to use reasonable efforts to maximize the economic benefit to the client in each transaction*).

300 *Ibid.*

301 SEC, Interpretive Release, Release No. 34-23170.

302 SEC, Reg NMS, Final Rule, Release No. 34-51808, S. 34–35.

diese verpflichtet, ihre Order an die NBBO Handelsplätze weiterzuleiten oder die Order zu stornieren.[303] Der Charakter des Trade-Through-Verbotes ist nicht absolut. Sollte also ein Handel unter Verstoß gegen die *order protection rule* erfolgen, ist dieser Handel trotzdem wirksam. Der entsprechende Handelsplatz wird jedoch von der SEC mit einem Ordnungsgeld sanktioniert.[304] Die *order protection rule* will durch die Privilegierung der *NBBO limit order* den Marktteilnehmern gegenüber Anreize setzen, preisverbesserende öffentliche *limit order* in die Handelsbücher zu stellen.[305]

aa) Probleme für den Handel

Die *order protection rule* ruft aber auch Schwierigkeiten für den Handel hervor, was nun beispielhaft erläutert werden soll und zugleich einen besseren Einblick in die moderne Handelsumgebung geben soll.

Beispiel 1: In einem fiktiven Markt existieren 3 Handelsplätze. Handelsplatz A, B und C. Diese bieten jeweils simultan die Aktie *Alpha Inc.* zu unterschiedlichen Preisen an. Handelsplatz A bietet zum Preis von USD 10 (200 Aktien); B bietet zum Preis von USD 13 (500 Aktien) und C bietet zu einem Preis von USD 9 (5 Aktien).

Handelsplatz	**A**	**B**	**C**
Best Offer in USD (Volumen)	10 (200)	13 (500)	9 (5)

Wir als Wertpapierfirma haben nun von unserem Kunden die ausdrückliche Anweisung, so schnell wie möglich 200 Aktien der *Alpha Inc.* zu einem Preis zu kaufen, der durchschnittlich unter USD 12 je Aktie liegt. Der Markt hat sich bisher sehr volatil verhalten und unser Kunde ist der Meinung, dass der Markt *Alpha Inc.* unterbewertet und diese Fehlbewertung nicht lang anhalten wird. Dies deckt sich auch mit der Einschätzung unserer Analysten und schnelles Handeln ist entscheidend. Entsprechend der Best-Execution-Verpflichtung müssen wir nun den Kundenauftrag besonders schnell ausführen, um das Volumen von 200 Aktien erstehen zu können. Wegen des minimalen Preisvorteils von USD 1 für lediglich 5 Aktien würden wir daher grundsätzlich nicht die Kundenorder aufsplitten und riskieren, dass zwischenzeitlich der Marktpreis steigt. Grundsätzlich würden wir daher am Handelsplatz A 200 Aktien zum Preis von USD 10 kaufen.

303 SEC, Concept Release on Equity Market Structure, Federal Register Vol. 75 (2010), S. 3594, 3601–3602.

304 *Ibid.*

305 *Langevoort*, U.S. Securities Regulation and Global Competition, Virginia Law & Business Review, Forthcoming, Vol. 3 (2008), S. 191, 202–203.

Aufgrund der *order protection rule* wird aber der Handelsplatz A unsere Order ablehnen, da er gegenwärtig nicht den den Best Offer des NBBO stellt. Handelsplatz A hat nun die Wahl, unsere Order an den Handelsplatz C weiterzuleiten oder uns die Order wieder zurückzugeben. Wir können also gar nicht mit einer Order direkt von einem uns günstig erscheinden Markt unsere Aktien erstehen, sondern sind gezwungen, stets das bestpreisige Gebot zu ergreifen, auch wenn dies für uns bedeutet, dass wir unsere Order hierfür zerteilen müssen, da die *order protection rule* nicht das Volumen berücksichtigt.[306] Dies bedeutet für Großorder einen erheblichen Mehraufwand, der mit der Aufteilung der Großorder einhergeht. Wir sind also genötigt, unsere Order aufzuteilen und müssen zunächst die bestpreisigen 5 Aktien einsammeln.

Beispiel 2: Handelsplatz A, B und C bieten simultan die Aktie *Alpha Inc.* zu unterschiedlichen Preisen an:

Handelsplatz	**A**	**B**	**C**
Best Offer in USD (Volumen)	7 (200)	11 (300)	13 (500)

Es liegt eine Kundenorder vor, 700 Aktien von Alpha Inc. zu einem Durchschnittspreis von nicht mehr als USD 12 zu kaufen. Mithilfe von 3 simultanen *market order* an allen Handelsplätzen (200 Aktie bei A, 300 bei B und 200 bei C) könnte der Auftrag im Idealfall zu einem Durchschnittspreis von **USD 10,43** realisiert werden. Werden jedoch die Order simultan abgesendet, werden die *market order* gegenüber B und C aufgrund der *order protection rule* abgelehnt, an uns zurückgesendet oder an A, den Handelsplatz mit dem gegenwärtig *best bid* weitergeleitet. Sollten unsere Order nun an A weitergeleitet werden, ist es wahrscheinlich, dass beim Eintreffen der weitergeleiteten Order unsere eigene *market order* gegenüber Handelsplatz A, die existenten 200 Aktien zum *best bid* aufgesogen haben. Theoretisch könnte sich nun folgende Marktlage bilden:

Handelsplatz	**A**	**B**	**C**
Best Offer in USD (Volumen)	0 (0)	11 (300)	13 (500)

Wir wären also durch die *order protection* dazu gezwungen, sequentiell die jeweils existenten *best offer* aufzusuchen, um überhaupt eine Transaktion durchführen zu können. Die sequentielle und verzögerte Auftragsausführung lässt die Gefahr

306 *Macey/O'Hara*, From Markets to Venues: Securities Regulations in an Evolving World, Standford Law Review, Vol. 58 (2005), S. 563, 586–87.

steigen, dass ein gegenteiliger Preiseffekt auftritt oder andere Marktteilnehmer unser Handelsziel erkennen und dies durch parasitären Handel ausnutzen.[307] Da dem Markt unsere Handelsaktivität nicht unentdeckt blieb, hat der Markt reagiert und folgende Preise sind nun vorherrschend:

Handelsplatz	**A**	**B**	**C**
Best Offer in USD (Volumen)	12 (100)	16 (100)	18 (500)

Die uns noch fehlenden 500 Aktien müssten wieder zunächst gegenüber A (100 Aktien), dann gegenüber B (100 Aktien) und dann gegenüber C (300 Aktien) ausgeführt werden. Ungeachtet der Möglichkeit, dass auch bei einer sequentiellen Orderausführung wieder die Preise steigen/fallen könnten, läge nun in unserem Beispiel der beste Durchschnittspreis bei:

$$(2/7)*7 + (1/7)*12 + (1/7)*16 + (3/7) * 18 = \mathbf{13{,}71}$$

Die in Folge der *order protection rule* verzögerte Ausführung kostet uns im Beispiel 2 USD 3,29 je Aktie, was einer **Verteuerung von 31,5 Prozent** entspricht. Im Übrigen müsste den Kunden mitgeteilt werden, dass der Auftrag nicht mehr zu den von ihm vorgegebenen Konditionen ausführbar sei oder der Broker müsste die adverse Preisentwicklung gar selbst tragen, um sein Gesicht nicht gegenüber seinen Kunden zu verlieren. Die *order protection rule* wird in ihrer grundsätzlichen Konzeption nicht den Bedürfnissen institutioneller Investoren gerecht.[308]

bb) Ausnahmen von der Order Protection Rule

Befreiung von der *order protection rule* erfolgt nicht durch eine Grundsatznorm, sondern auf Grundlage technisch detaillierter Einzelfallregelungen.[309]

(i) Intermarket Sweep Order (ISO)

Rule 611(b)(5) und (b)(6) Reg NMS bieten mit der *intermarket sweep order* (ISO) eine Ausnahme von der *order protection rule* für Großorder. Mehrere Order, die zuvor sukzessive hätten entsandt werden müssen, können nun simultan, wenn sie auch als ISO gekennzeichnet sind und an die jeweils besten Handelsplätze

---

307 SEC, Responses to Frequently Asked Questions Concerning Rule 611 and 610 of Regulation NMS, Frage 3.03, http://www.sec.gov/divisions/marketreg/nmsfaq610-11.htm.

308 *Macey/O'Hara*, From Markets to Venues: Securities Regulations in an Evolving World, Standford Law Review, Vol. 58 (2005), S. 563, 588.

309 17 CFR § 242.611(d).

übermittelt werden.[310] Die ISO „*sweeped*" simultan über verschiedene Preis- und Handelsplatzebenen und greift dabei auf die jeweils besten Gebote zu (*top-of-the-book liquidity*). Ein Handelsplatz kann die als ISO gekennzeichnete Order sofort, ohne Beachtung der *order protection rule* ausführen und muss keine Rücksicht auf aktualisierte Vorhandelsdaten anderer Handelsplätze nehmen.[311] Die ISO ist auf Konstellationen zugeschnitten, wie sie im zuvor erläutertem Beispiel 2 beschrieben wurden, also Situationen, in denen die Großorder von Institutioneller Investoren durch eine sukzessive Orderausführung der Gefahr gegenläufiger Preisentwicklungen ausgesetzt wäre.[312] Um auch trotz der ISO die Integrität des Preisfindungsmechanismus zu gewährleisten, ist der ISO Verwender auch verantwortlich, zu gewährleisten, dass die ISO die jeweils besten Gebote ansteuert.[313]

(ii) Material Delay und Self-Help

Sollte der Handelsplatz, welcher den NBBO stellt, wiederholt nicht innerhalb einer Sekunde auf eine Order reagieren, können die anderen Handelsplätze gegenüber dem betroffenen Handelsplatz *self-help* erklären und gemäß Rule 611(b)(1) ungeachtet der *order protection rule*, Order zusammenführen.[314] Der sich auf *self-help* berufende Handelsplatz muss den betroffenen Handelsplatz darüber informieren und bei der Feststellung, wo der Fehler liegt, unterstützend mitwirken.[315] Die *self-help* Ausnahme wirkt lediglich relativ für denjenigen, der vernünftige Gründe zur Annahme hat, dass seine Order nicht zeitgerecht ausgeführt werden kann, wirkt also nicht absolut gegenüber anderen Marktteilnehmern.[316]

(iii) Kritische Marktmomente

Ferner bestehen Ausnahmen für kritische Marktmomente, die regelmäßig zu einer Störung des Preisfindungsmechanismus führen. So sind der Handelsbeginn, Wiedereröffnungshandel und Handelsschluss nach Rule 611(b)(3) zeitliche Beschränkungen des Anwendungsbereichs der *order protection rule*.

310 Rule 600(b)(30).
311 SEC, Reg NMS, Federal Register Vol. 70 No. 124, S. 37496, 37536.
312 *Ibid.*
313 *Ibid.*
314 SEC, Reg NMS, Federal Register Vol. 70 No. 124, S. 37496, 37504.
315 SEC, Reg NMS, Federal Register Vol. 70 No. 124, S. 37496, 37521–37522.
316 *Ibid.*

(iv) Flickering Quotes

Die *flickering quotes* sind solche, die sich mehrmals innerhalb einer Sekunde ändern. Gegenüber diesen *flickering quotes* kann die Order ebenfalls ausgeführt werden, wenn diese zuvor den NBBO stellten, und zwischenzeitlich nicht mehr den NBBO stellen. Gemäß Rule 611(b)(8) Reg NMS verstößt ein derartiger *trade-through* nicht gegen die *order protection rule.*

7. Ableitungen

Der Wandel von einem monopolistischen Finanzmarkt, hin zu einem fragmentierten Finanzmarkt, der aus einer Vielzahl vernetzter und im Wettbewerb stehender Handelsplätze besteht, prägt die Entwicklung der US-Finanzmarktarchitektur. Diese geschah nicht willkürlich, sondern wurde durch Regulierungsmaßnahmen angeregt, die dem Kongressauftrag zur Schaffung eines *National Markt Systems* folgten. Die Regulierung ist zudem wesentlich durch die Gewährleistung eines über alle Marktfragmente sich erstreckenden Preisfindungsmechanismus geprägt, was die Komplexität des Finanzmarktes wesentlich erhöhte.

III. Entwicklung der Finanzmarktregulierung | EU

Mit Verabschiedung der Einheitlichen Europäischen Akte von 1985 war die Schaffung eines Binnenmarktes wesentlicher Regulierungsauftrag der EU. Grundlegend sind hierbei die 4 Grundfreiheiten des EU-Primärrechts: (1) Freiheit des Warenverkehrs, Art. 28 bis 37 AEUV; (2) Freiheit des Personenverkehrs, Art. 45 bis 55 AEUV; (3) Freiheit des Dienstleistungsverkehrs, Art. 56 bis 62 AEUV; und (4) Freiheit des Kapitalverkehrs, Art. 63 bis 66 AEUV.

1. Investment Services Directive (1993)

Der erste Schritt in Richtung eines EU übergreifenden und wettbewerbsfreundlichen Finanzmarktes erfolgte durch die *Investment Services Directive* (ISD) vom 10. Mai 1993.[317] Die ISD ermöglichte es erstmals europäischen Finanzdienstleistern mit Hilfe des neuen Europäischen Passes, grenzüberschreitend Zugang zu anderen europäischen geregelten Märkten zu erlangen, ohne gesonderten Zulassungserfordernissen zu unterliegen.[318]

---

317 ISD – Wertpapierrichtlinie, Richtlinie 93/22/EWG des Rates vom 10. Mai 1993 über Wertpapierdienstleistungen).

318 *Ferrarini*, Pan-European Securities Markets: Policy Issues and Regulatory Responses, European Business Organization Law Review, Vol. 3 (2002), S. 249.

a) *Europäischer Pass für Finanzdienstleister*

Um einen solchen Europäischen Pass zu gewährleisten, musste zunächst ein rechtlicher Rahmen für die gegenseitige Anerkennung von Finanzdienstleistungsunternehmen (*investment firms*) geschaffen werden.[319] Hierzu wurden die Miglied-staaten verpflichtet, EU-Finanzdienstleistern den Zugang zu ihren Finanzmärkten grundsätzlich zu gewähren, wenn diese über eine vergleichbare Zulassung in ihrem Herkunftsland verfügten, Art. 3 ISD (Herkunftslandprinzip).

Flankiert wurde diese pauschale Anerkennungspflicht durch eine Mindestharmonisierung der Zulassungsvoraussetzungen für Finanzdienstleister, Art. 10 ISD und durch die Regelungen hinsichtlich des Vermeidens von Interessenkonflikten in Art. 11 ISD. Das Gewährleisten eines grenzüberschreitenden Finanzmarktes erfordert aber neben der gegenseitigen Anerkennung von Finanzdienstleistern auch, dass sich aus dieser Anerkennung ein effektives Recht auf Zugang zu den Finanzmärkten ergibt. Wäre dem nicht so, wäre das Anerkennungsprivileg zahnlos. Gemäß Art. 15 ISD müssen die Mitgliedstaaten ermöglichen, dass Finanzdienstleister Transaktionen ausführen können, im *clearing/settlement* teilnehmen können und es für sie möglich ist, Teil der Beschlussfassung der Handelsplätze zu werden. Art. 15 ISD erfasst hierbei jedoch noch nicht alle Handelsplätze, sondern lediglich geregelte Märkte (*regulated markets*).

Durch Sicherstellung des effektiven Marktzugangsrechtes für Finanzdienstleistungsunternehmen konnten nun auch geregelte Märkte reflexartig ihre Aktivitäten in andere Mitgliedstaaten ausdehnen.[320] Erstmalig konnten geregelte Märkte mittels *trading screens* Liquidität aus anderen Mitgliedstaaten anlocken. Ferner konnten Finanzdienstleister zwischen unterschiedlichen Börsen, die für sie attraktivste wählen, vorausgesetzt die Instrumente wurden an mehreren EU-Börsen gehandelt bzw. waren vergleichbar. Ferner bot sich ihnen die Möglichkeit diversifizierter Handelsaktivitäteten, da sie nun leichter auf weitere (bessere) EU-Finanzinstrumente zugreifen konnten, was Anreize für die Marktinnovation streute.[321]

---

319 *Jackson/Pan*, Regulatory Competition in International Securities Markets: Evidence from Europe in 1999-Part I, Business Lawyer, Vol. 56 (2001), S. 653, 677–78.

320 *Szonert-Binienda*, Passporting Financial Services Throughout the European Union, Banking Law Journal Vol. 116/5 (1999), S. 456, 457–458.

321 *Ibid.*

b) Definition eines geregelten Marktes

Ferner wurde der geregelte Markt (*regulated market*) in Art. 1 Nr. 13 ISD definiert,[322] wodurch die EU begann einen Regulierungsrahmen für Handelsplätze zu formen. Dieser Schritt war jedoch noch sehr zaghaft, da die europarechtliche Definition noch immer vom mitgliedstaatlichen Listenerfordernis aus dem ersten Spiegelstrich abhing, also nur dann eine Handelsplattform ein geregelter Markt war, wenn die Mitgliedstaaten sie auch als solche der EU meldeten.

c) Concentration Rule

ISD zielte primär auf die grenzüberschreitende Dienstleistungsfreiheit von Finanzdienstleister und nicht die der Handelsplätze. Insoweit ist es kein völliger Widerspruch wenn die ISD den Mitgliedstaaten mittels der Konzentrationsregelung, Art. 14 Abs. 3 ISD, die Möglichkeit einräumte, den Liquiditätsstrom (*order flow*) aus *retail order*, also Privatanlegeraufträgen, zwingend auf geregelte Märkte zu lenken (zu konzentrieren).[323] Die ISD räumte den Mitgliedstaaten

---

322 Art. 1 Nr. 13 ISD,
Regulated Market shall mean a market for the instruments listed in Section B of the Annex which:
- *appears on the list provided for in Article 16 drawn up by the Member State which is the home Member State as defined in Article 1 (6) (c),*
- *functions regularly,*
- *is characterized by the fact that regulations issued or approved by the competent authorities define the conditions for the Operation of the market, the conditions for access to the market and, where Directive 79/279/EEC is applicable, the conditions governing admission to listing imposed in that Directive and, where that Directive is not applicable, the conditions that must be satisfied by a financial instrument before it can effectively be dealt in on the market,*
- *requires compliance with all the reporting and transparency requirements laid down pursuant to Articles 20 and 21;*

323 Art. 14 Abs. 3 ISD,
A Member State may require that transactions relating to the services referred to in paragraph 1 must, where they satisfy all the following criteria, be carried out on a regulated market:
- *the investor must be habitually resident or established in that Member State,*
- *the investment firm must carry out such transactions through a main establishment, through a branch situated in that Member State or under the freedom to provide services in that Member State,*
- *the transaction must involve an instrument dealt in on a regulated market in that Member State.*

die Möglichkeit ein den *order flow* auf geregelte Märkte zu zwingen, soweit es sich um Privatanleger des betreffenden Mitgliedstaates handelte. Hintergrund der Regelung war, dass Frankreich, Deutschland und Italien im Lichte des Erfolgs des britischen *Stock Exchange Automated Quotation* (SEAQ), einer Handelsalternative zu den geregelten Märkten, die Migration ihrer Handelsaktivität fürchteten und ihre eigene Finanzwirtschaft schützen wollten.[324]

d) Kritik

Trotz des Europäischen Passes für Finanzdienstleister war es den Mitgliedstaaten möglich, darüberhinausgehende Pflichten aufzustellen.[325] So konnten nur wenige Finanzdienstleister auch in anderen Mitgliedstaaten aktiv werden und den Wettbewerb mit den bereits etablierten Unternehmen aufnehmen. Ferner erfasste ISD keine alternativen Handelsplattformen und ebenfalls nicht den Handel in Derivaten. Am 1. November 2007 lief die ISD aus und wurde durch MiFID ersetzt.

2. Financial Services Action Plan

Um die Finanzmärkte weiter zu vereinen, setzte sich die EU, während des *Cardiff European Council* von 1998 zwei entscheidende Ziele. Bis 2003 sollte ein gemeinsamer Wertpapiermarkt und bis 2005 ein gemeinsamer Finanzmarkt geschaffen werden, der stärker die Bedürfnisse und Weiterentwicklungen in der Finanzwirtschaft berücksichtigen würde (alternative elektronische Handelsplattformen).[326] Hierzu wurde im Mai 1999 der *Financial Services Action Plan* (FSAP) aufgestellt.[327] Dieser umfasste 42 nach Prioritäten geordnete Gesetzes- und Reformvorhaben, welche sich in 3 Kernbereiche teilen lassen: Gestaltung eines einheitlichen EU-Firmenkundenmarktes, offene und sichere Privatkundenmärkte sowie ein modernisierter Rahmen für die Aufsicht und Überwachung der Marktteilnehmer.[328] Aus Sicht des Ausschusses lag jedoch die grundlegende Herausforderung im „mühseligen und langsamen" Mitentscheidungsverfahren, das grundsätzlich nach Art. 9, 251 EGV Anwendung finden würde und die fristgerechte Umsetzung zahlreicher

324 *Szonert-Binienda*, Passporting Financial Services Throughout the European Union, Banking Law Journal Vol. 116/5 (1999), S. 456, 459.

325 *Pan*, A European Solution To The Regulation of Cross-Border Markets, Brooklyn Journal of Corporate, Financial & Commerical Law Brooklyn Journal of Corporate, Financial & Commerical Law, Vol. 2 (2007), S. 133, 139.

326 EG Kommission, Mitteilung der Kommission, KOM(1999) 232, 11.05.1999, Teil B.

327 *Ibid.*

328 *Ibid.*

Einzelmaßnahmen gefährdete.[329] Professor Baron *Lamfalussy* und das Komitee der Weisen entwickelten hierzu einen 4-Ebenen-Ansatz, um diesem Problem zu begegnen. Auf der ersten Stufe erließen der Rat und das Europäische Parlament die Basisrechtsakte im Mitentscheidungsverfahren. Auf der zweiten Stufe erließ die Kommission mit Hilfe neugeschaffener spezifischer Ausschüsse (*European Securities Committee*, ESC und *Committee of European Securities Regulators*, CESR) die Implementierungsvorschriften/Detailvorschriften. Auf der dritten Stufe erarbeitete das CESR Empfehlungen zur einheitlichen Auslegung, sowie Leitlinien und Standards. Ferner überwachte das CESR im Peer-Review-Verfahren die Praxis der Regulierungsbehörden, um eine einheitliche Umsetzung und Anwendung zu gewährleisten. Auf der vierten Stufe überwacht die Kommission die Einhaltung der Vorschriften und verfolgt Umsetzungsverstöße.

3. MiFID (2004–2017)

a) Regulierungsrahmen für Dienstleister und Handelsplätze

Eckpfeiler des FSAP war die Verabschiedung einer neuen Wertpapierdienstlei stungsrichtlinie,[330] welche sich von nun an nicht mehr auf die Erbringung von Wertpapierdienstleistungen beschränken, sondern ebenfalls die Marktstrukturen harmonisieren sollte.[331] Die *Markets in Financial Instruments Directive* (MiFID) löste ISD ab.

aa) Regulierte Dienstleistungen und Produkte

MiFID erstreckte sich im Gegensatz zur ISD nicht nur auf das Ausführen von Wertpapiertransaktionen für Aktien, sondern auch auf Anlageberatungen, Finanzanalysen und Warenderivate.[332]

bb) Handelsplattformen

Ferner führt MiFID einen begrifflichen und regulatorischen Rahmen für die verschiedenen Handelsplattformen ein, welcher geregelte Märkte (*regulated markets*),

---

329 *Hammes*, Die Vorschläge der Europäischen Kommission zur Überarbeitung der Wertpapierdienstleistungsrichtlinie, Zeitschrift für Bankrecht und Bankwirtschaft, 2001, S. 498, 498–499,

330 *Ibid.*

331 *Pan*, A European Solution To The Regulation of Cross-Border Markets, Brooklyn Journal of Corporate, Financial & Commerical Law Brooklyn Journal of Corporate, Financial & Commerical Law, Vol. 2 (2007), S. 133, 135.

332 *Ibid.*

multilaterale Handelssysteme (*multilateral trading facilities*) und Internalisierungssysteme (*systematic internalisers*) umfasst.

Ein geregelter Markt (*regulated market*, RM) wird in Art. 4 Abs. 1 Nr. 14 MiFID als ein von einem Marktbetreiber betriebenes und/oder verwaltetes multilaterales System definiert, das die Interessen einer Vielzahl Dritter am Kauf und Verkauf von Finanzinstrumenten innerhalb des Systems, nach feststehenden und ermessensfreien Regeln in einer Weise zusammenführt oder das Zusammenführen fördert, die gemäß den Regeln und/oder den Systemen des Marktes zum Handel zugelassen wurden sowie eine Zulassung erhalten hat und ordnungsgemäß funktioniert.

Eine multilaterale Handelsplattform (*multilateral trading facility*, MTF) wird in Art. 4 Abs. 1 Nr. 15 MiFID als eine von einer Wertpapierfirma oder einem Marktbetreiber betriebenes multilaterales System definiert, das die Interessen einer Vielzahl Dritter am Kauf und Verkauf von Finanzinstrumenten innerhalb seines Systems und nach feststehenden Regeln in einer Weise zusammenführt. Gemäß Anhang I Abschnitt A Nr. 8 MiFID gehört der Betrieb eines MTF zu den Wertpapierdienstleistungen. Demgemäß müssen seine Betreiber die allgemeinen Regelungen für Wertpapierdienstleistungen beachten, also eine Zulassung beantragen (Art. 5 Absatz 1 MiFID), eine hinreichende Anfangskapitalausstattung aufweisen (Art. 12 MiFID) und bestimmten organisatorischen Anforderungen genügen (Art. 13 MiFID). Hinzu kommen MTF-spezifische Organisations- (Art. 14 MiFID) und Überwachungsanforderungen (Art. 26 MiFID).[333] Innerhalb der EU können sich MTF entweder als regulierter Markt oder als Wertpapierdienstleister registrieren lassen, was dem Optionsrecht der Regulation ATS gleicht.[334] An der Eigenschaft der Multilaterität des MTF ändert sich auch nichts, wenn eine Clearing-Partei zwischengeschalten wird, die das Erfüllungsrisiko übernimmt und so juristisch ein bilaterales Handelssystem gegeben sein könnte, da ein MTF wirtschaftlich ein Markt für eine Vielzahl von Marktteilnehmern bietet.[335]

Ein systematischer Internalisierer (*systematic internaliser*, SI) wird nach Art. 4 Abs. 1 Nr. 7 MiFID als eine Wertpapierfirma definiert, die in organisierter Form regelmäßig und auf systematische Weise auf eigene Rechnung Kundenorder außerhalb eines geregelten Marktes oder MTF ausführt.

---

333 *Fleischer*, Die Richtlinie über Märkte für Finanzinstrumente und das Finanzmarkt-Richtliniemusetzungsgesetz – Entstehung, Grundkonzeption, Regelungsschwerpunkte, Zeitschrift für Bank- und Kapitalmarktrecht, 2006, S. 389, 393.

334 C.II.4 (*Regulation Alternative Trading Systems (1999)*).

335 *Podewils*, Wertpapier-Auftragsausführungssysteme im Wettbewerb, Börsen, Geregelte Märkte und Internalisierer, S. 29.

cc) Wettbewerb in einem bereits fragmentiertem Umfeld

MiFID übernimmt das System des Europäischen Passes und das damit verbundene Marktzugangsrecht. Soweit Wertpapierfirmen (*investment firms*) in einem Mitgliedstaat zugelassen und reguliert werden, können sie Finanzdienstleistungen auch in anderen Mitgliedstaaten ausüben, Art. 31 MiFID. Die Mitgliedstaaten sind verpflichtet zu gewährleisten, dass in anderen Mitgliedstaaten zugelassene Wertpapierfirmen, die Möglichkeit haben, Außenstellen aufzubauen, *remote membership* oder *remote access angebote* wahrzunehmen, Art. 33 MiFID. Ferner ist Wertpapierfirmen zu ermöglichen, Zugang zu *central counterparties, clearing* und *settlement* Systemen zu erhalten, Art. 34 MiFID. Verstärkt wird dies durch Handelstranstransparenzverpflichtungen, gegenüber den Handelsplätzen des MiFID Regimes, was den Wertpapierfirmen den Vergleich zwischen diesen und das Ansteuern des attraktivsten Liquiditätspooles ermöglicht.

b) Handelstransparenz

In der EU variieren die Handelstransparenzpflichten je nach Handelsplatz und dem dort betriebenem Handelsmodell. Vorhandelstransparenzvorschriften erfassen dabei bisher nur den Aktienhandel.

aa) Vorhandelstransparenz

<u>RM und MTF</u>

Nach Art. 44 Abs. 1 und Art. 29 Abs. 1 MiFID müssen RM und MTFs mindestens den aktuellen *bid-ask spread* und das Volumen dieser Kurse veröffentlichen. Die Anforderungen weichen im Detail je nach Marktmodell ab. RM und MTF, deren Handel auf einem *central limit oder book* (CLOB) beruhen, müssen die besten fünf *bids*, fünf *asks* und das jeweilige Volumen ausweisen.[336] Betreiben diese ein *quote-driven system*, also ein System, bei welchem die Orderzusammenführung durch *market maker* erfolgt, muss lediglich der beste *bid*, der beste *ask* und deren Volumen veröffentlicht werden.[337] Hintergrund für die Beschränkung bei einem *quote-driven system* ist, dass der *quote* stellende *market maker* nicht verpflichtet

---

336 Verordnung (EG) Nr. 1287/2006 der Kommission vom 10. August 2006 zur Durchführung der Richtlinie 2004/39/EG des Europäischen Parlaments und des Rates betreffend die Aufzeichnungspflichten für Wertpapierfirmen, die Meldung von Geschäften, die Markttransparenz, die Zulassung von Finanzinstrumenten zum Handel und bestimmte Begriffe im Sinne dieser Richtlinie (MiFID-DVO), Art. 17 Abs. 2 MiFID-DVO.

337 Art. 17(3) MiFID-DVO.

ist durch eine Vielzahl von *quotes* Einblick in sein Handelsinventar geben zu müssen, wodurch dieser der Gefahr eines *front runnings* ausgesetzt wäre.[338]

Systematische Internalisierer

Systematische Internalisierer müssen gemäß Art. 27 MiFID ihre Quotierungen veröffentlichen. Gemäß Art. 27 Absatz 3 MiFID müssen sie ihre Kursofferten regelmäßig und kontinuierlich während der üblichen Handelszeiten veröffentlichen. Von der Vorhandelstransparenz wird nicht jedwede Form von systematischer Internalisierung erfasst, sondern nur die systematische interne Ausführung solcher Aufträge, für die ein liquider Markt besteht und deren Volumen sich innerhalb der Bandbreite einer „standardmäßigen Marktgröße" (*standard market size*) bewegt (Art. 27 Abs. 1 Unterabs. 4 Satz 2 MiFID). Ein liquider Markt besteht für eine Aktie, wenn für dieses Instrument ein Streubesitz (*free float*) von mindestens EUR 500.000.000, ein tägliches Handelsvolumen von EUR 2.000.000 und mindestens 500 Transaktionen gegeben ist.[339] Die *standard market size* ist vom Regulator des Mitgliedstaates mindestens einmal im Jahr zu bestimmen. Überdies müssen systematische Internalisierer alle Order veröffentlichen, die nicht unmittelbar ausführbar sind und somit neue Informationen in den Markt entsenden.[340] Hiervon kann abgesehen werden, wenn der Kunde dies ausdrücklich wünscht.

bb) Nachhandelstransparenz

Die RM, MTF und SI sind generell verpflichtet, Preis, Volumen und Zeitpunkt einer jeden Transaktion so schnell wie möglich (*as close to real-time as possible*) zu veröffentlichen.[341] Spätestens nach 3 Minuten muss ein jeder Handel, ob innerhalb oder außerhalb eines RM, veröffentlicht werden.[342] Große Order können aufgrund des Preis-/Mengeneffekt später veröffentlicht werden.[343] Gemäß Art. 45 Abs. 1 und Art. 30 Abs. 1 MiFID sind RM und MTF zur Veröffentlichung einer

---

338 *Bloomfield/O'Hara*, Market Transparency: Who Wins and Who Loses?, The Review of Financial Studies, Vol. 12 (1999), S. 5.

339 Verordnung (EG) Nr. 1287/2006 der Kommission vom 10. August 2006 zur Durchführung der Richtlinie 2004/39/EG des Europäischen Parlaments und des Rates betreffend die Aufzeichnungspflichten für Wertpapierfirmen, die Meldung von Geschäften, die Markttransparenz, die Zulassung von Finanzinstrumenten zum Handel und bestimmte Begriffe im Sinne dieser Richtlinie, Art. 17(3), Art. 22 Abs. 1.

340 Art. 22 Abs. 2 MiFID.

341 Art. 28 Abs. 1, 30 Abs. 1 und 45 Abs. 1 MiFID.

342 Art. 29 Abs. 2, 5 (a); Art. 29 Abs. 4, 5 (b) MiFID-DVO.

343 Art. 45 Abs. 1 MiFID.

Nachhandelstransparenz verpflichtet. Danach müssen RM und MTFs Preis, Umfang und Zeitpunkt der Transaktion veröffentlichen. Einzelheiten finden sich in den Art. 17–26 und 27–28 MiFID-DVO. Der Art. 28 Abs. 1 MiFID ergänzt die Nachhandelstransparenz und bezieht Systematische Internalisierer in diese mit ein.

cc) Veröffentlichung der Handelstransparenz

Um eine einheitliche Anwendung dieses Transparenzerfordernisses zu gewährleisten, kann die Kommission Durchführungsmaßnahmen erlassen, Art. 44 Abs. 3 iVm Art. 64 Abs. 2 MiFID (RM), Art. 29 Abs. 3 iVm Art. 64 Abs. 2 MiFID (MTF) und Art. 27 Abs. 7 iVm Art. 63 Abs. 2 MiFID (SI). Gemäß Art. 30 MiFID-DVO gelten die Informationen als veröffentlicht oder der Öffentlichkeit zur Verfügung gestellt, wenn sie den Anlegern in der Gemeinschaft generell mittels (1) einer Einrichtung eines geregelten Marktes bzw. eines MTF; (2) einer Einrichtungen einer dritten Person; oder (3) mittels eigenständiger Vorkehrungen übermittelt wurden.

Diese Vorrichtungen zur Veröffentlichung der Handelsdaten muss gemäß Art. 30 und 31 MiFID-DVO gewährleisten, dass (1) die Informationen verlässlich sind, kontinuierlich auf Fehler hin überwacht und sobald wie möglich bei Erkennen von Fehlern korrigiert werden; (2) die Daten müssen so aufgearbeitet sein, dass sie sich mit vergleichbaren Daten aus anderen Quellen konsolidieren lassen; und (3) die Informationen müssen auf nichtdiskriminierender Weise zur Verfügung gestellt werden.

Die Handelsinformationen sind der Öffentlichkeit zu angemessenen kaufmännischen Bedingungen, kontinuierlich und während der üblichen Geschäftszeiten zur Verfügung zu stellen, Art. 29 und 44 MiFID. Die Veröffentlichung muss also nicht kostenfrei erfolgen. Vielmehr kann auf nicht-diskriminierender kommerzieller Basis hierfür eine angemessene Gebühr erhoben werden. Nach Ansicht von CESR darf jedoch der Zugang zu den Vorhandelsinformationen nicht vom gleichzeitigen Kauf anderer Dienstleistungen (*bundling*) abhängig gemacht werden.[344] Hinsichtlich möglicher Fairnesskonflikte aufgrund des entgeltlichen Bereitstellens der Handelsdaten in einer für den Hochfrequenzhandel optimierten Form, siehe Abschnitt E.III (*Datenströme*).

---

344 CESR, Publication and Consolidation of MiFID Market Transparency Data, CESR/07-043, Guideline Nr. 9.

c) *Wohlverhaltensregeln*

Ferner stellt MiFID für Wertpapierfirmen auch eine Wohlverhaltensregel auf, Art. 19 ff. MiFID, die diesen die Verpflichtung zur kundengünstigen Ausführung (*best execution*), Art. 21 MiFID, ausspricht. Hiernach müssen Wertpapierfirmen ehrlich, fair und professionell im Interesse ihrer Kunden handeln, unmissverständlich Auskünfte erteilen und den Kunden gegenüber die erforderlichen Informationen über den Finanzdienstleister, seine Dienstleistungen, Kosten und Gebühren erteilen.[345] Um im Interesse ihrer Kunden zu handeln, müssen Wertpapierfirmen alle vernünftigen Schritte ergreifen, um beste Ergebnisse für ihren Kunden zu erzielen, wobei sie Preis, Transaktionskosten, Geschwindigkeit, Ausführungswahrscheinlichkeit, Größe, Natur oder jeden anderen relevanten Aspekt hierbei einbeziehen sollen.[346] Die Intention der Regelung war die Vermeidung einer absoluten Ausführungsverpflichtung.[347] Wertpapierfirmen sollen bewusst eine Vielzahl von Faktoren hinsichtlich der *best execution* in Betracht ziehen können, um so den individuellen Bedürfnissen des Kunden gerecht zu werden.[348] Das bedeutet, dass Wertpapierfirmen auch implizite Ausführungskosten in Betracht ziehen müssen, die durch den Preis-/Mengeneffekt entstehen können.

Um ihrer Best-Execution-Verpflichtung nachzukommen, müssen sich aber Wertpapierfirmen nicht mit allen Handelsplätzen vernetzen. Ausreichend sind die Zugänge zu den Handelsplätzen, die regelmäßig zu den besten Ausführergebnissen führen.[349] Damit Kunden dies auch nachprüfen, müssen Wertpapierfirmen auch fähig sein, nach jeder Transaktion darzulegen, dass die Order kundengünstig ausgeführt wurde. Insbesondere müssen sie dem Kunden darlegen können, was die Wahl der Ausführungsart beeinflusste, ob beispielsweise der Preis-/Mengeneffekt, Order-Flow-Anreize wie Rabatte oder Ähnliches ausschlaggebend waren.[350]

---

345 *Avgouleas*, The Harmonisation of Rules of Conduct in EU Financial Markets: Economic Analysis, Subsidiarity and Investor Protection, European Law Journal, Vol. 6 (2000), S. 72, 82.

346 Art. 21 Abs. 1 MiFID.

347 EG Kommission, Vorschlag für eine Richtlinie des Europäischen Parlaments und des Rates über Wertpapierdienstleistungen und geregelte Märkte und zur Änderung der Richtlinien 85/611/EWG und 93/6/EWG des Rates und der Richtlinie 2000/12/EG des Europäischen Parlaments und des Rates, Punkt 4. Bestmögliche Ausführung.

348 *Ibid.*

349 CESR, CESR's Technical Advice on Possible Implementing Measures of the Directive 2004/39/EC on Markets in Financial Instruments, CESR/05-290b, S. 74.

350 Art. 26 und 44 Abs. 1.

d) *Order Matching Priorität*

Hinisichtlich der Priorität, wie Order bei der Zusammenführung (*order matching*) berücksichtigt werden, erteilt MiFID keine Vorgaben.

4. MiFID II (2017-)

Um die EU-Finanzmarktarchitektur weiter zu modernisieren und stärker zu vereinen, erarbeitete die Kommission ein Maßnahmenpaket, welches einen Entwurf zur Änderung der Finanzmarktrichtlinie (MiFID II)[351] und einen ergänzenden Verordnungsentwurf (MiFIR) enthält.[352] Am 14. Januar 2014 einigte sich der informelle Trilog auf einen abschließenden Entwurfstext. Das Europäische Parlament verabschiedete am 15. April 2014 MiFID II und MiFIR. Der Rat folgte am 13. Mai 2014 und verabschiedet beide Texte. Am 22. Mai 2014 leitete die *European Securities and Markets Authority* (ESMA) durch Veröffentlichung eines Diskussionspapiers[353] und eines Konsultationspapiers[354] den Konsultationsprozess für die Erarbeitung delegierter Rechtsakte ein, die aufgrund von MiFID II und MiFIR zu erarbeiten sind. Am 12. Juni 2014 wurden MiFID II und MiFIR im Amtsblatt der EU veröffentlicht.[355] Die Umsetzungsfrist für MiFID II wird am 3. Januar 2017 auslaufen, Art. 93 MiFID II.

a) *Stärkung und Erweiterung des Definitionsrahmens für Handelsplätze*

Mit MiFID II wird der Handelsplatzregulierungsrahmen um das organisierte Handelssystem (*organised trading facility*, OTF) in Art. 4 Abs. 1 UAbs. 23 MiFID II erweitert, um sicherzustellen, dass der gesamte organisierte Handel vom Regulierungsrahmen erfasst wird.[356] OTF erfasst einen jeglichen organisierten Handel, der nicht an einem RM oder MTF erfolgt. Abzugrenzen sind RM, MTF und OTF wie folgt voneinander. Alle 3 werden von neutralen Marktbetreibern betrieben, wobei

351 EG Kommission, Vorschlag für eine Richtlinie des Europäischen Parlaments und des Rates über Märkte für Finanzinstrumente zur Aufhebung der Richtlinie 2004/39/EG des Europäischen Parlaments und des Rates Brüssel, den 20.10.2011, KOM(2011) 656.

352 EG Kommission, Vorschlag für eine Verordnung des Europäischen Parlaments und des Rates über Märkte für Finanzinstrumente und zur Änderung der Verordnung [EMIR] über OTC-Derivate, zentrale Gegenparteien und Transaktionsregister Brüssel, den 20.10.2011KOM(2011) 652.

353 ESMA, Discussion Paper on MiFID II/MiFIR, ESMA/2014/548.

354 ESMA, Consultation Paper on MiFID II/MiFIR, ESMA/2014/549.

355 EU, Amtsblatt der Europäischen Union, L 173/84 und L 173/349, 12.06.2014.

356 MiFIR, Einzelerläuterungen zum Vorschlag Punkt 3.4.1, S. 8.

RM und MTF über eine ermessensfreie Orderausführung und einen ermessensfreien Handelsplatzzugang verfügen müssen. Demgegenüber unterscheiden sich OTF von SI dadurch, dass OTF die Order nicht gegenüber ihren Eigenbeständen ausführen.

b) Handelstransparenz

Durch MiFIR verlagern sich die Vorschriften der Vor- und Nachhandelstransparenz in die Verordnung und gelten nun ohne Abweichungen einheitlich in der EU, Art. 3 ff. MiFIR. Die Transparenzverpflichtungen gelten grundsätzlich für alle Handelsplätze in gleicher Weise, auch für OTF. Gemäß Art. 4 MiFIR können jedoch die zuständigen Behörden bestimmte Handelsplätze von ihren Vorhandelstransparenzverpflichtungen befreien, wenn sie bestimmte Voraussetzungen erfüllen, wie zum Beispiel das Unterschreiten des Mindesthandelsvolumen, Art. 4 MiFIR. Hierbei ist stets die ESMA zu informieren.

5. Ableitungen

Die Entwicklung der EU-Finanzmarktarchitektur spiegelt den europäischen Einigungsprozess durch Verbinden einer Vielzahl europäischer Handelsplattformen. Scharnier war hierzu zunächst die Dienstleistungs- und Niederlassungsfreiheit der Wertpapierfirmen. Mit Fortschreiten des Europäischen Einigungsprozesses ist die EU immer stärker in die Rolle eines ausschließlichen Finanzmarktregulators gerückt, wie sich an den detaillierten und EU weit geltenden Handelstransparenzverpflichtungen zeigt.

IV. Wirtschaftliche Folgen dieser Regulierungsmaßnahmen

Im Folgenden sollen die wirtschaftlichen Auswirkungen der zuvor erläuterten Regulierunsgmaßnahmen dargestellt werden.

1. Wettbewerbsinduktion durch Regulierungsmaßnahmen

Die Regulierungsmaßnahmen in den USA und der EU zielten im Ergebnis in gleicher Weise auf die Schaffung von Finanzmärkten, mit einer Vielzahl unterschiedlicher und im Wettbewerb stehender Handelsplätze. Die EU musste hierzu stark unterschiedliche Finanzmärkte aufeinander abstimmen und zu einem europäischen Finanzmarkt einigen, während in den USA Anreize gestreut werden mussten, um ein Monopol aufzuhebeln, damit eine Vielzahl von Handelsplätzen erst entstehen konnte. Trotz unterschiedlicher Ausgangslage und verschiedener Motivation waren die Mittel im Wesentlichen gleich. So führten grundsätzlich beide Regulierungssysteme (1) einen Regulierungsrahmen mit differenzierender Regulierungslast für verschiedene Handelsplatzkategorien ein; (2) ermöglichten die elektronische Vernetzung der Handelsplätze; und (3) führten eine handelsplatzübergreifende Handelstransparenz ein, welche die Liquiditätsmigration zum besten Handelsplatz fördern und so den Wettbewerb zwischen den Handelsplätzen entfachen sollte.

Zudem ist es beiden Systemen gemein, dass sie versuchen, der Beeinträchtigung des Preisfindungsmechanismus durch die Fragmentierung der Handelsplatzlandschaft durch Regulierungsmaßnahmen entgegenzuwirken (Preisfindungsmechanismusintegrität). Infolge dieser Regulierungsmaßnahmen verdichtete sich die Komplexität beider Finanzmärkte erheblich. Dabei ist die Sicherung des sich über alle Handelsplätze erstreckenden Preisfindungsmechanismus in den USA stärker reguliert worden, wie sich an Regelungen der *order protection rule*, den Bestimmungen zum *locked and crossed market* und der Einführung zentraler Handeltransparenzprozessoren (SIPs) zeigt. Insoweit ist das Handelsumfeld der USA komplexer.

2. Einsetzen des Wettbewerbs und Disintermediation

Infolge der Regulierungsmaßnahmen konnten in den USA und der EU elektronische Handelsplattformen ihre Aktivitäten aufnehmen. Die neuen elektronischen Handelsplattformen boten durch elektronische Zugänge einen direkten Zugang zum Handelsbuch, wodurch ein Broker und vor allem dessen Kommission entbehrlich wurden.[357] Diese Disintermediation senkte die impliziten Transaktionskosten erheblich und die Liquidität wanderte zunehmend von den etablierten Börsen zu den neuen elektronischen Handelsplätzen. Während im Januar 2005 die NYSE noch 79 Prozent, der bei sich gelisteten Aktien selbst handelte,[358] lag dieser Wert bereits Mitte 2008 bei ca. 25 Prozent.[359] Auch gegenüber der bereits elektronischen Nasdaq konnten sich die alternativen Handelsplattformen durchsetzen. Im Jahre 1999 vereinten die alternativen Handelsplattformen etwa 20 Prozent des *order flow* für Nasdaq Aktien.[360] Im Jahr 2001 stieg deren Anteil

357 *Matus*, The Regulation of Alternative Trading Systems: Market Fragmentation and the New Market Structure, New York Law School Law Review, Vol. 44 (2001), S. 583.

358 SEC, Concept Release on Equity Market Structure, 75 FR 3593, 3595.

359 Nasdaq Stock Market, NYSE Share Volume in NYSE-listed Securities, //media.primezone.om/cache/6948/file/5876.jpg).

360 *Macey/O'Hara*, Regulating Exchanges and Alternative Trading Systems: A Law and Economics Perspective, Journal of Legal Studies, Vol. 28 (1999), S. 17, 19.

auf 30 Prozent.[361] Im Jahr 2008 lag dieser Wert bei 58 Prozent.[362] Diese Entwicklung war aber nicht nur auf die USA beschränkt. Auch die *London Stock Exchange* (LSE) büßte an Marktanteil ein. Während diese 2008 noch 96 Prozent des Gesamthandelsvolumens umsetzte, fiel dieser Wert 2011 auf unter 50 Prozent.[363]

Diese Liquiditätsmigration setzte die etablierten Börsen unter Druck und zwang diese ebenfalls elektronische Zugänge anzubieten, um der Liquiditätsabwanderung entgegenzuwirken. Damit die Börsen ihr Handelssystem auf ein elektronisches umstellen konnten, benötigten sie erhebliches Know-how und Kapital. Eine Vielzahl von Börsen unternahm ihren eigenen Börsengang, um Kapital aufzunehmen und kauften mit diesem andere elektronische Handelsplattformen auf, um deren Know-how zu akquirieren.[364] Am 24. Januar 2007 führte die NYSE den hybriden elektronischen Handel für alle Instrumente ein.[365] Die Frankfurter Wertpapierbörse stellte am 20. Mai 2011 vollständig auf den elektronischen Handel durch Xetra um und beendete den Präsenzhandel.[366]

Die Umstellung auf den elektronischen Handel hat die Finanzmärkte gravierend verändert. Im Zeitraum von 2005 bis 2009 verkürzte sich die durchschnittliche Transaktionsdauer von 10,1 auf 0,7 Sekunden, das durchschnittliche Tagesvolumen stieg von 2,1 Milliarden Aktien auf 5,9 Milliarden Aktien und die Anzahl der täglichen Transaktion vervielfachte sich von durchschnittlich 2,9 Millionen auf 22,1 Millionen, woraus sich auch ergibt, dass die durchschnittliche Transaktionsgröße von 724 auf 268 Aktien je Transaktion gefallen ist.[367]

3. Neue Finanzintermediäre strömen in die Märkte

Mit dem direkten Zugriff auf das Orderbuch hatten nun grundsätzlich alle Finanzmarktteilnehmer einen direkten Zugriff auf das Orderbuch, der zuvor nur

---

361 *Nazareth*, Symposium Securities Law for the Next Millennium: A Forward-Looking Statement: Remarks, St. John's Law Review, Vol. 75 (2001), S. 15, 19.

362 *Matus*, The Regulation of Alternative Trading Systems: Market Fragmentation and the New Market Structure, New York Law School Law Review, Vol. 44 (2001), S. 583, 600–01.

363 *Ibid.*

364 *Ibid.*

365 SEC, Concept Release on Equity Market Structure, 75 FR 3593, 3594–95.

366 Deutsche Börse Group, Xetra-Rundschreiben 061/11, Migration des Präsenzhandels, Xetra Release 11.113, http://xetra.com/INTERNET/XETRA/x4_member.nsf/0/36CDA69589B13A51C125789200328CBB/$FILE/061_11d.pdf/061_11d.pdf?OpenElement.

367 SEC, Concept Release on Equity Market Structure, 75 FR 3593, 3595–3596.

verpflichteten *market maker* vorbehalten war. Dies bedeutete aber auch, dass nun grundsätzlich alle Finanzmarktteilnehmer die Möglichkeit hatten, in Handelsstrategien wie dem *market making* und der Arbitrage tätig zu werden. Neue Finanzmarktteilnehmer, meist *Startups* aus *Chicago*, *New York City* und *Jersey City*, nutzten die Chance und drangen in die Geschäftsbereiche des *market makings* und der Arbitrage. Hochspezialisiert, technisch versiert und mit Hilfe komplexer finanzmathematischer Modelle konnten sie schnell Gewinne erzielen und zunehmend die traditionellen *market maker* verdrängen. Von diesem Goldrausch angelockt strömten immer mehr Unternehmen in diese Formen der Finanzintermediation. Die Handelsplätze förderten dies auch, da Intermediäre die Liquidität ihrer Märkte verbesserten. Entsprechend schnell reagierten die Handelsplätze auf deren Bedürfnisse wie z.B. schnelleren Handelsplatzanbindungen.

4. Wettbewerb der Finanzintermediäre wird hochfrequent

Zunehmend setzte ein immer härter werdender Wettbewerb zwischen diesen Intermediären ein. Der Wettbewerb im *market making* ließ die *spreads* schrumpfen und der Wettbewerb in der Arbitrage ließ Preisineffizienzen schwinden und glich die Preise marktübergreifend an.[368]

Mit dem Schwinden der *spreads* und Arbitrage-Möglichkeiten verringerten sich jedoch auch die Gewinne je einzelne Transaktion. Um dies zu kompensieren, mussten die Intermediäre die Anzahl der Transaktionen erhöhen, um weiterhin Gewinne erzielen zu können. Entsprechend verschob sich die Finanzintermediation zunehmend in einen Hochfrequenzhandel. Traditionelle *market maker*, die nicht über die hinreichende Hochfrequenzhandelsinfrastruktur und das Know-how verfügten, waren zu langsam und wurden vom Markt verdrängt. Während im Jahr 2000 noch 25 *desginated market maker* an der NYSE aktiv waren, waren es 2014 nur noch 6.[369] Diese sind namentlich: *Barclays*, *Brendan E. Vryan & Co.*, *Goldman Sachs & Co.*, *J Streicher & Co. LLC*, *KCG*, *Virtu Financial Capital Markets LLC*. *Virtu Financial* und *KCG* (*Getco*) sind durch den Hochfrequenzhandel in den Markt eingetreten. Virtu Financial bereitet gegenwärtig seine eigene IPO

368 *Goldstein/Kavajecz*, Eights, Sixteenths, and Market Depth: Changes in Tick Size and Liquidity Provision on the NYSE, Journal of Financial Economics, Vol. 56 (2000), S. 125, 126.

369 NYSE, NYSE Proposes Changes to Specialist Capital Requirements, Press Release, 26. Mai 2005, http://www.nyse.com/press/1115807746493.html).

vor, verschob diese jedoch wegen der Turbulenzen innerhalb der öffentlichen Meinung hinsichtlich des Hochfrequenzhandels.[370]

V. Zusammenfassung und Flussdiagramm

Die Motivation von Hochfrequenzhändlern zu immer schnelleren Handelsbewegungen und dem Entsenden einer Vielzahl von Order beruht im Wesentlichen auf dem Wettbewerb innerhalb der Finanzintermediation.

Handelsplätze wiederum fördern Hochfrequenzhändler und steigern damit den Geschwindigkeitswettbewerb, da sie diese anlocken wollen, um die Liquidität des Handelsplatzes zu verbessern. Der Zwang Liqudität anzulocken, beruht auf dem Wettbewerb der Handelsplätze, der bewusst durch die Finanzmarktregulierung in den USA und der EU hervorgerufen wurde. Der Wettbewerb der Handelsplätze zwingt diese, ihre Handelsplätze für Intermediäre wie Hochfrequenzhändler zu optimieren, um weiterhin durch liquide Märkte attraktiv für Anleger zu erscheinen.

370 Bloomberg, Virtu Said to Delay IPO Amid Furor Spurred by Michael Lewis Book, 2. April 2014, http://www.bloomberg.com/news/2014-04-01/virtu-said-to-delay-ipo-amid-furor-spurred-by-michael-lewis-book.html.

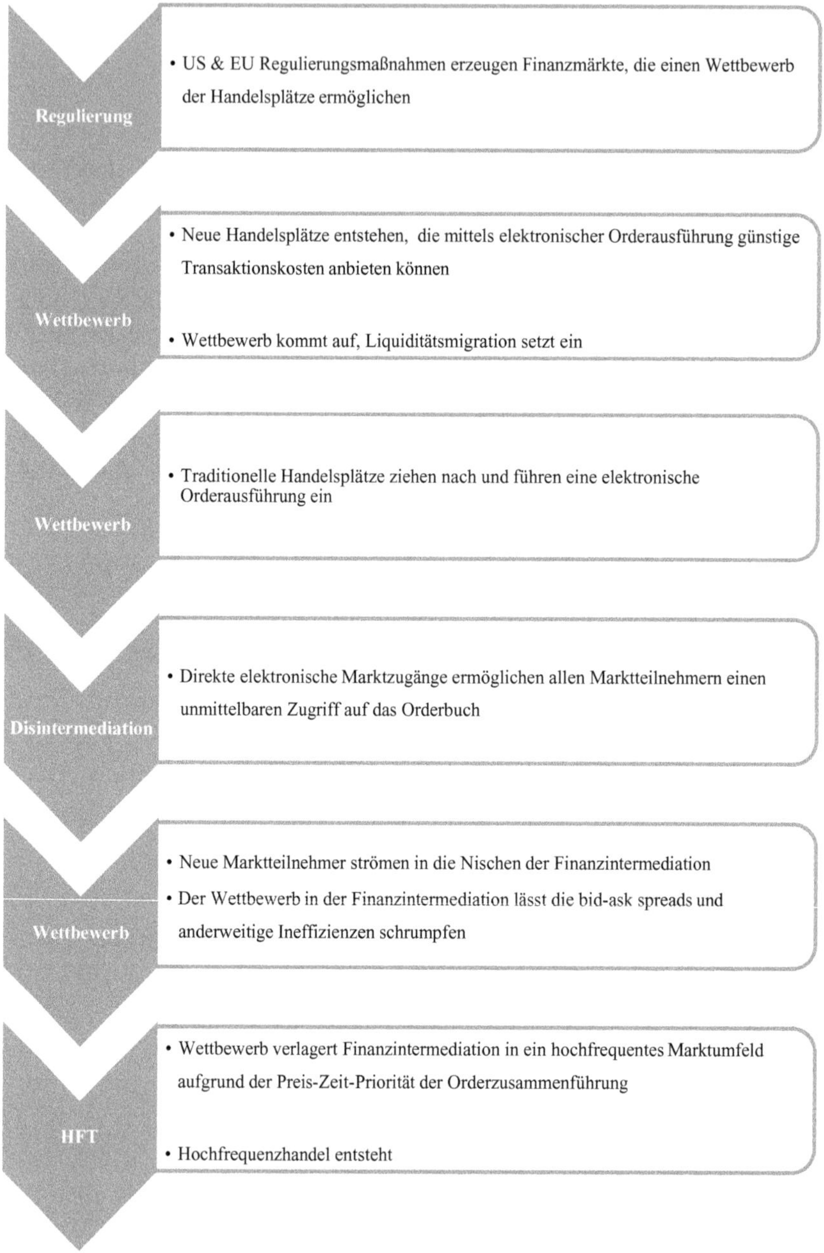
Regulierung
• US & EU Regulierungsmaßnahmen erzeugen Finanzmärkte, die einen Wettbewerb der Handelsplätze ermöglichen
Wettbewerb
• Neue Handelsplätze entstehen, die mittels elektronischer Orderausführung günstige Transaktionskosten anbieten können
• Wettbewerb kommt auf, Liquiditätsmigration setzt ein
Wettbewerb
• Traditionelle Handelsplätze ziehen nach und führen eine elektronische Orderausführung ein
Disintermediation
• Direkte elektronische Marktzugänge ermöglichen allen Marktteilnehmern einen unmittelbaren Zugriff auf das Orderbuch
Wettbewerb
• Neue Marktteilnehmer strömen in die Nischen der Finanzintermediation
• Der Wettbewerb in der Finanzintermediation lässt die bid-ask spreads und anderweitige Ineffizienzen schrumpfen
HFT
• Wettbewerb verlagert Finanzintermediation in ein hochfrequentes Marktumfeld aufgrund der Preis-Zeit-Priorität der Orderzusammenführung
• Hochfrequenzhandel entsteht

D. Finanzmarktstabilität | Ist diese ausreichend vor HFT geschützt?

Nach der Betrachtung der Entstehung des Hochfrequenzhandels stellt sich die Frage, ob ein solcher in den USA und der EU ausreichend reguliert wird, um den Gefahren, wie Orderfluten oder außer Kontrolle geratenen Handelsalgorithmen wirksam zu begegnen. Sollte dem nicht so sein, stellt sich die Folgefrage, mit welchem Regulierungsinstrument dem entgegenzutreten ist. Hierzu werden im Folgenden die Mechanismen zur Gewährleistung der Systemstabilität, der Volatilitätskontrolle und Liquiditätssicherung betrachtet. Davon ausgehend wird erörtert, inwieweit diese Mechanismen ausreichend sind und wie diese verbessert werden können.

I. Systemstabilität der Handelsplätze

Das in Folge des Hochfrequenzhandels sprunghaft gestiegene Handelsvolumen und die sprunghaft gestiegene Orderanzahl haben die Handelsplätze regelrecht überrollt. Der Matching-Prozessor von Nasdaq verarbeitete beispielsweise im Juni 2010 täglich durchschnittlich 1 Milliarde Order oder 13 Gigabyte.[371] Hierbei handelt es sich auch nur um die Daten eines Handelsplatzes und einer Finanzinstrumentenklasse, wodurch die Dimension der heutigen Datenflut deutlich wird.[372] Dies lässt erahnen, wie stark die Gefahr zunimmt, dass die Handelsplätze unter diesen Fluten zusammenbrechen und der geordnete Handel gänzlich ausfällt. Diese Befürchtungen sind nicht unbegründet wie jüngste Systemausfälle belegen: (1) Facebook IPO vom 18. Mai 2012 führt zum Zusammenbruch der Nasdaq; (2) Störung des NYSE-Matching-Prozessors in 216 Instrumenten am 12. November 2012; oder (3) die dreistündige Handelsunterbrechung der Nasdaq aufgrund von Verzögerungen in der Emittierung von Handelsdaten am 22. August 2013.[373] Der Schaden resultiert in solchen Marktmomenten aus der Unsicherheit der Marktteilnehmer, die nicht sicher sein können, ob ihre Order ausgeführt wurden

371 *Jones*, What do we know about high-frequency trading?, S. 45.

372 Das Datenvolumen bezieht sich auf die Finanzinstrumentenklasse der Equities (Aktien); weitere Finanzinstrumentenklassen sind: Futures (unbedingte Terminkontrakte), Options (bedingte Terminkontrakte), Fixed Income (Anleihen) und FX (Devisen).

373 *Jones*, What do we know about high-frequency trading?, S. 40.

oder nicht. Wurde die Millionentransaktion durchgeführt oder nicht? Müssen die neuen Positionen gehedgt werden oder nicht? Sollen im Zweifel alle Positionen abgestoßen werden? Welche Positionen sind überhaupt vorhanden, um abgestoßen werden zu können? Diese Unsicherheit, das eigene Marktrisiko nicht einschätzen zu können, also blind fliegen zu müssen, kann panikartige Bedingungen hervorrufen und zu massiven Kursrutschen führen, welche die Preisfindung im gesamten Markt schädigen kann.

1. USA

Außer der allgemeinen Verpflichtung für Börsen (*exchanges*) aus Sec. 6(b)(5) SEA, Regeln zu erlassen und durchzusetzen, die einen fairen und gerechten Handel ermöglichen, bestanden zunächst keine Regelungen, die konkrete Anforderungen an die technische Belastbarkeit der Handelsplätze stellten. Derartige Anforderungen waren im Zeitalter des Präsenzhandels schlicht nicht notwendig. Mit dem *Black Monday Crash* von 1987,[374] dem vielleicht ersten auf eine Automatisierung zurückzuführenden Crash wurde die Rule 301(b)(6) Reg ATS aufgenommen, welche die alternativen Handelsplätze (ATS) verpflichtete, das künftige Handelsaufkommen zu prognostizieren, regelmäßige Stresstests enstprechend dieser Schätzungen durchzuführen, Notfallpläne zu erstellen und die SEC über Systemausfälle zu informieren.[375] Dass die SEC zunächst Fragen der Systemstabilität mit der Reg ATS aufgriff, erklärt sich dadurch, dass zunächst lediglich die ATS einen elektronischen Handel unterhielten und die Börsen weitestgehend im Präsenzhandel verharrten. Mit der zunehmenden Elektronifizierung der Börsen veröffentlichte die SEC ihre *Automation Review Policy Principles*, denen sich auch SROs freiwillig unterwerfen konnten.[376] Diese verpflichteten sich dann ebenfalls zur Kapazitätsprognose, entsprechenden Stresstests und dem Beauftragen eines unabhängigen Gutachters, um regelmäßig die Belastbarkeit des Handelsplatzes zu überprüfen.[377] Erweitert wurden die Guidelines durch Interpretationserklärungen der SEC im Rahmen des *ARP Inspection Program*.[378]

---

374 B.IV.1 (*Black Monday Crash (19. Oktober 1987)*).

375 SEC, Final Rule, Release No. 34-41297.

376 SEC, Improving Systems Compliance and Integrity, Fact Sheet, http://www.sec.gov/News/Article/Detail/Article/1365171517000.

377 SEC, Policy Statement, Automated Systems of Self-Regulatory Organizations, Release No. 34-27445.

378 *Ibid.*

Um einen für alle Handelsplätze einheitlichen und verbindlichen Regulierungsrahmen zur Handelssystemstabilität zu schaffen, brachte die SEC am 7. März 2013 den Vorschlag für die *Regulation Systems Compliance and Intergrity* (Reg SCI) zur öffentlichen Diskussion vor.[379] Die Reg SCI ersetzt das freiwillige *ARP Inspection Program* und *Rule 301(b)(6) Reg ATS*. In Kraft getreten ist die Reg SCI nach einer langen Konsultierungsphase am 5. Dezember 2014.[380] Die Reg SCI erfasst nach Rule 1000 (a) Reg SCI eine jede SRO, ein jedes ATS, das den Vorhandelstransparenzverpflichtungen unterliegt und die zentralen Handelstransparenzprozessoren (SIPs). Ihnen werden in Rule 1000(b) – (f) die Pflichten auferlegt, (1) Richtlinien und Verfahren hinsichtlich von Kapazität, Integrität, Widerstandsfähigkeit und Sicherheit der IT Infrastruktur einzuführen; (2) zeitnahe Korrekturmaßnahmen im Fall von Systemstörungen, Compliance Fehlern und Systemeingriffen zu ergreifen; (3) die SEC und Marktteilnehmer über Störungen, entsprechende Gegenmaßnahmen und aktuelle Informationen zu informieren; (3) das Anzeigen materieller Veränderungen ihrer Handelsinfrastruktur gegenüber der SEC anzuzeigen (4) Jährliche Reg SCI Compliance-Berichte; und (5) der SEC den Zugang für Inspektionen zu ermöglichen. Ähnlich dem *ARP Inspection Program* zielt die Reg SCI nicht darauf, konkrete Anforderungen zur Beschaffenheit der IT aufzuerlegen. Das von der SEC verfolgte System zwingt jedoch die Handelsplätze, sich strukturiert mit der Frage der Systembelastbarkeit auseinanderzusetzen, entsprechende Vorfeldmaßnahmen zu erarbeiten und Störungen zu analysieren. Mit der Reg SCI gibt die SEC folglich keine konkreten technischen Anforderungen vor, sondern zwingt die Handelsplätze, sich strukturiert mit der Problematik der Systemstabilität auseinanderzusetzen, gibt also Hilfe zur Selbsthilfe.

2. EU

Im Rahmen von MiFID sind gegenwärtig keine Bestimmungen zur Regulierung der Systemstabilität gegeben. Erst mit MiFID II werden die Fragen der Systemstabilität vom EU-Regulator erfasst. Gemäß der Art. 48 Abs. 1 iVm Art. 18 Abs. 5 MiFID II müssen RM, MTF und OTF über wirksame Systeme, Verfahren und Vorkehrungen verfügen, um sicherzustellen, dass die Handelssysteme belastbar sind und über ausreichende Kapazitäten für Spitzenvolumina verfügen. Ferner müssen sie in der Lage sein, unter Stressbedingungen einen ordnungsgemäßen Handel zu gewährleisten und wirksame Notfallvorkehrungen eingerichtet zu haben, die im

379 Securities and Exchange Commission, Regulation Systems Compliance and Integrity, Release No. 34-69077; File No. S7-01-13.

380 SEC, Regulation Systems Compliance and Integritym Release No. 34-73639.

Fall von unvorhergesehenen Störungen der Handelssysteme, die Kontinuität des Geschäftsbetriebs aunsahmlos zu gewährleisten.

Konkretisiert werden diese Pflichten durch technische Regulierungsstandards (*regulatory technical standards*, RTS, Art. 290 AEUV) und technische Durchführungsstandards (*implementing technical standards*, ITS, Art. 291 AEUV). Bedeutend sind die technischen Regulierungsstandards (RTS), welche materiell die Bestimmungen der Basisrechtsakte konkretisieren sollen. Die technischen Durchführungsstandards sollen lediglich formale Prozesse (Aufbau der Formulare, Muster und Verfahren) vereinheitlichen. Es handelt sich bei beiden Formen um delegierte Rechtsakte (*delegated regulation*), die mit dem Vertrag von Lissabon in den Regulierungsmaßnahmenkatalog Eingang fanden. Durch Einführung der delegierten Rechtsakte soll die Detailflut innerhalb der Basisrechtsakte minimiert und „technische" Details in die delegierten Rechtsakte verlagert werden.[381] Gemäß Art. 290 AEUV ist die Kommission grundsätzlich befähigt, delegierte Rechtsakte wie technische Durchführungsstandards zu erlassen, wenn sie hierzu autorisiert wird.

Gemäß Art. 48 Abs. 12 (a) MiFID wird die Kommission autorisiert technische Regulierungsstandards zu erlassen, um sicherzustellen, dass die Handelssysteme eines geregelten Marktes (RM) belastbar sind und über ausreichend Kapazitäten verfügen. Wird nun, wie in diesem Fall, der Kommission durch MiFID II für bestimmte Regelungsbereiche eine solche Kompetenz zugesprochen, wird die ESMA automatisch aus Art. 10 ESMA-Verordnung ermächtigt,[382] Entwürfe für solche delegierten Rechtsakte auszuarbeiten und der Kommission vorzulegen. Nach Vorlage durch die ESMA befindet die Kommission innerhalb von 3 Monaten, ob sie den Entwurf billigt. Nur in Ausnahmefällen soll die Kommission die Entwürfe der ESMA ablehnen.[383] Mit Bestätigung des Entwurfes (*endorsement*) ergehen die technischen Regulierungsstandards nach Art. 10 Abs. 4 ESMA-Verordnung in der Rechtsform einer Verordnung oder eines Beschlusses. Es bedarf

381 *Walla*, Die Europäische Wertpapier- und Marktaufsichtsbehörde (ESMA) als Akteur bei der Regulierung der Kapitalmärkte Europas – Grundlagen, erste Erfahrungen und Ausblick, Zeitschrift für Bank- und Kapitalmarktrecht, 2012, S. 265, 267.

382 Verordnung (EU) Nr. 1095/2010 des Europäischen Parlaments und des Rates vom 24. November 2010 zur Errichtung einer Europäischen Aufsichtsbehörde (Europäische Wertpapier-und Marktaufsichtsbehörde).

383 Erwägungsgrund 23 der ESMA-Verordnung; *Jackson/Pan*, The European Securities and Markets Authority and institutional design for the EU financial market: a tale of two competences: part (1) rule-making European Business Organization Law Review, Vol. 12 (2011), S. 41, 43.

keines nationalen Transformationsaktes. Hinsichtlich der Finanzmarktstabilität findet sich bereis folgendes Entwurfsvorhaben für einen Technischen Regulierungsstandard im *Regulatory Work Programme* der ESMA.

No	Name of Document	Procedure	Group
92	Technical Standards on Article 48: organisational requirements on trading venues (capacity, resiliency and ability to preserve fair and orderly market)	Regulatory TS	Markets

II. Volatilitätskontrollen

Nicht nur der Ausfall eines Handelsplatzes kann die Märkte schädigen, sondern auch hohe Preisschwankungen, sogenannte Volatilitäten, welche den Preisfindungsmechanismus stören und so die impliziten Transaktionskosten erhöhen. Die Sicherung eines geordneten Preisfindungsmechanismus gewährleistet einen effizienten und qualitativen Markt. Diesen vor Gefahren zu schützen, ist ebenfalls ein Regulierungsziel in den USA und der EU.

1. USA

Für den Schutz vor extremen Volatilitäten sind in den USA die Mechanismen des *limit up/limit down*, *market wide circuit breaker* und die *clearly erroneous execution rules* entscheidend.

a) Limit Up/Limit Down (LULD)

Am 31. Mai 2012 genehmigte die SEC den von den Börsen und der FINRA eingereichten *Limit Up/Limit Down Plan* zur Vermeidung außergewöhnlicher Markt Volatilitäten.[384] Motiviert war dieser Plan durch die Ereignisse des *Flash Crashs* vom 6. Mai 2010.[385] Ziel dieses *Limit Up/Limit Down Plan* ist es, die negativen Auswirkungen von plötzlichen und unvorhersehbaren Preisbewegungen zu verhindern, um so Investoren zu schützen und für faire sowie stabile Märkte zu sorgen. Hierzu wurden Preisbänder eingeführt, außerhalb derer eine Order nicht mehr ausführbar ist. Diese fungieren wie ein Orderfilter, der den Preisfindungsmechanismus vor extremen und sprunghaften Einwirkungen schützen soll. Diese Preisbänder werden für jede Aktie separat bestimmt und gelten handelsplatzübergreifend. Ein jedes Preisband orientiert sich dabei am Referenzpreis der jeweiligen

---

384 SEC, National Market System Plan Approval Order, Release No. 34-67091.
385 *Id.*, S. 4.

Aktie.[386] Dieser Referenzpreis ergibt sich kontinuierlich aus dem arithmetischen Mittel der Transaktionspreise der letzten 5 Handelsminuten.[387] Die Errechnung und Veröffentlichung des Referenzpreises erfolgt durch den SIP.[388] Die Parameter der Preisbänder variieren nach Instrument und Handelsbedingungen wie folgt:

Aktientypen	**Referenzpreis**	**Preisband Parameter**
Aktien erfasst durch S&P 500, Russell 1000 sowie ausgewählter ETPs	Größer $3,00	5 Prozent
	$0.75 bis $3,00	20 Prozent
	Kleiner $0,75	Kleiner $0.15 oder 75 Prozent
Alle weiteren börsennotierten Aktien	Größer $3,00	10 Prozent
	$0.75 bis $3,00	20 Prozent
	Kleiner $0,75	Kleiner $0.15 oder 75 Prozent
09:30–09:45		Verdoppelung der Parameter
Früher Handelsschluss		Verdoppelung der Parameter

Sollte nun das marktweit beste Gebot zum Kauf oder Verkauf (NBB oder NBO) auf eines der Preisbänder fallen, wird ein *limit state* ausgelöst. Dieser dauert 15 Sekunden. Innerhalb des *limit state* veröffentlicht der SIP keinen neuen Referenzpreis, wodurch die Preisbänder für 15 Sekunden auf ihrem Niveau verharren, sollte sich der Preis nicht in natürlicher Weise korrigieren. Sollte nach 15 Sekunden der NBBO noch immer auf einem der beiden Preisbänder ruhen, wird die *primary exchange*, also die notierende Börse, eine 5-minutige Handelsunterbrechung ausrufen (*trading pause*).[389] Innerhalb dieser erfolgen keine Orderausführungen (*matchings*), aber eine Vorhandelstransparenz wird ausgewiesen. Sollte der NBBO außerhalb der Preisbänder springen, ohne eine *trading pause* ausgelöst zu haben, kann die *primary exchange* sofort eine Handelsunterbrechung ausrufen (*straddle state*) oder zunächst einen *limit state* ausrufen. Innerhalb eines *limit state* kann der NBBO aufgegriffen werden. Im Falle des *straddle state* ist dies nicht möglich, da die Quotierungen außerhalb der Preisbänder liegen. Aggressive Order müssen daher entweder abgewiesen oder umgepreist werden. Hier besteht ein Umsetzungsspielraum für die Handelsplattformen. Der Mechanismus der

386 *Id.*, Abschnitt I (H) des angefügten Planes.
387 *Id.*, Abschnitt I (T) des angefügten Planes.
388 *Id.*, Abschnitt I (H) des angefügten Planes.
389 SEC, National Market System Plan Approval Order, Release No. 34-67091, Abschnitt I (X) des angefügten Planes.

marktweiten LULD Bänder ersetzt den zuvor existenten und wirkungslosen *single stock circuit breaker*.[390]

b) Market Wide Circuit Breaker (MWCB)

Neben der Möglichkeit, Order anhand der Plausibilität ihres Preisniveaus zu filtern und den Handel in einem Instrument gezielt auszusetzen (LULD-Mechanism), kann auch das Bedürfnis bestehen, den gesamten Finanzmarkt anzuhalten, um einer marktweiten Panik vorzugreifen. Aufgeschreckt durch die Ereignisse des *Black Monday Crashs* von 1987 führte die SEC einen Mechanismus zur marktweiten Handelsunterbrechung ein (*market wide circuit breaker*), der den Aktien- und Derivatehandel vollständig aussetzten sollte, wenn der *Dow Jones Index* um 10 Prozent fällt. Marktweit bedeutet hier, dass der gesamte Handel in Aktien und damit verbundenen Derivaten ausgesetzt wird. Ausgelöst wurde dieser Mechanismus jedoch nur ein einziges Mal, am 27. Oktober 1997 in Folge der Asienkrise. Als der Dow Jones Index jedoch während des *Flash Crashs* um 9,2 Prozent fiel, wurde die marktweite Handelsunterbrechung nicht ausgelöst. Den Erfahrungen aus dem *Flash Crash* wurde der Mechanismus zur marktweiten Handelsunterbrechung modernisiert. Die marktweite 15-minütige Handelsunterbrechung tritt nun ein, wenn der *S&P 500 Index* jeweils um 7 Prozent, 13 Prozent oder 20 Prozent vom Closing-Preis des Vortages abweicht.[391]

c) Clearly Erroneous Executions (CEE)

Neben der Filterung von eingehenden Ordern mittels Preisbändern (LULD) und dem Aussetzen des gesamten Handels (MWCB) kann es nötig sein, Transaktionen nachträglich aufzuheben, die durch evident fehlerhafte Order zustande gekommen sind, sogenannte *clearly erroneous executions* (CEE). Transaktionen gelten als *clearly erroneous executions*, wenn sie um einen bestimmten Prozentsatz vom CEE-Referenzpreis abweichen. Der CEE-Referenzpreis ist der letzte Transaktionspreis aus der konsolidierten Nachhandelstransparenz. Vor dem Flash Crash verfügten die Handelsplätze jeweils über eigene Verfahren hinsichtlich *clearly erroneous executions*, die den Handelsplätzen ein weitreichendes Ermessen hinsichtlich der erforderlichen Abweichung vom Referenzpreis einräumten. Diese Inkohärenz und das weitreichende Ermessen der Handelsplätze schuf Rechtsunsicherheit, welche besonders in Folge des Flash Crashs sichtbar wurde. Die Handelsplätze nutzten ihr

---

390 SEC, Order approving the current Single-Stock Circuit Breaker Mechanism, Release No. 34-64735.

391 SEC, Order approving Market-Wide Circuit Breakers, Release No. 34-67090.

weitreichendes Ermessen und erklärten lediglich solche Transaktionen als CEE, die um 60 Prozent vom Referenzpreis abwichen.[392] Das Anheben der Schwelle auf 60 Prozent sorgte für schmerzhaftes Unverständnis in der Finanzwirtschaft.[393]

Selbst die SEC bekundete ihre Besorgnis hinsichtlich der inkohärenten Praxis und regte eine Vereinheitlichung der Regelungen an. Eine einheitliche handelsplatzübergreifende Praxis sollte mehr Transparenz und Vertrauen im Markt erzeugen. Die Börsen und FINRA reichten hierzu einen industrieweiten Vorschlag zur Konsolidierung ihrer Clearly-Erroneous-Execution-Regelungen gemäß Section 19(b)(1) SEA ein. Ziel der Neuregelung war es zum einen, handelsplatzübergreifend gleiche Regelungen einzuführen und zum anderen, das Ermessen der Handelsplätze bei der Anwendung dieser Regelungen zu reduzieren, um auch eine kohärente Praxis hinsichtlich CEE zu gewährleisten. Am 10. September 2010 stimmte die SEC diesen neuen Regelungen zu.[394] Da diese Regelungen an allen Börsen und für alle Mitglieder der FINRA in gleicher Weise gelten, kann zur Erläuterung dieser, stellvertretend auf die Regelung der NYSE zurückgegriffen werden. Die NYSE regelt CEE in Rule 128 ihres NYSE Rulebook. Nach Rule 128 (a) NYSE Rulebook gelten Transaktionen als eindeutig fehlerhaft (*clearly erroneous*), wenn ihnen ein erheblicher Fehler hinsichtlich Preis, Volumen oder der Aktienbezeichnung zu Grunde liegt.[395] Ab wann die Abweichung erheblich ist, bestimmt sich durch die Erheblichkeitsschwellen aus Rule 128 (c) NYSE Rulebook. Im Folgenden im Auszug, die einschlägigen Erheblichkeitsschwellen:

---

392 *Shapiro*, Testimony Concerning the Severe Market Disruption on May 6, 2010, 11. Mai 2010, http://www.sec.gov/news/testimony/2010/ts051110mls.htm.

393 *Amoruso*, Written Statement as Senior Managing Director and General Counsel, Knight Capital Group, Inc., Submitted before the CFTC-SEC Advisory Committee on Emerging Regulatory Issues, Panel Discussion, 22. Juni 2010, http://www.cftc.gov/PressRoom/Events/jointmeeting062210_amoruso.

394 SEC, Order approving Rules with respect to breaking erroneous trades, Release No. 34-62886.

395 Rule 128 (a) NYSE Rulebook: *For purposes of this Rule, the terms of a transaction executed on the Exchange are "clearly erroneous" when there is an obvious error in any term, such as price, number of shares or other unit of trading, or identification of the security. A transaction that is clearly erroneous and cancelled by both parties or determined by the Exchange to be clearly erroneous will be removed from the Consolidated Tape.*

Thresholds – Numerical Guidelines| Rule 128 (c) (1) | NYSE Rulebook

Reference Price, Circumstance or Product	Regular Trading Hours of the Exchange Numerical Guidelines (Subject transaction's % difference from the Reference Price):	After Hours of the Exchange Numerical Guidelines (Subject transaction's Prozent % from the Reference Price):
Greater than $0.00 up to and including $25.00	10 %	20 %
Greater than $25.00 up to and including $50.00	5 %	10 %
Greater than $50.00	3 %	6 %
Multi-Stock Event – Filings involving five or more but less than twenty, securities whose executions occurred within a period of five minutes or less	10 %	10 %
Multi-Stock Event – Filings involving twenty or more securities whose executions occurred within a period of five minutes or less	30 %, subject to the terms of paragraph (c)(2) below	30 %, subject to the terms of paragraph (c)(2) below
Leveraged ETF/ETN securities	Regular Trading Hours of the Exchange Numerical Guidelines multiplied by the leverage multiplier (ie. 2x)	Regular Trading Hours of the Exchange Numerical Guidelines multiplied by the leverage multiplier (ie. 2x)

Eine CEE wird aber nur dann rückwirkend aufgehoben, wenn dies auch die Betroffenen wünschen und fristgemäß beantragen. Die Frist beträgt grundsätzlich 30 Minuten, verlängert sich jedoch um weitere 30 Minuten, wenn ein *order routing* bei der fraglichen Transaktion erfolgte.[396] Das Aufbrechen einer Orderzusammenführung (*to break a trade*) steht dabei unter dem Vorbehalt, dass dies den fairen und geordneten Markt nicht beeinträchtigt, Rule 128 (c) (3) NYSE Rulebook.

Wie bereits dargelegt, ist für die Frage, ob eine erhebliche Preisabweichung gegeben ist, der letzte Transaktionspreis entscheidend. Problematisch ist dies jedoch, wenn die letzte Transaktion und die davor liegenden sich ebenfalls als CEE qualifizieren lassen und aufgehoben werden (*multi-stock event*). Insoweit gewährt der CEE-Plan den Handelsplätzen ein Ermessen, um bei der Frage der Transaktionsaufhebung weiterhin einen fairen und geordneten Markt zu gewährleisten,

396 Abscnhitt C.II.6.e). (*Order Protection Rule*).

Rule 128 (c) (2). Sollte ferner eine Transaktion um das 3-Fache der in Rule 128 (b) (1) NYSE Rulebook beschriebenen Schwellenwerte abweichen, oder überschreiten/unterschreiten diese den 52-Wochen Höchst- oder Tiefstpreis, kann die NYSE die Transaktion auch ohne Antrag der betroffenen Handelsparteien *ex-officio* aufheben, Rule 128 (d) NYSE.

Mit Einführung des LULD-Mechanismus (*pre-trade risk management*) scheint die Bedeutung der CEE-Regelungen (*post-trade risk management*) zunächst gering. Die LULD und CEE Schwellen sind jedoch nicht deckungsgleich, da sich deren Referenzpreise unterschiedlich bestimmen, wodurch Transaktionen von den CEE Regelungen erfasst sein können, ohne durch den LULD-Mechanismus geblockt zu werden. Liegt beispielsweise der LULD-Referenzpreis (arithmetische Mittelwert aus den Transaktionspreisen der letzten 5 Minuten) bei USD 100, so liegen die LULD Bänder bei USD 95 und USD 105. War der letzte Transaktionspreis ebenfalls USD 100, so können Transaktionen als CEE bereits ab einem Preis von unter USD 97 oder über USD 103 qualifiziert werden. Order, die zu einer Transaktion bei einem Preis von USD 104 führen, würden nicht durch den LULD-Mechanismus blockiert, doch könnten die Transaktion als CEE gewertet werden, soweit ein entsprechender Antrag fristgemäß die Börse erreicht.

d) Problem der CEE Rules

Das Bedürfnis, Transaktionen rückwirkend aufheben zu können, ist naheliegend. Transaktionen erfolgen aber regelmäßig nicht für sich allein, sondern sind Teil einer Strategie mit vielen verbunden Transaktionen. So wird eine Position, insbesondere wenn sie riskant ist, mit anderen Positionen gehedged. Ferner haben Transaktionen Signalwirkungen auf den Markt und beeinflussen damit das Marktverhalten anderer Marktteilnehmer und führen zu weiteren Transaktionen. Würde man nur eine Transaktion aufheben, wäre das Ergebnis dieser Korrektur unvollständig. Würde man versuchen, alle verbundenen Transaktionen und die daraus resultierenden aufzuheben, so ist eine perfekt rückwirkende Korrektur aufgrund der Vielfalt, der zu berücksichtigenden Wechselbeziehungen nahezu ausgeschlossen. Den CEE-Regelungen ist es daher inhärent, dass sie den „Schaden“ einer CEE nur unvollständig beseitigen. Im Lichte dieses Mangels sollte daher nur maßvoll Gebrauch von dem CEE-Verfahren genommen werden. Die erforderliche Berücksichtigung des fairen und geordneten Marktes ist daher eher restriktiv auszulegen.

2. EU

Der Schutz vor extremen Marktstörungen bestimmt sich in der EU im Wesentlichen aus einem Orderfiltermechanismus, Wohlverhaltenspflichten für Marktteilnehmer und CEE-Regelungen.

a) Volatilitätskontrollen

MiFID reguliert nicht Fragen der Volatilitätskontrolle, erst die geplante MiFID II wird Fragen der Volatilitätskontrolle erfassen. Nach Art. 48 Abs. 4 iVm Art. 18 Abs. 5 MiFID II müssen RM, MTF und OTF über ein Vorhandelsrisikomanagement (*pre-trade risk management*) verfügen, das in der Lage ist, Order zu filtern, wenn diese definierte Volumina, Preislevel überschreiten oder eindeutig fehlerhaft sind.

Ergänzend müssen nach Art. 48 Abs. 6 iVm Art. 18 Abs. 5 MiFID II RM, MTF und OTF über wirksame Systeme, Verfahren und Vorkehrungen verfügen, um sicherzustellen, dass die algorithmischen Handelssysteme keine marktstörenden Handelsbedingungen auf dem Markt schaffen oder zu solchen beitragen. Dies schließt Systeme zur Begrenzung des Verhältnisses von nicht ausgeführten Handelsaufträgen zu Transaktionen ein, die von einem Marktteilnehmer in den Markt entsendet werden, um das Auftragsaufkommen zu verlangsamen.

Die ESMA wird hierzu nach Art. 48 Abs. 12 (a) MiFID II technische Regulierungsstandards entwerfen, die bestimmen welche Voraussetzungen erfüllt sein müssen, damit ein Markt als widerstandsfähig gilt und über ausreichende Kapazitäten verfügt. Ferner soll die ESMA nach Art. 48 Abs. 12 (b) MiFID II technische Regulierungsstandards entwerfen, die das größte und kleinste Verhältnis nicht ausgeführter Handelsaufträge zu Geschäften festlegen, das von einem geregelten Markt angewandt werden kann. Des Weiteren soll die ESMA definieren, welche Tests für Algorithmen anzuwenden sind, Art. 48 Abs. 12 (g) MiFID II. Insoweit plant die ESMA in ihrem *Regulatory Work Programme 2014* folgende technische Regulierungsstandards.

No	Name of Document	Procedure	Group
90	Technical Standards on determination of when a market is material in terms of liquidity for co-ordination of trading halts purposes	Regulatory TS	Markets
91	Technical Standards on Article 48: order-to-trade ratio	Regulatory TS	Markets

Mit Ausnahme der Definition eines Verhältnisses von Ordern zu Transaktionen wird sich erst mit dem Erlass der technischen Regulierungsstandards zeigen, ob

EU weit einheitliche Volatilitätsmechanismen eingeführt werden und inwieweit der EU-Regulator in den Preisfindungsprozess eingreift.

b) Marktweite Handelsunterbrechungen

Weder MiFID, noch MiFID II sehen Regelungen für eine marktweite Handelsunterbrechung vor.

c) Wohlverhaltenspflicht für Algo Trader

Zusätzlich zu diesen, an die Handelsplätze adressierten Organisationspflichten, werden die Wertpapierfirmen, die einen algorithmischen Handel betreiben, mit einer Wohlverhaltenspflicht aus Art. 17 Abs. 1 MiFID II belegt. Hiernach muss eine jede Wertpapierfirma, die einen algorithmischen Handel verfolgt, über wirksame Risikokontrollen verfügen und sicherstellen, dass die Handelsinfrastruktur belastbar ist, über ausreichende Kapazitäten verfügt, angemessene Handelsschwellen und Handelsobergrenzen definiert sind, sowie die Übermittlung fehlerhafter Aufträge oder ein Verhalten vermieden werden, um Marktstörungen vorzubeugen. Ferner muss gewährleistet sein, dass das Handelsverhalten keinen Verstoß gegen Bestimmungen der Marktmissbrauchsverordnung hervorruft oder gegen die Vorschriften des Handelsplatzes verstößt, mit dem sie verbunden sind. Des Weiteren müssen wirksame Notfallvorkehrungen gegeben sein, um mit jeglichen unvorhergesehenen Störungen der Handelssysteme umgehen zu können. Ferner sind die Handelssysteme hinreichend zu testen und zu überwachen. Des Weiteren können die Mitgliedstaaten nach Art. 17 Abs. 2 MiFID II verlangen, dass algorithmische Händler der zuständigen Behörde mindestens jährlich die algorithmischen Handelsstrategien und die Risikosicherungen erläutern. Letzteres ist eine wahre Herausforderung für algorithmische Händler, die nun ihre komplexen Modelle auch behördengerecht aufarbeiten müssen.

d) Clearly Erroneous Executions (CEE)

Evident fehlerhafter Handelsausführungen, sogenannte *clearly erroneous executions* (CEE) werden nicht von MiFID erfasst. Mit MiFID II werden jedoch die Handelsplätze aus Art. 48 Abs. 5 iVm 18 Abs. 5 MiFID allgemein verpflichtet, die Fähigkeit herzustellen, Geschäfte stornieren, ändern oder berichtigen zu können (*to be able to cancel, vary or correct any transaction*). Die Kommission wird aber nicht hinsichtlich der Frage der Stornierung, Änderung oder Berichtigung ermächtigt, technische Regulierungsstandards zu erlassen. Folglich hat die ESMA auch keine Möglichkeit, einen Entwurf zur Vereinheitlichung der Regelungen hinsichtlich CEE zu erarbeiten. Die ESMA kann aber gemäß

Art. 16 ESMA-Verordnung Leitlinien und Empfehlungen für die zuständigen Aufsichtsbehörden herausgeben, um eine gemeinsame, einheitliche und kohärente Anwendung des Unionsrechtes sicherzustellen.

3. Ableitungen

Die jüngsten Marktstörungen haben in den USA und der EU-Reformen eingeleitet, die Systemausfälle, sowie extreme Volatilitäten, damit auch *rogue algos* und *fat finger* berücksichtigen. Während diese Maßnahmen bereits durch die US-Regulierung umgesetzt sind, wird dies auf EU-Ebene erst mit MiFID II erfolgen. Hinsichtlich MiFID II bleibt es spannend, inwiefern die ESMA ihre Rolle bei der Ausgestaltung der technischen Regulierungsstandards wahrnehmen wird. Besonders interessant wird sein, inwieweit die ESMA-Regelung handelsplatzübergreifende Vorgaben erteilen wird, um so einen EU weiten Preisfindungsmechanismus zu sichern. Der Vergleich zwischen MiFID und MiFID II zeigt bereits schon jetzt, dass mit MiFID II eine neue Phase einer vereinheitlichenden EU-Regulierungsdichte beginnen wird.

III. Mindestpreisänderungsgröße (tick size)

Die Mindestpreisänderungsgröße eines Finanzmarktes definiert, welches Stellenwertsystem für die Bepreisung von Finanzinstrumenten zu verwenden ist, oder mit anderen Worten, auf wieviel Stellen hinter dem Komma der Preis angegeben werden kann. Die minimale Preisveränderung ergibt sich aus der Veränderung der letzten Kommastelle, daher der Begriff Mindestpreisänderungsgröße (*minimum price variation*, MPV). Neben der Mindestgröße für Transaktionen ist die MPV eine wesentliche Stellschraube für die Viskosität der am Markt zirkulierenden Liquidität und beeinflusst damit auch das Orderaufkommen und somit die Stabilität des Preisfindungsmechanismus.

Die Bestimmung der optimalen Mindestpreisveränderungsgröße muss dabei zwei Gefahren ausbalancieren. Ist die MPV zu groß, kann der Preisfindungsmechanismus nur sprunghaft auf neue Informationen reagieren und die impliziten Transaktionskosten sind durch den künstlich vergrößerten *bid-ask spread* erhöht.[397] Hierunter würde die Effizienz des Marktes leiden. Ist demgegenüber die MPV zu klein, können Marktteilnehmer zwar nuanciert auf Preisveränderungen reagieren, doch wird die Liquiditätstiefe uneinsichtig, da die gebotene Liquidität sich auf einer Vielzahl von Preisschienen zu verteilen droht. Ferner könnten

397 SEC, Reg NMS, Final Rule, Release No. 34-51808, S. 214.

markt maker durch ökonomisch nicht sinnvolle Preisverbesserungen sich beim *matching* vordrängeln und so den Anreiz, im Orderbuch öffentlich Liquidität zu stellen, beeinträchtigen.[398] Letzteres dürfte dann auch Investoren motivieren, öffentliche Märkte zu verlassen und in *dark pools* abzuwandern.[399]

Die Mindestpreisveränderungsgröße wirkt also maßgeblich auf die Viskosität der Liquidität ein und ist damit ebenfalls von entscheidender Bedeutung bei der Regulierung von Marktvolatilitäten. Fraglich ist, ob diese überhaupt noch gesamtmarktförderlich austariert ist, oder ob die Handelsplätze in ihrer Abhängigkeit von liquiditätspendenden Hochfrequenzhändlern, nicht bereits zu sehr auf deren Bedürfnisse eingegangen sind.

1. USA

In den USA wird die MPV durch Rule 612 Reg NMS für den gesamten US-Aktienmarkt geregelt. Sie besagt, dass es Marktteilnehmern verboten ist, Order oder IOI auszuweisen, einzustellen, zu verschieben oder anzunehmen, wenn dies eine Preisänderung bedeuten würde, die kleiner als der minimale zulässige Preis-Tick ist. Diese Grenze liegt bei Aktien, die mit mindestens USD 1,00 bepreist werden sollen bei USD 0,01. Bei Aktien, die unter einem Wert von USD 1,00 bepreist werden sollen, liegt diese Grenze bei USD 0,0001 (*subpennies*). Abgestellt wird auf den Orderpreis, nicht den gegenwärtigen Aktienpreis.

2. EU

Im gegenwärtigen MiFID-Regime besteht kein EU-Rechtsrahmen, der die MPV einheitlich regelt. In Folge des Wettbewerbs der Handelsplätze versuchten diese sich mit immer kleineren MPV zu unterbieten, um den Handel auf sich zu lenken. Die *Federation of European Securities Exchanges* (FESE), eine Vereinigung der regulierten Märkte der EU und ihrer Segmente, versuchte 2009 diesen *tick size war*, der einem *race to extra-granularity* glich, zu unterbinden.[400] Hierzu erarbeitete die FESE vier einheitliche Tabellen mit Mindestpreisänderungsgrößen, die jedoch nicht bindend waren und den eigenständigen Versuch der Finanzindustrie darstellte, dem *prisoners' dilemma* des *tick size war* zu entkommen.[401] Grundsätzlich erschien der FESE Vorschlag und die freiwillige Annahme durch

398 *Id.*, S. 213.

399 *Id.*, S. 220–221.

400 Autorité des Marchés Financiers, Submission for the purpose of the US Securities and Exchnage Commission's roundtable on tick sizes, 5. February 2013, S. 1.

401 Federation of European Securities Exchanges, FESE Tick Size Tables.

die Handelsplätze ausreichend, doch wünschte die Finanzindustrie eine zusätzliche Absicherung durch den EU-Gesetzgeber, um einem Ausbruch eines Handelsplatzes aus dieser Vereinbarung wirksam begegnen zu können.[402] In der Tat brach auch wenig später *Euronext* für holländische und französische *blue chips* aus dem *FESE tick size regime* aus und der *tick size war* entbrach erneut.[403]

Mit MiFID II wird die MPV auf EU-Ebene reguliert. Gemäß Art. 49 iVm 18 Abs. 5 MiFID II müssen nun alle RM, MTF und OTF die minimale Preisvariation begrenzen, um die Systemstabilität der Handelsplätze zu gewährleisten und marktstörendes Verhalten zu gestalten. Hierbei wird vorgegeben, dass das zu erstellende *tick size regime* für jedes Instrument individuell kalibriert werden und dabei dessen Liquidität, *bid-ask spread* und Preisniveau berücksichtigen soll. Die EU wählt somit im Gegensatz zur USA nicht ein *one-size-fits-all regime*, sondern zwingt die Handelsplätze bewusst die Eigenheiten der Instrumente zu berücksichtigen. Gemäß Art. 49 Abs. 3 S. 3 und Art. 49 Abs. 4 S. 3 MiFID II wird die Kommission ermächtigt technische Regulierungsstandards zu erlassen, um *minimum tick sizes* oder ein ganzes *tick size regime* zu erlassen. Entsprechend hat sich die ESMA folgende Entwürfe in ihren Arbeitsplan aufgenommen.

No	Name of Document	Procedure	Group
94	Technical Standards on Article 49: minimum tick sizes for equity and equity-like	Regulatory TS	Markets

Der Ansatz der EU, die Besonderheiten der Instrumente zu berücksichtigen, erscheint sehr förderlich für die Gesamtmarktqualität, droht aber seine Wirkung zu verlieren, wenn die MPV nicht einheitlich an allen Handelsplätzen umgesetzt wird. Solange die ESMA keine EU-weiten Mindestvorgaben stellt, hindert nichts die Handelsplätze wieder in einen *tick size war* zu verfallen. Sollte die ESMA kein EU-weit einheitliches MPV-Regime erstellen, könnten durch Abweichungen künstliche Ineffizienzen entstehen, die der Arbitrage zugänglich wären. Da beim Erarbeiten der Entwürfe für technische Regulierungsstandards die Industrie anzuhören ist, Art. 10 Abs. 1 Untersabsatz 3 ESMA-Verordnung, liegt es nahe, dass die gegenwärtigen FESE-Tabellen Eingang in den ESMA-Entwurf finden werden, also ein differenzierendes *tick size regime* Anwendung finden wird. Es bleibt interessant, ob die ESMA versucht, einen für jedes Instrument EU-weit

402 CESR, Technical Advice to the European Commission in the Context of the MiFID Review – Equity Markets, CESR/10-802, 29. Juli 2010, S. 41.

403 Financial Times, Euronext sparks outrage with tick size reduction, http://www.ft.com/cms/s/0/97f0deb0-2ad1-11e0-a2f3-00144feab49a.html#axzz2ysTf48Sc.

einheitlichen Rahmen zu gestalten, was MiFID II noch nicht verlangt, sich aber zur Vermeidung künstlicher Arbitragemöglichkeiten empfiehlt.

IV. Liquiditätssicherung

Der Preisfindungsmechanismus wird jedoch nicht nur durch eine Plausibilitätsfilterung von Order, dem Aussetzen des Handels in kritischen Marktmomenten oder der ausgewogenen Bestimmung der Liquiditätsviskosität bestimmt, sondern auch dadurch, dass überhaupt ein hinreichendes Maß an Liquidität an den Märkten vorhanden ist, damit kurzfristige Schwankungen ausgeglichen werden können. Es stellt sich die rechtliche Frage, ob die bestehenden Regulierungsmechanismen zur Liquiditätssicherung nicht durch den Hochfrequenzhandel oder der Fragmentierung des Handels wirkungslos geworden sind.

1. Bedeutung einer effektiven Liquiditätssicherung

Handelsplätze benötigen einen kontinuierlichen Liquiditätszulauf, um als Handelsplatz attraktive Handelsbedingungen bieten und um überhaupt einen funktionierenden Handel gewährleisten zu können. Der Verlust des kontinuierlichen Liquiditätszulaufs, das „Austrocknen" eines Handelsplatzes, ist der wirtschaftliche Tod eines jeden Handelsplatzes, der grundsätzlich für Panik und Verzerrungen im Preisfindungsmechanismus sorgen kann. Gegen dieses Risiko haben sich Handelsplätze bisher durch Intermediäre in unterschiedlicher Form abgesichert. Allen Formen war dabei gemein, dass in diesen Intermediäre verpflichtet waren, dem Markt kontinuierlich Liquidität zuzuführen, um Transaktionen auch in Stresssituationen zu ermöglichen.[404] Im Gegenzug für diese Pflichten erhielten diese Intermediäre besondere Rechte oder ein Entgelt für diesen Service.[405] Genannt wurden diese, mit besonderen Pflichten versehenen Intermediäre, je nach Handelsplatz entweder *specialist, designated market maker, market maker, lead market maker* oder auch *liquidity supplier.*[406] Verpflichtete *market maker* waren damit eine zentrale Institution am Finanzmarkt, denn sie matchten eingehende Order und sorgten allgemein für einen fairen und geordneten Markt. In dieser Scharnierfunktion

404 *O'Hara/Oldfield*, The Microeconomics of Market-Making, The Journal of Financial and Quantitative Analysis, Vol. 21 (1986), S. 361.

405 *Venkataraman/Waisburd*, The Value of the Designated Market Maker, Journal of Financial and Quantitative Analysis, Vol. 42 (2007), S. 735, 735–736.

406 *Grossman/Miller*, Liquidity and Market Structure, The Journal of Finance, Vol. 43 (1988), S. 617, 620.

konnten sie Volatilitätsschwingungen und Liquiditätsausfälle ausgleichen bzw. kompensieren.[407]

2. Altes System der Liquiditätssicherung

Die dabei in den USA und der EU verfolgten Modelle unterscheiden sich jedoch in ihrem Ansatz, was sich auf ein unterschiedliches Verständnis vom freien Zusammenspiel von Angebot und Nachfrage zurückführen lässt.

a) USA

Bis 1934 bestand keine bzw. eine sehr rudimentäre staatliche Finanzmarktregulierung und die Regulierung erfolgte durch die Börsen selbst.[408] Diese Selbstregulierung betraf hauptsächlich Aspekte des Handels.[409] Aufgrund der für den Handel zentralen Rolle der *market maker*, waren diese durch die Selbstregulierung eines jeden Handelsplätzes auch erfasst.[410] Die NYSE hatte das Monopol und handelte nahezu das gesamte Volumen des US-Finanzmarktes, entsprechend groß war auch die Bedeutung ihrer *market maker*.[411] Verpflichtete *market maker* wurden an der NYSE *specialists* genannt und konnten im Gegenzug für ihren Liquiditätssicherungsdienst das vollständige Orderbuch einsehen. Diese privilegierte Stellung ermöglichte ihnen stetige Gewinne aus dem *market making* und den damit verbundenen Arbitrage-Geschäften, was als Entgelt für den Liquiditätssicherungsdienst diente. Kam ein Specialist seinen Verpflichtungen nicht nach, wurde ihm gekündigt und er verlor seine Privilegien.[412] Das Druckmittel des Verlustes der Stellung als *Specialist* war stark genug, um sicherzustellen, dass *specialists* auch in

---

407 *Panayides*, Affirmative Obligations and market making with inventory, The Journal of Financial Economics, Vol. 86 (2007), S. 513.

408 *Mahoney*, The Exchange As Regulator, Virginia Law Review, Vol. 83 (1997), S. 1453, 1457; *Borrelli*, Market-Making in the Electronic Age, Loyola University of Chicago Law Journal, Vol. 32 (2001), S. 815, 820.

409 *Markham/Harty*, For Whom the Bell Tolls: The Demise of Exchange Trading Floors and the Growth of ECNs, The Journal of Corporation Law, Vol. 33 (2008), S. 865, 881.

410 *Simon/Trkla*, The Regulation of Specialists and Implications for the Future, The Business Lawyer, Vol. 61 (2005), S. 217, 224.

411 SEC, Market 2000 – An Examination of Current Equity Market Developments, Januar 1994, S. 7.

412 *Anand/Chakravarty/Chuwonganant*, Cleaning house: Stock reassignments on the NYSE, Journal of Financial Markets, Vol. 12 (2009), S. 727.

kritischen Marktmomenten ihrer Tätigkeit als Liquiditätssicherer nachkamen und die NYSE so für einen liquiden Markt sorgen konnte.[413]

Mit Erlass des *Securities Exchange Act* von 1934 und der Gründung der *Securities and Exchanges Commission* änderte sich zunächst nicht viel an diesem Selbstregulierungsansatz. Die SEC schrieb den *market makers* nicht vor, wie sie für die Sicherung der Liquidität Sorge zu tragen hätten. Die SEC schrieb lediglich vor, dass Börsen, die *specialists* einsetzen, ihr die Market-Making-Bedingungen mitzuteilen haben, also Transparenz gewährleisten mussten.[414] Der volle Einblick in das Orderbuch bot *specialists* jedoch einen Wissensvorsprung gegenüber anderen Marktteilnehmern, den sie durch *front running* hätten ausnutzen können, weshalb die SEC 1935 den *specialists* den Eigenhandel in den von ihnen betreuten Instrumenten grundsätzlich untersagte und ein solcher nur möglich sein sollte, wenn dies vernünftigerweise erforderlich wäre, um einen fairen und geordneten Markt aufrecht zu erhalten.[415] Zusätzlich erließ die SEC 1964 ein Pflichtenpaket für *specialists*, das die allgemeine Pflicht, die Marktliquidität zu schützen, näher konkretisierte.[416] Folglich war das *market making* nicht immer profitabel, wenn man seiner Pflicht nachkam, aber auf lange Sicht verschaffte das *market making* eine gewinnbringende Stellung am Markt.

b) EU

Während der 1980er und 1990er stellten die meisten EU-Handelsplätze ihr Marktmodell von einem Dealer-Markt bzw. den täglichen Call-Auktionen auf das kontinuierliche Limit-Order-Buch um, ohne dass dabei die Handelsplätze *market maker* mit besonderen Verpflichtungen versahen.[417] Gerade im Handel mit kleinen und jungen Unternehmen, denen der Markt noch nicht vertraute oder sie nicht einschätzen konnte, erfolgte kein bzw. wenig Handel. Geringer bis kein Handel schreckt jedoch die Liquidität ab und kein geordneter Preisfindungsmechanismus

---

413 *Dean*, Paradigm Shifts & Unintended Consequences: The Death of the Specialist, the Rise of High Frequency Trading, & the Problem of Duty-Free Liquidity in Equity Markets, Florida International Law Review, Vol. 8 (2012), S. 201, 204.

414 *Simon/Trkla*, The Regulation of Specialists and Implications for the Future, The Business Lawyer, Vol. 61 (2005), S. 217, 250.

415 *Dean*, Paradigm Shifts & Unintended Consequences: The Death of the Specialist, the Rise of High Frequency Trading, & the Problem of Duty-Free Liquidity in Equity Markets, Florida International Law Review, Vol. 8 (2012), S. 201, 226.

416 SEC, Affirmative Obligations, Release No. 34-7465.

417 *Biais/Hillion/Spatt*, An empirical analysis of the limit order book and the order ow in the Paris bourse, The Journal of Finance, Vol. 50/5 (1995), S. 1655.

ist gegeben. Die Lösung hierfür war das Beauftragen eines *designated sponsors*, der sich verpflichtete, in bestimmten Grenzen regelmäßig in dem Handel mit dem Instrument aktiv zu werden. Für diese nicht ganz risikofreie Dienstleistung wurde der *designated sponsor* vom Emittenten direkt entlohnt. Somit sorgte der Emittent durch Einschaltung eines Intermediärs dafür, dass seine Papiere mehr Liquidität anlockten und er so auch besser Kapital aufnehmen konnte, da seine Papiere an Attraktivität gewannen.[418] Der Anreiz für Emittenten, einen *designated sponsor* zu beauftragen, lag in der Steigerung der Kapitalaufnahmefähigkeit seiner Papiere und weniger im Sichern eines geregelten Marktes. Die Verbesserung der allgemeinen Marktqualität war aber die Nebenfolge.

3. Wirkungslosigkeit börsenzentrischer Liquiditätssicherung

Mit der Fragmentierung des Handels veränderten sich die Rahmenbedingungen des Handels und die Grundlage der Liquiditätssicherungsmechanismen drohte zu erodieren.

a) USA

Die Marktfragmentierung führte zu einer Liquiditätsmigration von den Börsen hin zu den alternativen Handelsplätzen.[419] Folglich verloren auch die *specialists* (später als *designated market maker* bezeichnet) zunehmend ihre Einwirkungsmöglichkeiten auf den Gesamtmarkt und der Liquiditätsmechanismus drohte zahnlos zu werden.[420] Erschwerend kam hinzu, dass die Hochfrequenzhändler zunehmend den *specialists* die Gewinne streitig machten, sich also die von ihnen ausgeübte Liquiditätssicherung immer weniger auszuzahlen schien, da die Gewinne auch ohne Liquiditätsproliferationsverpflichtung (endogene Liquiditätsproliferation) erzielt werden konnten.[421] Das Hinzutreten der endogenen Liquiditätsproliferation verengte die *spreads* und damit die Transaktionskosten für Investoren, senkte somit aber auch die Einnahmen der ursprünglichen *specialists/designated market maker* (Unrentabilität der Liquiditätssicherung). Während im

---

418 *Skjeltorp/Ødegaard*, When Do Listed Firms Pay for Market Making in Their Own Stock?, Financial Management, S. 2.

419 C.IV.2 (*Einsetzen des Wettbewerbs und Disintermediation*).

420 *Ibid.*

421 Vgl. hinsichtlich des Begriffs der endogenen Liquiditätsproliferation *Anand, Amber/Venkataraman, Kumar*, Should Exchanges Impose Market Maker Obligations?.

Jahr 2000 noch 25 *desginated market maker* an der NYSE aktiv waren, waren es 2014 nur noch sechs.[422]

Fraglich ist nun, ob die Hochfrequenzhändler als endogene Liquiditätsanbieter auch das System der Liquiditätssicherung in den USA gleichwertig ersetzt haben, also die Liquidität handelsplatzübergreifend sichern und dies auch ohne dazu verpflichtet zu sein. Derzeit deuten die empirischen Nachweise jedoch daraufhin, dass endogene Liquiditätsanbieter in volatilen Marktmomenten und Zeiträumen vor der Bekanntgabe von Handelsdaten besonders aktiv sind, sich jedoch in Momenten zurückziehen, in welchen die Märkte von nicht-kurzzeitigen Liquiditätsungleichgewichten oder allgemein geringer Marktliquidität gekennzeichnet sind.[423] In solchen Marktmomenten werden lediglich (die noch verbliebenen) verpflichteten *market maker* aktiv, die aufgrund ihrer Market-Making-Verpflichtung unvorteilhafte Handel eingehen (müssen) und so den Gesamtmarkt mit Liquidität stützen.[424] Demnach haben Hochfrequenzhändler weitestgehend die DMM vom Markt verdrängt, diese jedoch hinsichtlich ihrer Funktion als Liquiditätsversicherung nicht ersetzt und eine Lücke im System der Liquiditätssicherung ist gegeben.[425] Aufgrund der nur noch begrenzten Anzahl von DMM wird daher teilweise vertreten, dass der heutige Finanzmarkt über keine Liquiditätsgarantie mehr verfüge.[426] Das *Joint CFTC-SEC Advisory Committee on Emerging Regulatory Issues* erachtet es daher als notwendig, dass neue Mechanismen zur Liquiditätssicherung geschaffen werden.[427] Genauer gab dieser zu bedenken, dass die bestehenden Anreize Liquidität zu stellen, unter normalen Handelsbedingungen ausreichend erscheinen, jedoch für Märkte in Stressmomenten unzureichend sind.[428] *Mary L. Shapiro*, Vorsitzende der SEC, kommentierte dies wie folgt "*The issue is whether the firms that effectively act as market makers during normal times should have any obligation to support the market in reasonable ways in tough times.*"[429] Es wäre nun aber zu verkürzt, den Hochfrequenzhandel für den Mangel der Liquiditätssicherung

---

422 NYSE, Press Release, NYSE Proposes Changes to Specialist Capital Requirements, 26. Mai 2005, http://www.nyse.com/press/1115807746493.html.

423 *Anand, Amber/Venkataraman, Kumar*, Should Exchanges Impose Market Maker Obligations?, S. 1.

424 *Id.*, S. 6.

425 *Lin*, The New Investor, UCLA Law Review Vol. 60 (2013), S. 678, 680–692.

426 JAC, Findings Regarding the Market Events of May 6, S. 68ff.

427 *Ibid.*

428 JAC, Findings Regarding the Market Events of May 6, S. 6.

429 *Shapiro*, Gastrede für Economic Club of New York, 7. September 2010, http://www.sec.gov/news/speech/2010/spch090710mls.htm.

verantwortlich zu machen, da im Wesentlichen die Ursache in der durch Regulierung induzierten Marktfragmentierung liegt.

b) EU

Demgegenüber ist das in der EU grundsätzlich vorherrschende System des *designated sponsoring* grundsätzlich nicht an einen Handelsplatz gebunden, sondern marktübergreifend an ein Instrument, wodurch die Fragmentierung des Handels grundsätzlich kein Problem für die Liquiditätssicherung darstellte. Ferner handeln Emittent und *designated sponsor* das Entgelt für das Gewährleisten eines maximalen *spreads* individuell aus, wodurch die Gewinne für den *designated sponsor* auch bei einem verengten *spread* weniger bedroht sein sollten.

4. Kompensationsbestrebungen und Lösungsmöglichkeiten

Wie sich an den Ausführungen der SEC zeigt, wird in den USA ein Regulierungsdefizit bei der Liquiditätssicherung wahrgenommen. Fraglich ist, welche Maßnahmen nun ergriffen werden (können), um diesen zu begegnen. Des Weiteren stellt sich die Frage inwieweit Veränderungen durch die Einführung von MiFID II aufkommen werden.

a) USA

Trotz des wahrgenommenen Defizits hat der Kongress oder die SEC noch nicht gehandelt, um der Gefahr einer mangelnden Liquiditätssicherung entgegenzutreten. Bisher haben lediglich die Handelsplätze mit anreizbasierenden Modellen versucht, die Liquidität zu sichern, was im Folgenden überblicksweise vorgestellt werden soll.

Supplementary Liquidity Supplier

Um die Liquidität ihrer Handelsplätze zu verbessern, führte die NYSE neben ihrem bestehenden DMM und *floor trader* die Kategorie der *supplementary liquidity supplier* (SLP) ein. Hierbei handelt es sich um Börsenmitglieder, die die NYSE selbst als *upstairs, electronic and high-volume members* beschreibt, die ökonomische Anreize erhalten um Liquidität zu stellen.[430] SLP werden in Rule 107B NYSE Rulebook geregelt. Um einen Rabatt zu erhalten, müssen die *quotes* für jedes zu betreuende Instrument mindestens innerhalb von 10 Prozent der Handelszeit dem NBBO entsprechen oder diesen übertreffen. Ferner muss ein monatliches

430 NYSE, Membership Types, https://www.nyse.com/markets/nyse/membership.

Mindestmaß an Liquidität gestellt werden, welches den zu gewährenden Rabatt in gestaffelter Form erhöht. Die Staffelung wird in der monatlichen Preisliste der NYSE ausgewiesen. Welche Instrumente von welchem SLP betreut werden, bestimmt das *SLP Liaison Committee*, Rule 107B(g) NYSE Rulebook. Kommt der SLP dem nicht nach, werden die Vergünstigungen oder gar der SLP Status gänzlich entzogen, Rule 107B(k) NYSE Rulebook. Eine Verpflichtung zum Stellen von *quotes* besteht jedoch nicht. Es droht lediglich der Verlust von Börsenvergünstigungenen (*rebates*).

Designated Sponsoring (European Solution)

Das in der EU vorherrschende Modell der Liquiditätssicherung durch ein *designated sponsoring* ist auf den US-Markt grundsätzlich nicht übertragbar, da in der US-Finanzmarktregulierung die Überzeugung vorherrscht, dass ein *market making* grundsätzlich unbeeinflusst von Zahlungen des Emittenten erfolgen müsse.[431] So untersagt FINRA Rule 5250 grundsätzlich eine jede Zahlung des Emittenten oder einer wirtschaftlich verbundenen Einheit für ein *market making*.[432] Der *Flash Crash* und die andauernde Illiquidität in ETF hat jedoch Bewegung in diese Diskussion gebracht. Testweise wurden nun erstmals Ausnahmen für ETF von FINRA Rule 5250 gewährt. Entsprechend führte die Nasdaq das *Nasdaq Market Quality Program*[433] und NYSE Arca das *Lead Market Making Program* ein.[434]

Beide Programme zielen darauf, die Liquidität in den ETF zu stützen und zu verbessern. Die Programme unterscheiden sich jedoch von den europäischen Modellen eines *designated sponsorings*. Statt die *lead market maker* (LMM) zu verpflichten, werden ihnen wieder Anreize mittels der Gebührenstruktur gegeben, fortlaufend am NBBO orientiert, als *market maker* im ETF Instrument zu handeln. Qualifizieren sie sich, indem sie eine Vielzahl statistischer Schwellen im Handel erreichen, ausgerichtet am NBBO, erhalten sie gestaffelte Vergünstigungen.

Ferner schließt der Emittent keinen direkten Vertrag mit dem *market maker*, sondern kann beim *listing* an der Börse die Option von Gebührenanreizen wählen. Bei der Wahl der Option zahlt dieser Emittent dann eine Zusatzgebühr, die den Gesamteinnahmen des Handelsplatzes zu Gute kommen, aus welchen wiederum die besonderen Rabatte finanziert werden. Es besteht also keine direkte Verbindung wie dies der *european solution* gerade zu Eigen ist.

---

431 SEC, Order approving Proposed Rule Changes Relating to Market Maker Incentive Programs, Release No. 34-67411, S. 58.

432 FINRA, Regulatory Notice 09–60.

433 SEC, Release No. 34-69398; 18. April 2013.

434 SEC, Release No. 34-69706; 6. Juni 2013.

b) EU

MiFID regelt nicht die Frage der Liquiditätssicherung. Erst mit MiFID II wird die Frage der Liquiditätssicherung auf EU-Ebene adressiert. So müssen nach Art. 17 Abs. 3 (a) MiFID II algorithmische Händler, die eine Market-Making-Strategie verfolgen, gewährleisten, dass sie dem auch kontinuierlich während einer zu bestimmenden Dauer nachkommen, um die Handelsplätze regelmäßig und in vorhersehbarer Weise mit Liquidität zu versorgen.[435] Hierzu müssen algorithmische Händler Verträge mit den Handelsplätzen schließen, die diese Verpflichtungen definieren, Art. 17 Abs. 3 (b) MiFID II. Ferner müssen sie Systeme einrichten, die gewährleisten, dass sie diesen Verpflichtungen jederzeit nachkommen können, Art. 17 Abs. 3 (c) MiFID II. Flankierend sollen die Handelsplätze bindende Vereinbarungen mit *market maker* eingehen und einen Market-Making-Plan aufstellen, der regelt, in welchem Ausmaß *market maker* verpflichtet werden, um ein hinreichendes Liquiditätslevel zu gewährleisten, Art. 48 Abs. 2 iVm Art. 18 Abs. 5 MiFID II. Mit MiFID II nimmt der EU-Regulator die Algorithmischen Händler in die Pflicht zur Liquiditätssicherung. Ferner zwingt er Handelsplätze, sich mit der Frage der Liquiditätssicherung zu befassen, indem das Erfordernis von Market-Making-Plänen aufgestellt wird.

Gemäß Art. 17 Abs. 7 MiFID II soll die ESMA technische Regulierungsstandards erarbeiten, die definieren, wann ein algorithmischer *market maker* diesen Pflichten unterliegt und in welchem Umfang er dann Liquidität regelmäßig zu stellen hat und wie die Market-Making-Pläne der Handelsplätze ausgestaltet sein sollen. Somit wird die ESMA den Mindeststandard für die Liquiditätssicherung stellen und entscheiden, ab wann algorithmische *market maker* der kontinuierlichen Liquiditätsverpflichtung unterliegen. Letzteres wird die Finanzmarktlandschaft entscheidend beeinflussen. Entsprechend findet sich im Arbeitsplan der ESMA Punkt 85.

---

435 Algorithmic Trading | Art. 17 Abs. 3 | MiFID II:
An investment firm that engages in algorithmic trading to pursue a market making strategy shall, taking into account the liquidity, scale and nature of the specific market and the characteristics of the instrument traded:
(a) carry out this market making continuously during a specified proportion of the trading venue's trading hours, except under exceptional circumstances, with the result of providing liquidity on a regular and predictable basis to the trading venue;
(b) enter into a binding written agreement with the trading venue which shall at least specify the obligations of the investment firm in accordance with point (a); and
(c) have in place effective systems and controls to ensure that it fulfils its obligations under the agreement referred to in point (b) at all times.

No	Name of Document	Procedure	Group
85	Technical Standards on a) circumstances on which an investment firm would be obliged to enter into a market making scheme; b) content of market making schemes; and c) proportion of the trading venue's trading hours	Regulatory TS	Markets

5. Ableitungen

Die Sicherung der Liquidität des Marktes ist entscheidend für die Widerstandsfähigkeit und die Effizienz des Preisfindungsmechanismus, der die Marktqualität, ein wesentliches Regulierungsziel, entscheidend bestimmt. Naturgemäß ist es schwer die Verantwortung für das Allgemeinwohl (Sicherung der Liquidität des Gesamtmarktes) einer Zahl weniger zu übertragen. Entsprechend muss eine solche Regulierungslast mit Vorteilen kompensiert werden. Gerade dieses Gleichgewicht ist in Folge der Marktfragmentierung und dem verstärkten Aufkommen endogener Liquiditätsproliferation aus dem Gefüge geraten. Die Liquiditätssicherung lohnt sich nicht mehr und keiner will für das Allgemeinwohl mit unverhältnismäßig hohen Kosten einstehen müssen. Der Regulator ist in solchen Situationen gefordert, wieder einen angemessen Ausgleich zu schaffen und Regulierungslasten effizient zu verteilen.

In den USA wurden bisher noch keine kompensierenden Regulierungsmaßnahmen ergriffen und die Handelsplätze versuchen, durch Gebührenanreize die allgemeinen Liquiditätsbedingungen zu verbessern, orientieren sich jedoch stark am NBBO was mehr auf die Wettbewerbsfähigkeit der Handelsplätze als auf stabile Marktbedingungen zielt.[436] Demgegenüber nehmen die EU-Regulierungsmaßnahmen die Handelsplätze und algorithmischen Händler in die Pflicht zur Liquiditätsproliferation. Es scheint als wolle der EU-Regulator die Gewinne aus dem *market making* nur den Marktteilnehmern zugänglich machen, die auch eine Liquiditätssicherung in Stressmomenten gewährleisten. Insoweit unterscheiden sich die Regulierungsrahmen zwischen den USA und der EU deutlich und es bleibt spannend, die Wirkung dieser unterschiedlichen Regulierungsansätze zu beobachten.

V. Zwischenergebnis

Die Regulierungsrahmen der USA und EU haben hinsichtlich der Finanzmarktstabilität auf die durch den Hochfrequenzhandel hervorgetretenen Gefahren

436 *Skjeltorp/Ødegaard*, When Do Listed Firms Pay for Market Making in Their Own Stock?, Financial Management, S. 20.

reagiert. Hinsichtlich der Volatilitätskontrollen hat die SEC durch den LULD-Mechanismus einen marktweiten Schutz für den Preisfindungsmechanismus schnell eingerichtet. Es bleibt abzuwarten, ob dies ähnlich in der EU umgesetzt wird. Um künstliche Ineffizienzen zu vermeiden, wäre dies zu wünschen. Bei der Liquiditätssicherung triften die Regulierungsrahmen jedoch auseinander und die EU stellt ein verzahntes Pflichtensystem für *market maker* und Handelsplätze auf, während in den USA nur zaghaft neue und weiterhin anreizorientierte Ansätze zu verzeichnen sind. Somit erscheinen die Regulierungsrahmen grundsätzlich ausreichend, wobei ein Verbesserungspotential in den USA hinsichtlich der Liquiditätssicherung und in der EU hinsichtlich marktweit einheitlicher Volatilitätskontrollen besteht.

E. Fairer Marktzugang | Ist dieser trotz HFT optimierter Märkte noch gegeben?

Wie bereits dargelegt, versuchen Handelsplätze liquiditätsspendende Marktteilnehmer wie Hochfrequenzhändler an ihre Märkte durch auf sie abgestimmte Handelsbedingungen zu locken.[437] Die Hochfrequenzhändler wiederum befinden sich in einem Wettbewerb, in dem lediglich der Faktor der Geschwindigkeit entscheidend ist, da der Preiswettbewerb nahezu ausgeschöpft ist.[438] Hochfrequenzhändler befinden sich also in einem Wettbewerb, in welchem nur die schnellsten Gewinne aus der Konsumtion von Marktineffizienzen generieren können. Da der Markt so von Ineffizienzen gesäubert wird, man sich also gegenseitig die Einkommensquellen weggräbt, müssen Hochfrequenzhändler, um auch weiterhin Gewinne realisieren zu können, immer schneller handeln. Ferner droht den zu langsam werdenden Hochfrequenzhändlern die Gefahr, selbst Gegenstand von Ineffizienzkonsumtionen zu werden.[439] Aufgrund dieser Faktoren müssen sie nicht nur schnell sein, sondern regelrecht stetig beschleunigen und werden von einem dem HFT inhärenten *need for speed* getrieben.[440] Die Handelsplätze entsprechen diesen Bedürfnissen gern, um möglichst viele liquiditätsspendende Intermediäre an ihre Handelsplätze zu locken. Mittels schnellerer Handelsplatzanschlüsse, schnelleren Handelsdatenströmen und auf den Hochfrequenzhandel zugeschnittenen Ordertypen scheint es, als würde den Hochfrequenzhändlern eine Marktposition gewährt werden, die sie bevorteilen, andere Marktteilnehmer ausgrenzen und somit für „unfaire" Handelsbedingungen sorgen würden.

Es stellt sich also in rechtlicher Hinsicht die Frage, ob die in Folge des Wettbewerbs der Handelsplätze entstandene Abhängigkeit der Handelsplätze von der *sell-side* nicht einen Interessenkonflikt hervorgerufen hat, der die Fairness der Märket bedroht.

---

437 C.IV.3 (*Neue Finanzintermediäre strömen in die Märkte*).

438 C.IV.4 (*Wettbewerb der Finanzintermediäre wird hochfrequent*).

439 B.I.2.g) (*Stale Quote Sniping*).

440 *Zhang*, Need for Speed: An Empirical Analysis of Hard and Soft Information in a High Frequency World, S. 1.

I. Direkter elektronischer Marktzugang

Ein elektronischer Marktzugang ermöglicht es den Nutzern, direkt auf das elektronische Orderbuch eines Handelsplatzes zuzugreifen. Nutzer können somit die aktuellen Gebote ohne Zwischenschaltung eines Brokers einsehen und eigene einstellen. Die direkte Interaktionsmöglichkeit mit dem Orderbuch spart die Kommissionskosten eines Brokers, aber ermöglicht den Nutzern auch im Market Making oder der Arbitrage tätig zu werden. Die Formen des direkten elektronischen Marktzugangs sind zahlreich, wobei sich grundsätzlich folgende Zugangsarten unterscheiden lassen. Mitglieder eines Handelsplatzes verfügen regelmäßig über einen direkten elektronischen Zugang.

Nichtmitglieder können mittels des Zugangs eines Mitgliedes Zugang erhalten, wenn das Mitglied seinen Zugang (entgeltlich) zur Verfügung stellt. Hierbei lassen sich wiederum zwei Arten unterscheiden: der *direct market access* (DMA) und der *sponsored access* (SA). Bei einem DMA nutzt der User die Infrastruktur und die *market participant ID* (MPID) des DMA-Providers (Mitglied des Handelsplatzes). Regelmäßig hat der DMA-Nutzer zusätzlich direkten Einblick in das vollständige Orderbuch (*level-2 market data*). Demgegenüber nutzt der SA-User lediglich die MPID des Providers, ohne dessen Infrastruktur zu nutzen. SA-User haben einen eigenen Zugriff auf *level-2 market data* und sind regelmäßig mittels *co-location services* direkt mit den Handelsplätzen verbunden.

Ermöglichen Handelsplätze einen direkten elektronischen Marktzugang und ermöglichen ihren Nutzern die Freischaltung dieser Dienste für Dritte, können diese auch nicht mehr direkt beeinflussen, welche Marktteilnehmer direkt auf den Preisfindungsmechanismus einwirken. Die Möglichkeit der Handelsplätze, ihre Märkte zum Schutz des Preisfindungsmechanismus nur qualifizierten Marktteilnehmern, die über hinreichende Risikokontrollen verfügen, zugänglich zu machen, wird beeinträchtigt. Da Handelsplätze aufgrund des Wettbewerbdrucks grundsätzlich Liquidität anlocken wollen, stellt sich die Frage, ob diese noch hinreichend prüfen, wer Einfluss auf den Preisfindungsmechanismus nimmt, und ob nicht in rechtlicher Hinsicht der Regulator die Handelsplätze zu stärkeren Risikokontrollen verpflichten muss.

1. USA

Gemäß der Rule 15c3-5 (*market access rule*) sind alle Broker-Dealer, die ihren Kunden einen Zugang zu Handelsplätzen durch Bereitstellung der *market particpiant identifiers* (MPID) oder auf andere Weise ermöglichen, gehalten, hinreichende Risikokontrollen einzuführen. Dies umfasst die Überwachung des mit der MPID verbundenen Kreditrisikos, Vermeidung fehlerhafter Order, Verhinderung von Rechtsverletzungen sowie die kontinuierliche Gewährleistung dieser Überwachung (*pre-trade risk management*).[441] Die Folge dieser Verpflichtung ist, dass ein *sponsored access* (auch *unfiltered naked access* genannt), bei welchem lediglich die MPID zur Verfügung gestellt wird und nicht die Infrastruktur des SA-Providers genutzt wird, ausgeschlossen ist, da hier der Provider nicht seiner Pflicht nachkommen kann, kontinuierlich und effektiv das *pre-trade risk management* zu gewährleisten.[442]

2. EU

MiFID adressiert nicht Fragen des direkten elektronischen Marktzugangs. Mit MiFID II werden jedoch spezifische Regelungen in Kraft treten. Art. 48 Abs. 7 MiFID II verpflichtet die Handelsplätze, die einen direkten elektronischen Marktzugang anbieten wollen, diesen nur gegenüber zugelassenen Wertpapierfirmen im Sinne von MiFID II anzubieten und dabei zu gewährleisten, dass diese über hinreichende Handelsrisiko- und Kreditrisikokontrollen verfügen. Ferner muss der Handelsplatz das Handelsverhalten dem jeweiligen DMA-Kunden zuordnen können. Die Regelung gilt für MTF und OTF nach Art. 18 Abs. 5 MiFID II entsprechend. ESMA soll technische Regulierungsstandards erarbeiten, um die Kontrollen für einen direkten elektronischen Marktzugang zu definieren, Art. 48 Abs. 12 (c) MiFID II.

No	Name of Document	Procedure	Group
89	Technical Standards on Article 48: controls on Direct Electronic Access	Regulatory TS	Markets

3. Ableitungen

Während der US-Regulierungsrahmen die DMA-/SA-Provider adressiert, erfolgt dies im EU-Regulierungsrahmen durch die Adressierung der Handelsplätze und bezieht sich auf den Regulierungsgegenstand des direkten elektronischen Zugangs, der Voraussetzung für DMA-/SA-Services ist. Beide Regulierungsrahmen lassen einen *sponsored access* unmöglich werden, also das ungeschützte Freischalten des Marktzugangs für Dritte. Folglich haben die Regulierungsrahmen der USA und EU mögliche Gefahren erfasst und das Handelsverhalten unqualifizierter Marktteilnehmer wird eingegrenzt.

---

441 SEC, Risk Management Controls for Brokers or Dealers with Market Access, Release No. 34-63241.

442 *Spicer*, Insight: Brokers Point Fingers over "Naked Access" Rule, REUTERS, 2. Oktober 2011, http://www.reuters.com/article/2011/10/02/us-financial-regulation-risk-idUSTRE7911DR20111002.

II. Kollokationsdienste

Unter Kollokationsdiensten (*co-location*) ist die Unterbringung und Netzanbindung eines Kundenservers im Rechenzentrum eines *internet service providers*, dem Handelsplatz zu verstehen.[443] Das bedeutet, dass der Kunde die Möglichkeit erhält, seinen Ausführeinheit (*execution server*) direkt im Rechenzentrum des Handelsplatzes aufzustellen und sich mit dem elektronischen Orderbuch mit minimaler Kabellänge zu verbinden. Da die Hardware nicht vom Anbieter gestellt wird, kann der Mieter seine eigene Hardware nutzen. Dies ermöglicht dem Kunden, eigene *execution server* individuell einzurichten und dabei FPGA-Platinen zu verwenden, deren Platinendesign auf den Handelsalgorithmus zugeschnitten sind. Vereinfacht gesagt, bietet der *co-location service* dem Nutzer einen Schrank innerhalb des Rechenzentrums der Börse, der abschließbar ist und über Steckdosen und Netzwerkkabel verfügt. Der Vorteil für den Mieter liegt darin, dass seine Handelsausführeinheit näher am Matching-Prozessor des Handelsplatzes gelegen ist. Je geringer die Entfernung zwischen Kunden und Handelsplatz ist, desto schneller ist die Anbindung und desto hochfrequenter kann der Handel erfolgen. Im heutigen Hochfrequenzhandel ist es für Hochfrequenzhändler nicht möglich, auf ein *co-location* zu verzichten.

Die Kosten für den *co-location service* der NYSE wurden in der Preisliste von 2013 wie folgt ausgewiesen.

Initial Fee per Cabinet	
Dedicated Cabinet	USD 5,000
8-Rack Unit of a Partial Cabinet	USD 2,500
Monthly Fee per Cabinet	
Dedicated Cabinet	
Number of kWs (Anschlussleistung)	Per kW Fee Monthly
4–8	USD 1,200
9–20	USD 1,050
21–40	USD 950
41+	USD 900
8-Rack Unit of Partial Cabinet	
Number of kWs (Anschlussleistung)	Total Fee Monthly
1	USD 1,500
2	USD 2,700

443 *Deutsch/Grotemeyer/Schipmann*, IT-Planung für Unternehmensgründer, S. 5.

Im konkreten Fall der NYSE erhält der Kunde ein abschließbares *dedicated cabinet* (kleiner Schrank), welcher Platz für 45 *rack* Einheiten auf einer Grundfläche von 800mm x 1200mm bietet. Hierin findet der Kunde Stromanschlüsse und Netzwerkkabel vor. Ferner garantiert der Betreiber eine kontinuierliche Stromzufuhr, 72° Fahrenheit und dass die Luftfeuchtigkeit nicht geringer als 35 Prozent und nicht höher als 55 Prozent liegen wird.[444]

1. USA

Eine jede Börsenaktivität muss durch das Regelwerk der Börse bestimmt sein, Sec. 19(g)(1) SEA, darf also nicht *ultra vires* erfolgen. Entsprechend muss einer beabsichtigten neuen Börsenaktivität, wie dem Anbieten von *co-location* Diensten eine Änderung des Regelwerkes vorangehen, die diese definiert. Ein solche Regelwerksänderung bedarf der Genehmigung durch die SEC, Sec. 19(b)(1) SEA.

Gemäß Sec. 6(b)(4) und 6(b)(5) SEA,[445] müssen die Börsen, die Pflichten, Gebühren und andere Entgelte angemessen (*reasonable*) und fair (*equitable*) auf ihre Mitglieder verteilen. Die SEC ist grundsätzlich offen für das Anbieten eines *co-location service*, verlangt aber, dass die Bedingungen des *co-location services* nicht unfair, nicht diskriminierend und dass die Gebühren in gleicher Weise anfallen und nachvollziehbar bemessen sind (*must not be unfairly dicriminatory, and the fees must be equitably allocated and reasonable*).[446] Bisher hat die SEC alle Preissysteme für ein *co-location* genehmigt,[447] wobei wiederholt auch technische Abweichungen und Säumnisse beim *rule filing* durch die SEC geahndet wurden.[448]

2. EU

MiFID erfasst die Fragen der Kollokationdienste nicht. Erst mit MiFID II werden diese Fragen auf EU-Ebene adressiert. Gemäß Art. 48 Abs. 8 MiFID II müssen die Bestimmungen der Handelsplätze hinsichtlich der Kollokationsdienste und Gebührenstrukturen transparent, gerecht und nichtdiskriminierend sein. Dies gilt

444 NYSE Technologies, USLC Products and Service Guide Colocation and Networks, Version 4, 20. Oktober 2011, https://nysetechnologies.nyx.com/sites/technologies.nyx.com/files/USLC-Products-and-Services-Guide_0.pdf.

445 15 U.S.C. 78f(b)(4), (5).

446 SEC, Concept Release on Equity Market Structure, Federal Register Vol. 75 (2005), S. 3594, 3610.

447 SEC, Order approving Co-Location Services, Release No. 34-65973.

448 SEC, *In the Matter of New York Stock Exchange LLC et al.*, Administrative Proceeding 3-15860, 1. Mai 2014.

entsprechend für MTF und OTF, Art. 18 Abs. 5 MiFID II. Was jedoch unter transparent, gerecht und nichtdiskriminierend zu verstehen ist, wird sich erst durch die nach Art. 48 Abs. 12(d) MiFID II zu erlassenden technischen Regulierungsstandards zeigen. Entsprechend hat die ESMA sich unter Punkt 93 folgenden Enwurf in das Arbeitsprogramm gesetzt.

No	Name of Document	Procedure	Group
93	Technical Standards on Article 48: rules on co-location and fee structures	Article 10: Regulatory TS	Markets

3. Ableitungen

Beide Regulierungsrahmen stellen darauf ab, dass die Kollokationsdienste auf gerechten und fairen Bedingungen beruhen. Da die Gebühren bisher für professionelle Marktteilnehmer annehmlich sind, dürfte auch durch Erlass technischer Regulierungsstandards keine Marktveränderungen zu erwarten sein.

III. Datenströme

Neben der Möglichkeit, direkt und verzögerungsarm auf das Orderbuch einwirken zu können (direkter elektronischer Marktzugang und Kollokationsdienste), benötigen Marktteilnehmer auch den umfänglichen Einblick in die Orderbücher verschiedener Handelsplätze. Neben dem öffentlichen und konsolidierten System zur Gewährleistung der Vor- und Nachhandelstransparenz, sogenannter *public data feeds*,[449] bieten Handelsplätze und andere gesonderte Anbieter gegen Entgelt eigenständige Datenströme (*proprietary data feeds*) an. Diese *proprietary data feeds* weisen nicht nur die gesetzlich erforderlichen Mindestdaten der Vor- und Nachhandelstransparenz (*level-1 data*) aus, sondern geben umfassenden Einblick in das Orderbuch und weisen den vollen Bestand des Orderbuches aus (*level-2 data*), was den Nutzern die Möglichkeit gibt, Schlussfolgerungen aus dem Gesamtmarktverhalten zu ziehen. Ferner sind direkte Datenströme verzögerungsärmer und weniger störanfällig, da keine Zwischenstationen zur Konsolidierung durchlaufen werden müssen. Die Verzögerung zwischen den öffentlichen und proprietären Datenströmen betrugen während des *Flash Crashs*

449 Vgl. für USA: C.II.6.a). (Handelstransparenz) und für EU: C.III.4.b). (Handelstransparenz).

auf den öffentlichen Datenströmen 10 Sekunden, während diese auf den proprietären Datenströmen 8 Millisekunden betrugen.[450]

Es stellt sich die rechtliche Frage, inwieweit ein derartiges Angebot eine regulierungsbedürftige Asymmetrie zwischen den Marktteilnehmern hervorruft, der mit Hilfe von Regulierungsmaßnahmen entgegengewirkt werden muss.

1. USA

Mit Mandatierung des *National Market System* betonte der Kongress die zentrale Bedeutung konsolidierter Handelsdaten, die das Herz des *National Market Systems* darstellen würden.[451] Erst der Überblick über die Gebote ermöglicht Investoren die Wahl des idealen Handelsplatzes und somit den Wettbewerb der Handelsplätze.[452] Um dies zu gewährleisten, sind die Handelsplätze entsprechend verpflichtet, ihre besten *quotes* den konsolidierenden Datenströmen zur Verfügung zu stellen.[453] Nichtsdestotrotz können die Handelsplätze ihren Kunden eigenständige und direkte Handelsdatenströme anbieten (*proprietary data feeds*). Das Bereitstellen solcher Datenströme muss jedoch auf Grundlage fairer und angemessener Bedingungen (*fair and reasonable*) erfolgen und in nicht willkürlicher Weise (*unreasonably discriminatory*), wie sich aus Rule 601(d), 602(a)(4) und 603(a) Reg NMS ergibt.

Entscheidend ist jedoch, dass *proprietary data feeds* den Kunden nicht früher zugänglich gemacht werden, als den konsolidierenden öffentlichen Datenströmen, Rule 603(a) Reg NMS.[454] Auf Nachfrage von *Instinet* stellte die SEC hierbei ausdrücklich klar, dass Rule 603(a) Reg NMS nicht verlange, dass die Handelszentren ihre proprietären Handelsströme insoweit verlangsamen, dass die Daten zeitgleich bei den Endkunden empfangen werden. Es ist allein auf die zeitgleiche Entsendung durch die Handelsplätzte abzustellen.[455]

---

450 JAC, Findings Regarding the Market Events of May 6, S. 77.

451 House of Representatives, Report No. 94-229 (1975), 94th Congress, 1st Session, S. 93.

452 SEC, Concept Release on Equity Market Structure, Federal Register Vol. 75 (2005), S. 3594, 3600.

453 17 CFR §§ 242.601 and 602.

454 SEC, Concept Release on Equity Market Structure, Federal Register Vol. 75 (2005), S. 3594, 3601.

455 Federal Register Vol. 70 (2005), S. 37567: *Instinet, for example, requested that the Commission clarify that the proposal would not require a market center to artificially slow the independent delivery of its data in order to synchronize its delivery with the data disseminated by the Network. Adopted Rule 603(a) will not require a market center to synchronize the delivery of its data to end-users with delivery of data by a*

2. EU

Im gegenwärtigen MiFID-Regime müssen RM, MTF und SI zu angemessenen kaufmännischen Bedingungen die Handelstransparenz ausweisen, Art. 27 Abs. 3 UAbs. 2, Art. 29 Abs. 1 und Art. 44 MiFID. Da es sich jedoch bei MiFID um eine Richtlinie handelt, bestand Umsetzungsspielraum hinsichtlich des Inhaltes angemessener kaufmännischer Bedingungen.

Mit der Novellierung durch MiFID II und MiFIR verschieben sich die Transparenzanforderungen in eine Verordnung und wirken unmittelbar gegenüber den Marktteilnehmern. Gemäß der Art. 13 I MiFIR müssen die Handelsplätze ihre Datenströme auf angemessener kaufmännischer Basis und in nicht-diskriminierender Weise zur Verfügung stellen. Hinsichtlich der Konkretisierung was nun unter *angemessener kaufmännischer Basis* (*on a reasonable commercial basis*) zu verstehen ist, wurde die Kommission autorisiert, delegierte Rechtsakte zu erlassen, Art. 13 II, 50 MiFIR. Die ESMA hat sich folgendes Entwurfsvorhaben auf ihre Agenda gesetzt:

No	Name of Document	Procedure	Group
181	Reasonable commercial basis for a) provision of pre- and post-trade transparency data; b) publication of systematic internalisers' quotes for equity, equity-like and nonequity financial instruments	Technical Advice	Markets

3. Ableitungen

Das Anbieten von proprietären Datenströmen ist in beiden Regulierungsrahmen grundsätzlich möglich, sofern dies auf angemessener Grundlage geschieht. Die grundlegende Kritik, dass Marktteilnehmer durch Geld bessere Handelsbedingungen erlangen können und dies illegal sei, geht jedoch ins Leere, da dies von der Rechtsordnung explizit ermöglicht wird.

IV. Order Typen

Wenn Marktteilnehmer Gebote zum Kauf oder Verkauf in einen Markt entsenden, enthalten diese Gebote zwingend Angaben zum gewünschten Finanzinstrument

---

Network processor to end-users. Rather, independently distributed data could not be made available on a more timely basis than core data is made available to a Network processor. Stated another way, adopted Rule 603(a) prohibits an SRO or brokerdealer from transmitting data to avendor or user any sooner than it transmits the data to a Network processor.

und dem Volumen. Neben diesen zwei Parametern kann ein Marktteilnehmer regelmäßig signalisieren, ober er sofort unabhängig vom gebotenen Preis das Instrument im gewünschten Volumen kauft (*market order*) oder ob er das Instrument im gewünschtem Volumen nur zu einem bestimmten Preis kaufen oder verkaufen möchte (*limit order*). Ferner kann es auch möglich sein, dass Marktteilnehmer eine Transaktion nur dann umsetzen wollen, wenn sie sofort und vollständig abgewickelt werden kann (*fill or kill* – FOK). Diese Beispiele zeigen wie durch Parametrisierung der Gebote die individuellen Handelsinteressen am Markt besser berücksichtigt werden können. Ferner wird auch ersichtlich, dass ein breiter Markt mit unterschiedlichen Marktteilnehmern ein starkes Interesse an parameterreichen Ordersystemen haben wird, um so mittels einer Vielzahl von Ordertypen maßgeschneidert, den unterschiedlichen Handelsinteressen entsprechen zu können. Der Wettbewerb zwischen den Handelsplätzen und dem daraus resultierendem Streben, Liquidität an die Handelsplätze anzulocken hat den Wettbewerb auch in die Ordertypensysteme verlagert. Je ansprechender diese gestaltet sind, desto mehr Marktteilnehmer strömen und vor allem deren Liquidität an die Handelsplätze. Insoweit zielen die Ordertypensystemoptimierungen in erster Linie auf liquiditätsfördernde Intermediäre (*sell-side*), wie Hochfrequenzhändler, da diese gewonnen werden mussten.

In rechtlicher Hinsicht stellt sich hierbei schon die Frage, ob Handelsplätze in ihrem Streben nach Liquidität nicht die *sell-side* zu stark begünstigen und so einen ungleichen Markt hervorrufen. Die zweite Frage, die sich anzuschließen scheint ist, ob die wachsende Ordertypenvielfalt nicht eine Marktkomplexität schafft, die einen geordneten Handel zu bedrohen scheint. Zur Veranschaulichung kann man sich ein Schachspiel vorstellen, in welchem jede Figur ein anderes Spielverhalten aufweist. Einerseits erlaubt dies maßgeschneiderte Spielzüge, aber andererseits erschwert dies die Spielverlaufsantizipation durch die resultierende Interaktionskomplexität.

In den USA ist dieser Umstand besonders durch Veröffentlichungen stark in die Kritik geraten.[456] Es wurde hierbei behauptet, dass Handelsplätze Hochfrequenzhändler bevorzugen würden und die Ordertypen Handelsstrategien ermöglichen würden, die unfair, unethisch, unangemessen, opportunistisch, künstlich, diskriminierend und wettbewerbsverzerrend seien.[457] Fraglich ist, inwieweit diese

---

456 Reuters, SEC chair to Congress: 'The Markets are not rigged', 29. April 2014, http://www.reuters.com/article/2014/04/29/us-sec-highspeed-trading-idUSBREA3S0O20140429.

457 *Bodek*, The Problem of HFT: Collected Writings on High Frequency Trading & Stock Market Structure Reform.

Ordervielfalt zum Schutze der Fairness der Regulierung unterworfen ist oder sein sollte.

1. USA

Eine inhaltliche Vorgabe hinsichtlich der Ausgestaltung des Ordertypensystems ergibt sich aus Sec. 6(b)(5) SEA, wonach das Regelwerk der Börsen, welches auch die Ordertypen definiert, so ausgestaltet sein muss, dass dies betrügerisches und manipulierendes Handelsverhalten verhindert, sowie einen fairen und gerechten Handel fördert und im Allgemeinen Investoren und das Allgemeinwohl schützt. Die Ordertypen müssen sich zwingend aus dem Regelwerk SRO ableiten lassen, dessen Änderungen nach Sec. 19(b) SEA der SEC vorgelegt werden müssen. Diese prüft den vorgeschlagenen Regelwerkstext (*proposed rule*) auf seine Konformität mit dem SEA und ob dieser genehmigt werden kann.[458] Stehen die Regelungen im Widerspruch mit dem SEA, ist der Änderungsantrag abzulehnen.[459]

Wird eine Proposed Rule bei der SEC eingereicht (*filling*), wird sie zudem im Federal Register veröffentlicht und die SEC ist offen für *comment letters*, durch welche jedermann seine Meinung hinsichtlich der *proposed rule* kundtun kann, § 19(b)(2) SEA. In dem darauffolgenden *approval* oder *disapproval* durch die SEC setzt sich diese mit den Argumentationen aus den *comment letters* auseinander und beurteilt, inwieweit aus Sicht der SEC die vorgeschlagene Neureglung im Einklang mit dem Exchange Act und Sekundärrechtsakten ist. Die Beweislast, ob eine Satzungsänderung den Anforderungen aus dem SEA entspricht, liegt bei der einreichenden SRO, "*[t]he burden to demonstrate that a proposed rule change is consistent with the Exchange Act ... is on the self-regulatory organization that proposed the rule change and that a mere assertion that the proposed rule change is consistent with those requirements ... is not sufficient.*"[460]

Konkretes Erfordernis für Order Typen

In der Frage, ob konkrete SRO Regelungsänderungen dem Grundsatz aus Sec. 6(b)(5) SEA (*to promote just and equitable principles of trade*) zuwiderlaufen, stellt die SEC darauf ab, ob die Investoren noch in der Lage sind, die Kernbeschaffenheit (*key attributes*) der Ordertypen zu erfassen, um eine sachkundige Entscheidung (*informed decision)* bei der Wahl, der zur Auswahl stehenden Ordertypen treffen

458 15 U.S.C. 78s(b)(2)(C)(i).
459 15 U.S.C. 78s(b)(2)(C)(ii).
460 17 CFR 201.700(b)(3).

zu können.[461] Würden die Satzungen der Exchanges und FINRA nicht hinreichend die Beschaffenheit der Ordertypen definieren oder durch andere Materialien (zB Order Guides, Trading Handbücher und ähnliche Dokumentationsmittel) kompensieren, würde die daraus resultierende Unsicherheit der Investoren über die Funktion der verfügbaren Ordertypen der Marktqualität schaden, dem Investorenschutz zuwiderlaufen, dem öffentlichen Interesse nicht dienen und nicht einen fairen sowie gerechten Markt fördern.[462]

Hieraus folgt, dass *exchanges* direkt verpflichtet sind, dafür Sorgen zu tragen, dass Investoren in der Lage sind, die Kernaspekte der Funktionsweise ihrer Ordertypen zu erfassen, um eine fundierte Entscheidung bei der Orderwahl dieser treffen zu können. ATS sind von dieser Pflicht nicht direkt betroffen, jedoch muss die FINRA Sorge tragen, dass eine ebensolche fundierte Entscheidung (*informed choice*) den Investoren im ATS Handel möglich ist. Daraus folgt auch, dass es grundsätzlich möglich ist, Ordertypen zu entwickeln, die unterschiedliche Prioritäten beim *order matching* erhalten, solange deren Eigenschaften transparent ausgewiesen bzw. kommuniziert sind und sich grundsätzlich deren Funktionsweise erschließen lässt.

Mögliche Verstöße

Sind die Bestimmungen der Ordertypen nicht hinreichend bestimmt, oder weisen diese nicht die Kernaspekte ihrer Funktion aus, verstoßen die Handelsplätze gegen Sec. 15A(b)(6) SEA und entsprechende Regeländerungen sind abzulehnen (oder hätten abgelehnt werden müssen). Würde ein Handelsplatz Ordertypen von seinem Regelwerk abweichend behandeln oder verdeckt zusätzliche Ordertypen anbieten, wäre dies ein Nichtbefolgen der eigenen SRO-Regeln. Dies stellt einen Verstoß gegen Sec. 19(g)(1) SEA dar, welcher die SRO verpflichtet, den *Exchange Act*, *SEC rules* und das eigene Regelwerk zu befolgen. Ein solcher Verstoß führt zu *administrative proceedings* durch die SEC nach Section 19(h) SEA, welches ein Bußgeld nach Section 21(3)C SEA nach sich ziehen kann.[463]

SEC Probe

Die *National Examination Priorities* von 2013 und 2014 der SEC weisen aus, dass die SEC untersucht, wie Ordertypen vorgeschlagen, integriert und überwacht

---

461 SEC, Order Disapproving Proposed Rule Change, Release No. 34-63885, S. 5–6.

462 *Id*, S. 6.

463 Vgl. SEC, Order Instituting Administrative Proceedings and Cease-and-Desist Proceedings, Release No. 41574.

werden.[464] Diese Untersuchungen könnten nähere Auskunft darüber geben, inwiefern Handelsplätze und Hochfrequenzhändler beim Entwurf neuer Ordertypen zusammenwirken. Insoweit sind die Untersuchungen etwas sensibel, da sie Ordertypen zum Gegenstand haben, die bereits durch die SEC genehmigt worden sind.

2. EU

Ausdrücklich greift MiFID nicht die Frage der Ordertypen auf, legt aber gemäß Art. 39 (d) und Art. 14 MiFID fest, dass Handelsplätze über Verfahren und Regeln verfügen müssen, die einen fairen und geordneten Handel gewährleisten. Ein Handelsplatzregelwerk, das Ordertypen ermöglicht, die einseitig eine Gruppe von Marktteilnehmern bevorteilt, würde einen nicht fairen Handel hervorrufen. Folglich würden entsprechende Bestimmungen des Handelsplatzregelwerkes gegen diese Bestimmung verstoßen. Auch unter MiFID II müssen nach Art. 47(d) MIFID II und Art. 18 Abs. 1 MiFID II die Handelspülätze über transparente, ermessensfreie Regeln verfügen, die einen fairen und geordneten Handel gewährleisten und nach objektiven Kriterien effizient Transaktionen umsetzen.

Das Problemfeld der Ordertypen wird nicht wie das Problemfeld der Kollokationsdienste oder Datenströme im Rahmen von MiFID II explizit adressiert. Ursache hierfür könnte sein, dass sich die mediale Aufregung um Ordertypen erst nach Verabschiedung des Entwurfs für MiFID II entzündete.

3. Fokus: Kontroverse der Ordertypen

In den USA hat die Ordertypenvielfalt besonders großes Interesse hervorgerufen und den Hochfrequenzhandel in das Zentrum der Berichterstattung gerückt. Diese wurde zusätzliche durch Forendiskussionen,[465] Veröffentlichungen[466] und durch Ermittlungen der New Yorker Staatsanwaltschaft aufgeladen.[467] Daher soll ein besonderer Fokus auf die US-amerikanische Ordertypendebatte gelegt

---

464 SEC, Office of Compliance Inspections and Examinations, National Examination Priorities 2013, 21. Februar 2013: *Market Oversight will conduct inspections of equities exchanges to determine the types of orders available and the internal governance process around how order types are proposed, implemented, and monitored post-implementation.*

465 Tabb Group – Tabb Forum, The Great HFT Debate, http://tabbforum.com/spotlights/the-great-hft-debate.

466 *Lewis*, Flash Boys, 2014.

467 Bloomberg, Schneiderman (and Einstein) Pressure High-Speed Trading, 21. März 2014, http://www.bloomberg.com/news/2014-03-21/schneiderman-joins-einstein-in-pressuring-high-frequency-trading.html.

werden und analysiert werden, inwieweit tatsächlich ein rechtliches Problem gegeben ist. Hierzu müssen zunächst die grundsätzlichen Arten von Ordertypen erläutert werden, deren Funktion sich regelmäßig erst mit dem Verständnis des Marktumfeldes erschließt.

a) Market Making *zwischen* Tight Spreads *und* Crossed & Locked Markets

Wie bereits dargelegt, hat der Wettbewerb im *market making*, genauer der endogenen Liquiditätsproliferation,[468] zu einer Verringerung des *bid-ask spreads* geführt.[469] Der Wettbewerb hat dabei den *bid-ask spread* nicht nur verkleinert, sondern auch für die meisten Finanzinstrumente auf das Minimum, also die Mindestpreisänderungsgröße verengt.[470] Der Preiswettbewerb scheint sich im *market making* erschöpft zu haben. Je stärker sich nun die Gebote zum Kauf und Verkauf annähern, desto wahrscheinlicher ist es, dass in Folge von Verzögerungen, Störungen oder Gebührenstrukturen, die Gebote deckungsgleich sind oder sich kreuzen. Man bezeichnet solche Situationen als *locked & crossed market*. Ursache für *locked* oder *crossed markets* lassen sich zurückführen auf (i) simultane und/oder (ii) verspätete Quote-Aktualisierung, (iii) elektronisch nicht erreichbare *quotes*, (iv) Zurückhaltung beim Handel gegenüber *autoquotes*, (v) Order-Weiterleitungs-Faktoren, und (vi) und die *fee structure* der ECN, um Liquidität anzulocken.[471] Der US-Regulierungsrahmen verbietet jedoch Handelsplätzen durch Rule 610(d) Reg NMS das Ausweisen von Geboten, die zu einer solchen Marktsituationen führen würden.[472] Die SEC begründet das Verbot damit, dass derartige Marktsituationen einen fairen und geordneten Markt behindern und die Markteffizienz beeinträchtigen (*inconsistent with fair and orderly markets and detract [...] from market efficiency*).[473] Ferner meint die SEC, dass die Publizierung eines *locked* oder *crossed markets* Verwirrung und Panik hervorrufen könne, da in derartigen Marktsituationen der Marktpreis nicht feststellbar sei.[474] Dies wird zurecht hinterfragt, da es nicht wirklich irritierend ist, wenn sich die Preise kurzzeitig decken oder kreuzen, da Marktteilnehmer Verzögerungen kennen und auch nicht immer innerhalb einer logischen

---

468 C.IV.3 (*Neue Finanzintermediäre strömen in die Märkte*).

469 C.IV (*Wirtschaftliche Folgen dieser Regulierungsmaßnahmen*).

470 D.III (*Mindestpreisänderungsgröße (tick* size)).

471 *Shkilko/Van Ness/Van Ness*, Locked and Crossed Markets on NASDAQ and the NYSE, Journal of Financial Markets, Vol. 11 (2008), S. 3.

472 C.II.6.a)bb) (*Locked & Crossed Markets*).

473 SEC, Reg NMS, Final Rule, Release No. 34-51808, S. 194.

474 *Ibid.*

Sekunde Profite erzielen, sondern durchaus auch aufgebaute Positionen allmählich absetzen und Marktfluktuationen außer Acht lassen.[475] Zudem würden Hochfrequenzhändler sicherlich gern, gestützt durch Rabatte, *zero spreads* anbieten.[476] Alle Kritik ändert jedoch nichts daran, dass Handelsplätze diese Regelungen befolgen mussten.

Die Handelsplätze saßen infolge dieser Entwicklungen zwischen den Stühlen, einerseits mussten sie das Ausweisen von *locked and crossed markets* verhindern und andererseits wollten sie nicht liquiditätsspendende Sell-Side-Marktteilnehmer durch das Abweisen derer Order verlieren. Die Lösung fanden die Handelsplätze in einer Weiterentwicklung ihrer Ordertypenlandschaft. Durch Einführung neuartiger Ordertypen wie dem *price sliding*, bei welchem die Order, wenn sie zu einem Verstoß führen würden, mit dem nächstzulässigen Preis eingestellt werden (also verschoben werden).[477] Ein Verfahren wie das *price sliding* wird mit unterschiedlichen Bezeichnungen, nahezu von allen Handelsplätzen standardmäßig verwendet.[478] Alternativ boten die Handelsplätze auch den Ordertyp *hide not slide* an. Hierbei wurden die Order, welche zu einem *locked and crossed market* führen würden, als nicht sichtbare Order in das Orderbuch eingestellt. Wenn diese Order nicht mehr gegen Rule 610 (d) Reg NMS verstoßen würden, werden diese wieder sichtbar. Man könnte in diesem Zusammenhang von einem Wiederaufleuchten sprechen, da sie nicht mehr im Dunklen liegen (*hide and light*).[479]

b) Beispiel der Kritik

Es wurde nun behauptet, besonders durch *Haim Bodek*, dass diese Vielfalt an Ordertypen Hochfrequenzhändler bevorteile, bzw. gar auf deren Initiative geschaffen wurden und Handelsplätze, um Liquidität anzulocken, dem gern entsprachen. An folgendem Beispiel veranschaulicht *Haim Bodek* seine Kritik:[480]

---

475 *MacIntosh*, High Frequency Traders: Angels or Devils?, S. 23.

476 *Ibid.*

477 *Bodek*, The Problem of HFT, S. 35.

478 BATS, Display-Price-Sliding Slide Orders that lock or cross the NBBO, http://cdn.batstrading.com/resources/features/bats_exchange_pricesliding.pdf, Nasdaq, Price Sliding on Nasdaq OMX Markets, http://www.nasdaqtrader.com/content/products-services/trading/PriceSliding_factsheet.pdf.

479 *Bodek*, The Problem of HFT, S. 33.

480 Wall Street Journal, For Superfast Stock Traders, a Way to Jump Ahead in Line, Wall Street Journal, 19. September 2012, http://online.wsj.com/news/articles/SB10000872396390443989204577599243693561670.

- Im Markt *Direct Edge* geht eine Kauforder für 500 Microsoft Aktien à USD 30,01 ein
- „Gleichzeitig" geht auf Nasdaq eine Verkaufsorder für 500 Microsoft Aktien à USD 30,01 ein
- Das Ausweisen von *quotes*, die zu einem *locked market* führen würden, ist nach Rule 610(d) Reg NMS untersagt
- Daher könne *Direct Edge* die Order nicht im Orderbuch darstellen und würde diese durch ein *price sliding* auf einen Preis von USD 30,00 verschieben, wodurch der Rule 610(d) Reg NMS entsprochen wird
- Nun entsendet ein Marktteilnehmer unter Nutzung des Ordertyps *hide not slide* eine Kauforder über 500 Microsoft Aktien zum Preis von USD 30,01 in das Orderbuch von *Direct Edge*
- Die *hide not slide order* wird nicht als sichtbare Order im Orderbuch ausgewiesen, somit ist kein Verstoß gegen Rule 610(d) gegeben
- Die Nasdaq-Order wird bedient, keine Verkaufsorder ist zum Preis von USD 30,01 gegeben und die Kauforder zum Preis von USD 30,01 erzeugen keinen *locked market* mehr
- Die *hide not slide order* wandelt sich in eine sichtbare Order und verliert dabei nicht ihren Zeitstempel
- Demgegenüber wird die Order des Typs *price sliding*, jedoch zum ursprünglichen Preis mit einem neuen Zeitstempel erneut eingestellt, folglich hinter der Order *hide not slide*
- Somit ist es wahrscheinlich, dass in solchen Konstellationen der Nutzer von *hide not slide orders* gegenüber dem Nicht-Nutzer besser gestellt ist, auch wenn dieser früher seine Order in den Markt entsandte

c) Analyse

Zunächst muss festgehalten werden, dass im gleichen Artikel von *Haim Bodek* eingeräumt wird, dass *Direct Edge* mit dem damaligen Unternehmen von *Haim Bodek* die Funktionen und Änderungen der Ordertypen kommuniziert hatte, also dieses hinsichtlich der Ordertypen in Kenntnis gesetzt hatten. Ferner hat *Reuters* bereits 2009 über die Einführung von *hide not slide* berichtet.[481] Ein *Geheimhalten* lässt sich also bereits aus diesen Gründen nicht ernsthaft behaupten. Versucht man nun, sich selbst einen Überblick über die Ordertypenlandschaft

---

481 Reuters, Direct Edge launches Hide Not Slide order, 28. Mai 2009, http://www.thetradenews.com/news/Asset_Classes/Equities/Direct_Edge_launches_Hide_Not_Slide_order.aspx.

zu bekommen und blickt in das Rulebook von *Direct Edge*, also der Grundlage auf welcher die SEC die Einführung von Ordertypen genehmigt, wird man mit Ernüchterung feststellen, dass ein Ordertyp mit der Bezeichnung *„hide not slide"* nicht existiert.[482] Sieht man sich jedoch andere Materialien von *Direct Edge* an, wie den *Order Type Guide*[483] oder die Fix-Protokoll-Spezifikationen (Tag 9202),[484] wird wiederholt auf die *hide not slide order* Bezug genommen. Das erscheint zunächst etwas verwirrend. Durchsucht man nun das Rulebook nach Regelungen, die Bezug auf Vorgaben aus Rule 610(d) Reg NMS (*locked and crossed markets*) nehmen, finden sich zwei Regelungen, die für einen Mechanismus, wie den *hide not slide* notwendig sind. *Direct Edge* führt aus, grundsätzlich auf den Mechanismus des *price slidings* zurückzugreifen, um den Vorgaben aus Rule 610(d) Reg NMS zu entsprechen.

EDGA Only Order | Rule 11. 5 (c) (4) | Direct Edge Rulebook

EDGA Only Order. An order that is to be ranked and executed on the Exchange pursuant to Rule 11.8 and Rule 11.9(a)(4) or cancelled, without routing away to another trading center. The System will default to the displayed price sliding process and short sale price sliding process for an EDGA Only Order unless the User has entered instructions not to use any of the processes.

(A) An EDGA Only Order that, at the time of entry, would cross a Protected Quotation will be repriced to the locking price and ranked at such price in the EDGA Book. An EDGA Only Order that, if at the time of entry, would create a violation of Rule 610(d) of Regulation NMS by locking or crossing a Protected Quotation will be displayed by the System at one minimum price variation ("MPV") below the current NBO (for bids) or to one MPV above the current NBB (for offers) (collectively, the "displayed price sliding process"). In the event the NBBO changes such that the EDGA Only Order at the original locking price would not lock or cross a Protected Quotation, the order will receive a new timestamp, and will be displayed at the original locking price.

Gemäß Rule 11.5 (c) (4) können Nutzer jedoch auch von diesem Grundsatz durch „Instructions" abweichen. Hierzu führt Rule 11.5 (c) (4) aus:

Order Modifiers | Rule 11.5(c) (4) | Direct Edge Rulebook

Unless an order's instructions require it to be displayed on the Exchange or routed to an away trading center(s), an order may include instructions to be non displayed. All order types and modifiers listed below, except for those set forth in Rules 11.5(c)(2), (9)-(10) may also include instructions to be non displayed.

482 http://www.directedge.com/Regulation/ExchangeRules.aspx.
483 Direct Edge, Order Type Guide, S. 34 und 44.
484 Direct Edge, Fix Specifications, S. 5.

Diese Regelung scheint es zu ermöglichen, dass eine Order einen Parameter beinhaltet, der bestimmt, dass die Order zunächst verdeckt (*non displayed*) in das Orderbuch eingestellt wird, um den Anforderungen aus Rule 610(d) Reg NMS zu entsprechen. Verändern sich die Preise und es besteht kein Verstoß gegen Rule 610(d) Reg NMS, wird die verdeckte Order zu einer sichtbaren *limit order* gewandelt und behält seine Priorität, während den Ordern des *price slidings* ein neuer Zeitstempel vergeben wird. Es ist Vorsicht bei dieser Schlussfolgerung geboten, da nicht eindeutig klar ist, ob der Zeitstempel nicht doch neu vergeben wird. Insoweit ist das Rulebook nicht eindeutig. Dies stellt das entsprechende SEC *approval* in Frage. Andererseits deckt sich dieses Ergebnis mit dem *Order Type Guide* von *Direct Edge*, der besagt, dass Order des Hide-Not-Slide-Mechanismus (ich vermute, dass hier die Modifikationen aus Rule 11.5 (c)(4) darunter zu fassen sind), eine höhere Priorität gegenüber *price sliding order* haben.[485]

Technisch gesehen haben *hide not slide orders* nicht eine höhere Priorität, sondern die *price sliding order* haben eine niedrigere und technisch gesehen überspringen *hide not slide orders* nicht die des *price slidings* wie *Haim Bodek* behauptet, sondern die des *price slidings* fallen zurück.

V. Zwischenergebnis

Die für den Hochfrequenzhandel optimierten Dienste sind grundsätzlich offen für alle Marktteilnehmer und grundsätzlich auch erschwinglich für professionelle Marktteilnehmer. Ferner werden diese Dienste auch von den Regulierungsrahmen erfasst. Es dürften also grundsätzlich keine Marktteilnehmerasymmetrien auftreten. Die bei den Ordertypen angebrachte Kritik ist zwar im Wesentlichen überzogen, offenbart jedoch den enormen Zuwachs an Komplexität im Finanzmarkt. Es ist daher mehr die Komplexität der Finanzmärkte, die ein Problem darstellt, als eine zielgerichtete Bevorteilung der *sell-side*. Inwieweit *sell-side* und Handelsplätze bei der Ausgestaltung der Marktdesigns der Handelsplätze interagieren ist unbekannt, jedoch durch die Liquiditätsabhängigkeit der Handelsplätze naheliegend. Würde eine solche bestehen, also Sell-Side-Marktteilnehmer den Handelsplätzen beispielsweise Ordertypen vorschlagen, so ist es auch wahrscheinlich, dass die vorschlagenden Marktteilnehmer diese Komplexität besser beherrschen.

Um dieser Komplexität wirksam begegnen zu können und gleiche Marktbedingungen zu schaffen, sollten die Regulatoren diesen Graubereich durch das Setzen von Transparenzstandards begegnen. So wie ein jeder Handelsplatz für die bessere

---

485 Direct Edge, Order Type Guide, S. 44.

Vergleichbarkeit, seine *execution quality* standardisiert veröffentlichen muss, könnte diese auch verpflichtet werden in standardisierter Form die Ordertypenvielfalt und die MatchingVerfahren zu erläutern. Dies würde den Vorwurf der Asymmetrie entkräften und zudem den Wettbewerb zwischen den Handelsplätzen fördern, da deren Leistungen besser vergleichbar wären.

F. Betrug & Marktmissbrauch | Ist HFT als ein solcher zu qualifizieren?

Das Unbekannte, das den Hochfrequenzhandel umgibt, erzeugt Misstrauen und den Verdacht marktmissbräuchlicher Aktivitäten, was sich durch einzelne Strafverfahren zu bestätigen scheint.[486] Es stellt sich in rechtlicher Hinsicht die Frage, inwieweit die Regulierungsrahmen der USA und EU ausreichend sind, um den etwaigen berügerischen und marktmissbräuchlichen Aktivitäten zu begegnen. Ferner werden Hochfrequenzhändler als Parasiten des Marktes wahrgenommen, welche aus jedem Handel einen kleinen Gewinn saugen und sich die rechtliche Frage stellt, ob ein solches Verhalten betrügerisch oder missbräuchlich ist oder sein sollte. Im Folgenden soll der Hochfrequenzhandel hinsichtlich des Verstoßes gegen das Insiderhandel- und Marktmanipulationsverbot untersucht werden sowie etwaige Verstöße durch einen parasitären Handel erörtert werden.

I. Insiderhandel

Hochfrequenzhändler erhalten durch auf sie zugeschnittene Lösungen wie Kollokationsdienste (*co-location services*) und direkten Hochgeschwindigkeitsmarktdatenströmen (*proprietary data feeds*) Informationen früher als andere Marktteilnehmer.[487] Der Geschwindigkeitsvorsprung der Hochfrequenzhändler ist dabei so groß, dass diese in Momenten, in welchen die Informationen noch nicht einmal anderen Marktteilnehmern zugegangen sind, bereits auf Grundlage dieser handeln können. In rechtlicher Hinsicht stellt sich hierbei die Frage, ob durch diesen „privilegierten" Informationszugang, nicht eine sanktionswürdige Informationsasymmetrie gegeben ist oder ob es sich lediglich um eine Neid hervorrufende Reaktionsasymmetrie handelt.

Hochfrequenzhändler können aber nicht nur schneller Informationen empfangen, verarbeiten und auf diese reagieren, sondern auch aus öffentlich verfügbaren Informationen, mit Hilfe komplexer finanzmathematischer Modelle, Rückschlüsse auf noch nicht öffentlich bekannte Informationen ziehen und mit Hilfe dieses

486 Bloomberg, HFT Firm Fined $1 Million for Manipulating Nasdaq, 16. Oktober 2014, http://www.bloomberg.com/news/2014-10-16/athena-to-pay-1-million-in-sec-hft-manipulation-case.html.

487 E (*Fairer Marktzugang | Ist dieser trotz HFT optimierter Märkte noch gegeben*).

Wissensvorsprunges Gewinne erzielen. Fraglich ist, ob dies vom Insiderhandelsverbot erfasst wird oder ob das Insiderhandelsverbot nicht gerade diese Formen der Wissensermittlung fördern will.

Ferner bieten Nachrichtenagenturen zahlungswilligen Marktteilnehmern sekundenfrühere Übermittlungen makroökonomischer Daten an (*pre-release macroeconomic data*), wodurch diese ebenfalls einen gewinnbringenden Informationsvorsprung erlangen. Auch hier stellt sich die Frage, ob ein derartiges Marktverhalten vom Insiderhandelsverbot verhindert werden soll.

Aufgeladen werden die insiderrechtlichen Betrachtungen des Hochfrequenzhandels durch Untersuchungen des *US Department of Justice*,[488] Ermittlungen des *FBI* und des *New York State Attorney General*, der unter dem Begriff des *Insider Trading 2.0* auf Grundlage des *Martin Act* von New York gegen Hochfrequenzhändler und HFT-Serviceprovider ermittelt.[489] Besonders interessant ist in diesem Zusammenhang die Sammelklage gegenüber 12 Hochfrequenzhändlern, 14 Börsen und 15 Brokerfirmen, welche am 18. April 2014 durch die auf Sammelklagen spezialisierte Kanzlei *Robbins Geller Rudmann & Dowd LLP* beim *District Court for the Southern District of New York* (SDNY) eingereicht wurde.[490] Die Stadt *Providence, RI* fungiert hierbei als *lead representative* mit der Argumentation, dass ihr bei der Vermögensverwaltung ein Schaden aus Insiderhandel entstanden sei, der darauf beruhe, dass Hochfrequenzhändler von Handelsplätzen früher Handelsinformationen erhalten hätten als andere, wie die Stadt *Providence, RI*.[491] Es handelt sich hierbei nicht um das einzige Verfahren, so sind mindestens weitere drei Verfahren mit Bezug zum Hochfrequenzhandel anhängig.[492] All diese Ermittlungen, Verfahren und der damit einhergehende Medienwirbel färben die öffentliche

488 Time, Justice Department To Probe High-Frequency Trading, 4. April 2014, http://time.com/49736/justice-department-to-probe-high-frequency-trading/.

489 New York Times, Deal Book, 9. Januar 2014, http://dealbook.nytimes.com/2014/01/09/attorney-general-vows-to-crack-down-on-insider-trading-2-0/?_php=true&_type=blogs&_r=0.

490 *City of Providence, Rhode Island v. BATS Global Markets, Inc. et al.*, 14-CV-2811 (SDNY).

491 Robbins Geller Rudman & Dowd LLP, Complaint, *City of Providence, Rhode Island v. BATS Global Markets, Inc. et al.*, S. 43–44.

492 Labaton Sucharow LLP, Complaint, *Am. Eur. Ins. Co. v. BATS Global Mkts. Inc.*, No. 14-cv-3133 (SDNY May 2, 2014); Pomerantz LLP, Complaint, *Harel Ins. Co. v. BATS Global Global Mkts.*, Inc., No. 14-cv-3608 (SDNY May 20, 2014); Lovell Stewart Halebian Jackson LLP, Complaint, *Flynn v. Bank of Am. Corp.*, No. 14-cv-4321 (SDNY June 13, 2014).

Meinung, so dass sich dem Betrachter der Eindruck aufdrängt, dass doch irgendetwas Substantielles hinter diesen vielen Behauptungen stecken müsse.

In rechtlicher Hinsicht stellen sich für die Untersuchung folgenden Fragen: (1) Ist es Insiderhandel, wenn Hochfrequenzhändler auf Grundlage von handelsbezogenen Informationen handeln, die zum Zeitpunkt des Handels nur gegenüber Hochfrequenzhändlern zugegangen sind? (2) Inwieweit ist ein Handel als Insiderhandel zu qualifizieren, wenn dieser auf Grundlage von Informationen erfolgt, die an sich nicht-öffentlich sind, aber aus öffentlich verfügbaren Informationen abgeleitet wurden? (3) Inwieweit erfasst das Insiderhandelsverbot die entgeltliche Vorabübermittlung von makroökonomischen Handelsdaten an Hochfrequenzhändler (*pre-release macroeconomic data*)?

1. Grundlagen des US- und EU-Insiderrechts

Zur Formung eines Rahmens für die sich anschließende Untersuchung des Hochfrequenzhandels sollen im Folgenden die Grundlagen des Insiderrechts der USA und EU erläutert werden.

a) USA

Das kodifizierte US-Kapitalmarktrecht weist grundsätzlich keine Bestimmung auf, die ausdrücklich einen Insiderhandel verbietet. Sucht man nach Insiderhandel findet sich lediglich Sec. 16(b) SEA, der zwar nicht den Insiderhandel oder das Weiterreichen der Information verbietet,[493] aber dem Insider gebietet, die aus dem Insiderwissen gewonnen Gewinne an den Emittenten auszukehren (*short-swing profits*).[494]

Insider Trading – Fraud

Das US-Insiderrecht ist im Wesentlichen ein *case law*, welches auf die kapitalmarktrechtliche Generalklausel des Betrugsverbotes aus Sec. 10(b) SEA und die 1942 erlassene konkretisierende *antifraud rule* aus Rule 10b-5 rekurriert.[495] Letztere nimmt keinen Bezug auf den Insiderhandel und fungiert lediglich als Konkretisierung des Betrugsverbotes.[496] Es überrascht daher auch nicht, dass die

---

493 *Drygala*, A Step Ahead of the Crowd, WM 2001, S. 1282, 1285.

494 *Klöhn*, in: Hirte/Möllers, Kölner Kommentar zum WpHG, Vorbemerkungen §§ 12–14, Rn. 5.

495 *US v. Chestman*, 947 F.2d 551, 572 (2nd Cir. 1991).

496 *Ventoruzzo*, Comparing Insider Trading in the United States and in the European Union: History and Recent Developments, S. 3.

SEC mit Erlass der Rule 10b-5 im Jahr 1942 auch nicht deren Anwendung auf Insiderhandelsvorgänge antizipierte.[497] Erst im Jahr 1960 begann die SEC mit der Entscheidung *In re Cady, Roberts & CO*, die Rule 10b-5 zur Grundlage ihrer Verfolgung von Insiderhandelsvorgängen zu machen.[498]

Das Verbot des Insiderhandels fußt folglich dogmatisch im kapitalmarktrechtlichen Tatbestandes des Betruges (*fraud*), weshalb ein Insiderhandel in den USA auch grundsätzlich ein manipulatives und täuschendes Verhalten (*manipulative and deceptive devices*) voraussetzt. Der Insiderhandel ist jedoch naturgemäß eine heimliche Tat und zeichnet sich durch das Ausnutzen und Verschweigen einer gewinnbringenden Information aus. Damit nun in dieser heimlichen Tat ein täuschungsrelevantes Unterlassen erblickt werden kann, bedürfte es einer Pflicht zur Offenbarung, einer Aufklärungspflicht dieser geheimen noch nicht öffentlichen Information.[499] Die Entwicklung und Herleitung dieser Aufklärungspflicht ist eine wesentliche Säule des *case law* zum Insiderrecht und soll im Folgenden dargestellt werden.

Insider Trading (Rule 10b-5) – Equal Access Theory & Disclose and Abstain

Mit der Entscheidung *In re Cady, Roberts & Co.*, einem *Administrative Proceeding* der SEC, qualifizierte diese erstmals einen Handel aufgrund von erheblichen und gewichtigen nichtöffentlichen Informationen (*material, non-public information*) als eine Verletzung der Rule 10b-5, was als Geburtsstunde des modernen US-Insiderrechts verstanden wird.[500] Grundlage dieser Entscheidung waren zwei Prinzipien. Zum einen nahm die SEC an, dass (1) im US-Kapitalmarktrecht das Prinzip gleichberechtigten Zugangs zu Informationen vorherrsche (*equal access to information*); und dass, sollten Marktteilnehmer gegen diese verstoßen, da sie Wissen aufgrund eines privilegierten Zuganges erhielten (2) dieses Sonderwissen offenlegen müssten, oder entsprechend vom Handel Abstand nehmen müssten (*disclose or abstain*).[501] Mittels einer Aufklärungspflicht, die aus der Verletzung des

497 *S.E.C. v. Texas Gulf Sulphur*, 401 F.2d 833, 885 (2 Cir. 1968).

498 *In the Matter of Cady, Roberts & Co.*, 40 S.E.C. 907 (1961); *Karmel*, Outsider Trading on Confidential Information – A Breach in Search of a Duty, Chardozo Law Review, Vol. 83 (1998), S. 83, 87.

499 *Klöhn*, in: Hirte/Möllers, Kölner Kommentar zum WpHG, Vorbemerkungen §§ 12–14, Rn. 52.

500 *Klöhn*, in: Hirte/Möllers, Kölner Kommentar zum WpHG, Vorbemerkungen §§ 12–14, Rn. 5.

501 *In re Cady, Roberts & Co.*, 40 S.E.C. 907 (1961), 911.

Prinzips des gleichberechtigten Informationszuganges erwachse, konstruierte so die SEC eine Täuschung durch Unterlassen.

Diese Konstruktion war jedoch etwas wackelig, da sie bisher lediglich in einem *adminstrative proceeding* der SEC ausgesprochen wurde. Mit der Entscheidung *S.E.C. v. Texas Gulf Sulphur* bestätigte der *Court of Appeals for the Second Circuit* den Grundsatz, dass Marktteilnehmer, die in Besitz von *material, non-public information* seien, darüber aufklären müssten oder von einem Handel Abstand nehmen müssten (*disclose or abstain*), da im Kapitalmarkt das Prinzip des *equal access to information* vorherrsche.[502] Dieses Prinzip leitete das Gericht aus der Erwartung des Anlegerpublikums ab, dass eine Chancengleichheit am Markt bestünde, die wiederum bei dem Bevorteilten eine entsprechende Offenlegungspflicht auslöse.[503]

Equal Access Theory v. Fiduciary Duty Theory

Sieben Jahre nach der Entscheidung *S.E.C. v. Texas Gulf Sulphur* befasste sich der *Supreme Court of the United States* im Verfahren *Chiarella v. U.S.* mit dem Insiderhandel und dem Prinzip des *equal access to information*. Der *Supreme Court* lehnte jedoch die *equal access to information theory* ab, bzw. dass allein der Besitz von *material, non-public information* die *disclose or abstain* Verpflichtung auslösen könne, da nur der Bruch einer Treuepflicht (*fiduciary duty*) eine solche auslösen könne.[504] Zwar handele es sich bei Sec. 10(b) SEA um eine *catchall provision*, doch müsse es im Ergebnis noch immer eine Form des Betruges sein, die sie auffängt (*but what it catches must be fraud*).[505] Eine allgemeine Pflicht, nicht aufgrund von *material, non-public information* zu handeln, bestünde nicht im US-Kapitalmarktrecht.[506] Mit *Chiarella* ergab sich, dass ein Insiderhandel gegeben sei, wenn (1) ein Handel aufgrund von *material, non-public information* erfolgt; und (2) dadurch eine Verletzung einer *fiduciary duty* gegenüber dem Unternehmen oder seinen Aktionären gegeben ist.[507] Somit ersetzte die *fiduciary duty theory* die *equal access theory* als Auslöser der *disclose or abstain* Verpflichtung. Mit dem Erfordernis der *fiduciary duty* entbrannte ein Wettlauf zwischen der SEC und der Rechtsprechung diese zu

502 *S.E.C. v. Texas Gulf Sulphur*, 401 F.2d 833 (2nd Cir. 1968), 848.

503 *Mennicke*, Sanktionen gegen Insiderhandel. Eine rechtsvergleichende Untersuchung unter Berücksichtigung des US-amerikanischen und britischen Rechts, S. 257.

504 *SEC v. Chiarella*, 445 U.S. (1980), S. 222, 224–235.

505 *Ibid.*

506 *Id.*, S. 232.

507 *Ventoruzzo*, Comparing Insider Trading in the United States and the European Union: History and Recent Developments, S. 6.

definieren, um den Anwendungsbereich des Insiderhandelsverbotes zu konkretisieren.[508]

Misappropriation Theory

Nachdem die SEC mit der *Chiarella* Entscheidung einen Rückschlag erlitt, versuchte sie mit der *misappropriation theory* wieder die Kontrolle über die Gestaltung des Insiderhandelsverbotes zu erlangen. Der *misappropriation theory* zur Folge begeht ein jeder Informationstreuhänder (*fiduciary*), der Informationen nutzt, die seinem Prinzipal zustehen und er dies nicht offenbart, eine Form des Betruges iSv Rule 10b-5.[509] Die parallel zur *fiduciary duty theory* angewandte *misappropriation theory* erweitert die Haftung auf *corporate outsider*, da die relevante Treupflichtverletzung nun nicht mehr im Verhältnis Insider zur Gesellschaft oder den Aktionären bestehen musste, sondern gegenüber jeder Informationsquelle gegeben sein kann.[510]

Mit der Entscheidung *U.S. v. O'Hagan* im Jahre 1997 bestätigte der *Supreme Court*, die von der SEC vertretene *misappropriation theory*,[511] da ein Treuhänder (*fiduciary*) der Vertrauen und Verschwiegenheit vorspiegelt, obwohl er die Information des Prinzipals zu seinem persönlichen Gewinn nutzt, diesen betrügt.[512] Zwar verbleibt die Notwendigkeit eines Treuebruchs, doch kann seit *U.S. v. O'Hagan*, eine solche grundsätzlich gegenüber jedem gegeben sein. Welche Anorderungen an die fraglichen Treueverhältnisse zu stellen ist, verblieb jedoch unklar.[513]

Fiduciary Duties

Nach der *US v. O'Hagan Entscheidung* des *Supreme Courts* musste der *Court of Appeals for the Second Circuit* sich im Verfahren *U.S. v. Chestman* mit dem Ausmaß der Treuepflichten gegenüber *corporate outsider* auseinandersetzen.[514] Hierbei stellt dieser fest, dass ein Treueverhältnis, dessen Bruch die *disclose or abstain* Verpflichtung auslösen kann, nicht einseitig durch das Betrauen einer Person mit

---

508 *Karmel*, Outsider Trading on Confidential Information – A Breach in Search of a Duty, Chardozo Law Review, Vol. 83 (1998), S. 83, 107.

509 *SEC v. Chiarella,* 445 U.S. (1980), S. 222, S. 251; *Ventoruzzo*, Comparing Insider Trading in the United States and the European Union: History and Recent Developments, S. 6, 8.

510 *U.S. v. O'Hagan*, 521 U.S. 676 (1996).

511 *U.S. v. O'Hagan*, 521 U.S. 676 (1996).

512 *U.S. v. O'Hagan*, 521 U.S. 653 (1996).

513 *Ventoruzzo*, Comparing Insider Trading in the United States and the European Union: History and Recent Developments, S. 9.

514 *U.S. v. Chestman*, 947 F.2d 551 (2d Cir. 1991).

vertraulichen Informationen entstehen könne.[515] Dies sei regelmäßig in besonderen rechtlichen Treueverhältnissenwie zwischen Anwalt und Mandant, Erben und Testamentsvollstrecker, Vormund und Mündel, Stellvertreter und Stellvertretenen, Treuhänder und Treuhandberechtigten, leitenden Angestellten eines Unternehmens und Unternehmensaktionären gegeben.[516] Inwieweit dies auch außerhalb dieser typischen Rechtsverhältnisse bestehen kann, verblieb zunächst unklar.[517] Zwar war somit die Reichweite des Insiderhandelsverbotes außerhalb der beschriebenen Treueverhältnisse unklar, doch Rechtssicherheit hinsichtlich der grundsätzlichen Konstruktion des Insiderhandelsverbotes gewonnen, welches die SEC in ihrem *restatement* in Rule 10b5-1 zunächst zusammenfasste.[518]

Um der Rechtsunsicherheit hinsichtlich des Bestehens von Treuepflichten iSd *misappropriation theory* zu begegnen, erließ die SEC die Rule 10b5-2, in welcher sie nicht abschließend relevante Verhältnisse aufzählte.[519] Hierunter

---

515 *U.S. v. Chestman*, 947 F.2d 567–568 (2d Cir. 1991).

516 *U.S. v. Chestman*, 947 F.2d 947 (2d Cir. 1991).

517 *Ibid.*

518 *Klöhn*, in: Hirte/Möllers, Kölner Kommentar zum WpHG, Vorbemerkungen §§ 12–14, Rn. 55.

519 Rule 10b5-2 – Duties of trust or confidence in misappropriation insider trading cases
This section provides a non-exclusive definition of circumstances in which a person has a duty of trust or confidence for purposes of the "misappropriation" theory of insider trading under Section 10(b) of the Act and Rule 10b-5. The law of insider trading is otherwise defined by judicial opinions construing Rule 10b-5, and Rule 10b5-2 does not modify the scope of insider trading law in any other respect.
(a) Scope of Rule. This section shall apply to any violation of Section 10(b) of the Act (15 U.S.C. 78j(b)) and § 240.10b-5 thereunder that is based on the purchase or sale of securities on the basis of, or the communication of, material non-public information misappropriated in breach of a duty of trust or confidence.
(b) Enumerated "duties of trust or confidence." For purposes of this section, a "duty of trust or confidence" exists in the following circumstances, among others:
(1) Whenever a person agrees to maintain information in confidence;
(2) Whenever the person communicating the material non-public information and the person to whom it is communicated have a history, pattern, or practice of sharing confidences, such that the recipient of the information knows or reasonably should know that the person communicating the material non-public information expects that the recipient will maintain its confidentiality; or
(3) Whenever a person receives or obtains material non-public information from his or her spouse, parent, child, or sibling; provided, however, that the person receiving or obtaining the information may demonstrate that no duty of trust

zählen Verhältnisse, in welchen, (1) Informationsgeber und Informationsempfänger ausdrücklich vereinbaren, die Informationen vertraulich zu behandeln; (2) wenn bisher zwischen den Personen ein wiederholter Austausch von vertrauensvoll zu behandelnden Informationen gegeben war; oder (3) die Information von einem Ehegatten, Kind, Elternteil, Geschwisterteil stammt.

Zum Teil wird im Rahmen der *misappropriation theory* auch das Verfahren *SEC v. Dorozhko* diskutiert,[520] in welchem ein Hacker sich nichtöffentliche Informationen durch einen Hackerangriff auf den Server von *Thomson Financial Inc.* verschaffte.[521] Hierbei ist aber zu erwähnen, dass (1) die SEC nicht explizit wegen eines Insider Tradings, sondern allgemein wegen *fraud* nach Rule 10b-5 ein Verfahren einleitete; und dass (2) es in einem solchen Fall nicht der Konstruktion eines Treuebruchs bedarf, um die *disclose or abstain* Verpflichtung auszulösen, da der Hacker bei seinem Angriff explizit über seine Identität täuschte.[522] Relevant ist diese Entscheidung jedoch für das Verständnis des Tatbestandes der Irreführung (*deception*) nach Sec. 10(b).[523]

Material Information

Dabei qualifizieren sich nur *material information* als Insiderinformation. Die *materiality* ist grundsätzlich dann gegeben, wenn die Information hinsichtlich eines Umstandes derart geeignet ist, die Investitionsentscheidung eines vernünftigen Investors signifikant zu verändern.[524] Dies mag bei der Bewertung von Informationen hinsichtlich gewisser Ereignisse möglich sein, gestaltet sich jedoch hinsichtlich ungewisser Ereignisse schwierig. Hinsichtlich letzterer bedient sich die

---

or confidence existed with respect to the information, by establishing that he or she neither knew nor reasonably should have known that the person who was the source of the information expected that the person would keep the information confidential, because of the parties' history, pattern, or practice of sharing and maintaining confidences, and because there was no agreement or understanding to maintain the confidentiality of the information.

520 *SEC v. Dorozhko*, 574 F.3d 42 (2009).

521 *Ventoruzzo*, Comparing Insider Trading in the United States and the European Union: History and Recent Developments, S. 10.

522 DavisPolk, Client Newsflash, SEC v. Dorozhko: The Second Circuit's View of Section 10(b) "Deception", http://www.davispolk.com/sites/default/files/files/Publication/01c164c3-dc2d-4003-8cb8-14abf3f7ac74/Preview/PublicationAttachment/02e509fa-2277-4543-b0f1-3c6b8c1079b7/072409_sec_dorozhko.html.

523 *Ibid.*

524 *Basic Inc. v. Levinson*, 485 U.S. 224, 231f (1988).

Rechtsprechung der Probability/Magnitude-Formel.[525] Hiernach ist die Eintrittswahrscheinlichkeit in Relation zur Bedeutung des Ereignisses zu bewerten. Je gewichtiger ein Ereignis, desto unwahrscheinlicher kann dessen Eintritt sein, um als *material information* berücksichtigt zu werden. Die Bewertung muss dabei im Lichte der Gesamtheit der Unternehmensaktivitäten erfolgen.[526]

b) EU

Gegenüber dem US-amerikanischen Verständnis des Insiderhandels, welches diesen als Form des Betruges erachtet, versteht das EU-Kapitalmarktrecht diesen als eine Form des Marktmissbrauchs und zielt somit in erster Linie auf den Schutz der Funktion des Marktes, was den individuellen Anleger lediglich reflexartig schützt.[527] Demgegenüber zielt das US-Insiderrecht gezielt auf den Schutz des individuellen Anlegers.[528] Das EU-Insiderhandelsverbot ergibt sich gegenwärtig aus der Marktmissbrauchsrichtlinie, die durch die Marktmissbrauchsverordnung im Jahr 2016 ersetzt wird.

MAD (2003–2016)

Die 2003 in Kraft getretene Marktmissbrauchsrichtlinie (MAD),[529] verbietet nach Art. 2 Abs. 1 MAD einen Handel in Insiderpapieren aufgrund von Insiderinformationen (Handelsverbot). Was unter Insiderinformation zu verstehen ist, definiert Art. 1 Abs. 1 MAD. Dies ist eine nichtöffentlich bekannte präzise Information, die direkt oder indirekt einen oder mehrere Emittenten von Finanzinstrumenten oder ein oder mehrere Finanzinstrumente betrifft und die, wenn sie öffentlich bekannt würde, geeignet wäre, den Kurs dieser Finanzinstrumente oder den Kurs sich darauf beziehender derivativer Finanzinstrumente erheblich zu beeinflussen. Ob eine Information geeignet wäre, den Kurs erheblich zu beeinflussen bestimmt sich gemäß Art. 1 Abs. 2 RL MAD-DRL danach, ob ein verständiger Anleger die fragliche Information seiner Anlageentscheidung zugrunde legen würde. Wann jedoch eine Information öffentlich ist, definiert MAD selbst nicht.

---

525 *SEC v. Texas Gulf Sulphur Co.*, 401 F2.d 833, 849 (2nd Cir. 1968).

526 *Ibid.*

527 *Kruse*, in: Schwark/Zimmer Kapitalmarktrechtskommentar, § 15, Rn. 6.

528 *Gruson/Wiegmann*, Die Ad-hoc-Publizitätspflicht nach amerikanischem Recht und die Auslegung von § 15 WpHG, Die Aktiengesellschaft – Zeitschrift, 1995, S. 173, 174.

529 Richtlinie 2003/6/EG des Europäischen Parlaments und des Rates vom 28. Januar 2003 über Insider-Geschäfte und Marktmanipulation (Marktmissbrauch), ABl. Nr. L-96.

MAR (2016–)

Aus Sicht der EU erfolgte die Umsetzung der MAD und damit auch die des Insiderhandelsverbotes durch die Mitgliedstaaten nicht einheitlich, erzeugte Rechtsunsicherheit und war wenig abschreckend.[530] Um den Regulierungsrahmen gegen Marktmissbrauch zu stärken und zu vereinheitlichen, begann die Kommission 2009 mit dem Entwurf der Novellierung des Marktmissbrauchsregimes.[531] Das resultierende Regulierungspaket beinhaltet eine Marktmissbrauchsverordnung (*Market Abuse Regulation*, MAR), welche die bestehende Richtlinie ersetzen soll und eine neue Richtlinie zur Harmonisierung der Strafvorschriften mit Bezug zum Marktmissbrauch (Crim-MAD). Die MAR und Crim-MAD sind am 12.06.2014 im Amtsblatt der Europäischen Union veröffentlicht worden.[532] Die Bestimmungen der MAR werden am 3. Juli 2016 wirksam, Art. 39 MAR. Neu ist dabei nicht nur die Wahl des Gesetzgebungsinstrumentes, sondern auch der sachliche Anwendungsbereich. Während MAD bisher nur Instrumente erfasste, die auf einem geregelten Markt zum Handel zugelassen sind, wird MAR alle Instrumente, die an einem geregelten Markt, MTF und OTF zum Handel zugelassen sind, wie auch OTC-Instrumente, erfassen, Art. 2 iVm Art. 5 Nr. 1–6 MAR.[533] Somit werden auch deregulierte Märkte dem Marktmissbrauchsverbot unterworfen. Im Rahmen von MAR wird das Insiderhandelsverbot in Art. 14(a) MAR ausgesprochen, *insider dealing* in Art. 8 und Insiderinformation in Art. 7 definiert.

Die bisherige Definition der Insiderinformation aus Art.1 Nr. 1 Marktmissbrauchs-RL und Art. 1 MAD-DRL[534] werden durch die gleichlautende Definition

530 MAR, Erwägungsgrund 70.

531 EU Kommission, Call for evidence Review of Directive 2003/6/EC on insider dealing and market manipulation (Market Abuse Directive), 20. April 2009, http://ec.europa.eu/internal_market/consultations/docs/2009/market_abuse/call_for_evidence.pdf.

532 Verordnung 2014/596/EU, 16. April 2014, Amtsblatt der Europäischen Union, L 173/1; Richtlinie 2014/57/EU, 16. April 2014, Amtsblatt der Europäischen Union, L 173/179.

533 EU Kommission, Begründung des Vorschlags für Verordnung des Europäischen Parlaments und des Rates über Insider-Geschäfte und Marktmanipulation (Marktmissbrauch), KOM (2011) 651, 20. Oktober 2011, Art. 2 Abs. 1 und 3; *Veil/Koch*, Auf dem Weg zu einem Europäischen Kapitalmarktrecht: die Vorschläge der Kommission zur Neuregelung des Marktmissbrauchs, WM – Zeitschrift Wirtschafts- und Bankrecht, 2011, S. 2297, 2299.

534 Richtlinie 2003/124/EG der Kommission vom 22. Dezember 2003 zur Durchführung der Richtlinie 2003/6/EG des Europäischen Parlaments und des Rates betreffend die Begriffsbestimmung und die Veröffentlichung von Insider-Informationen und die Begriffsbestimmung der Marktmanipulation (MAD-DRL).

in Art. 7 MAR ersetzt. Was unter einer präzisen Information zu verstehen ist, regelt nun Art. 7 Abs. 2 S. 1 MAR. Ferner führt Art. 7 Abs. 3 MAR den Leitsatz der *Geltl* Entscheidung nach, dass Zwischenschritte eines mehrstufigen Geschehensverlaufs selbst Gegenstand einer Insiderinformation sein können.[535] Art. 7 Abs. 4 MAR führt aus, dass sich die Kursrelevanz aus Sicht des verständigen Anlegers bestimmt (*reasonable investor test*).

Insiderhandel als Form des Marktmissbrauchs

Während das Insiderhandelsverbot in den USA als Form des Betruges ausgestaltet ist, wird das Insiderhandelsverbot in der EU als Form Marktmissbrauchs verstanden. Dessen Geltungsgrund ist zwar zum Teil umstritten,[536] wird jedoch weitestgehend im Prinzip der informationellen Chancengleichheit (*equal access*) gesehen, welches die EU-Rechtsprechung auch als argumentative Grundlage nutzt.[537] Letzteres überrascht ein wenig, da die EU-Rechtsprechung grundsätzlich verhalten Prinzipien ableitet,[538] was sich jedoch darin begründet, dass der EuGH das Insiderrecht im Gegensatz zu anderen Rechtsgebieten als umfassend erachtet.[539]

Die angestrebte informationelle Chancengleichheit (*equal-access*) soll einen kompetitiven Markt für Informationshändler schaffen und diesen schützen.[540] Unter einem kompetitiven Markt für Informationshändler ist dabei ein Markt zu verstehen, in welchen Informationshändler belohnt werden, die durch Analyseleistungen neue Informationen gewinnen und denen Gewinne versagt werden, die diese lediglich durch einen privilegierten Informationszugang erlangen.[541]

535 *Klöhn*, in: Hirte/Möllers, Kölner Kommentar zum WpHG, § 13, Rn. 110ff.

536 *Klöhn*, in: Hirte/Möllers, Kölner Kommentar zum WpHG, Vorbemerkungen zu den §§ 12–14, Rn. 38.

537 *Grøngaard/Bang*, EuGH Slg. I 2005, 9939 Rdn. 33; *Georgakis*, EuGH Slg. 2007, I-3741 Rdn. 37 f.; *Spector Photo Group*, EuGH Slg. 2009, I-12073 Rdn. 47 f.; *IMC Securities*, EuGH WM 2011, 1694 Rdn. 27; *Geltl*, EuGH WM 2012, 1807 Rdn. 34.

538 *Hupka*, Das Insiderrecht im Lichte der Rechtsprechung des EuGH, Europäische Zeitschrift für Wirtschaftsrecht, 2011, S. 860, 863.

539 *Klöhn*, The European Insider Trading Regulation after Spector Photo Group, European Company and Financial Law Review, 2010, S. 347, 353.

540 *Goshen/Parchmovsky*, The Essential Role of Securities Regulation, Duke Law Journal, Vol. 55 (2006), S. 711; *Klöhn*, Wertpapierhandelsrecht diesseits und jenseits des Informationsparadigmas, Zeitschrift für das gesamte Handels- und Wirtschaftsrecht, Vol. 177 (2013), S. 349, 371ff.

541 *Klöhn*, Wertpapierhandelsrecht diesseits und jenseits des Informationsparadigmas, Zeitschrift für das gesamte Handels- und Wirtschaftsrecht, Vol. 177 (2013), S. 349, 371ff.

Gewinne realisieren dabei Informationshändler durch eine Arbitrage, die sich aufgrund der von ihnen ermittelten Abweichung von Börsenpreis zu Fundamentalwert ergibt (Informationsarbitragemodell).[542] Eine solche Informationsarbitrage nähert folglich den Börsenpreis stärker dem Fundamentalwert an, folglich steigern Informationshändler auch die Preiseffizienz.[543]

Demgegenüber lässt sich auch vorbringen, dass auch eine Informationsarbitrage aufgrund eines privilegierten Informationszuganges die Preise informativer, vielleicht sogar präziser mache und so ebenfalls den Preisfindungsmechanismus stärken würde.[544] Problematisch ist hieran nicht die Kurzzeitwirkung, sondern die Langzeitwirkung, da ein jeder aufgrund eines privilegierten Informationszuganges realisierte Gewinn, die Anreize für Informationshändler schmälert, Aufwendungen in Analysefähigkeiten zu tätigen. Hierbei ist zu befürchten, dass Analyse betreibende Informationshändler aussterben und der Markt seine Analysefähigkeiten verliert.[545] Informationshändler werden diesen Verlust nicht kompensieren können, da nicht alle für den Preisfindungsmechanismus notwendigen Informationen mittels eines privilegierten Zugangs erschlossen werden können. Manche Informationen müssen schlicht mittels Analyseleistungen gewonnen werden. Daher erscheint ein Insiderhandelsverbot zur Gewährleistung eines effizienten Preisfindungsmechanismus alternativlos, was auch dessen weltweite Verbreitung zu erklären vermag.[546]

Vereinzelt wird in diesem Zusammenhang der Gedanke geäußert, dass der EuGH in Anerkennung des Prinzips der informationellen Chancengleichheit über das Prinzip der Kapitalmarkteffizienz hinausgegangen sei und dieses um das Prinzip der Parität der Vertragsparteien ergänzt habe.[547] Eine solche Parität meint jedoch keine informationelle Gleichstellung, sondern eine informationelle

---

542 *Stout*, Irrational Expectations, Legal Theory, Vol. 3 (1997), S. 227; *Stout*, Why the Law Hates Speculators: Regulation and Private Ordering in the Market for OTC Derivatives, Duke Law Journal, Vol. 48 (1999), S. 701, 737.

543 *Fernandes/Ferreira*, Insider Trading Laws and Stock Price Informativeness, Review of Financial Studies, Vol. 22 (2009), S. 1845, 1847.

544 *Manne*, Insider Trading and the Stock Market, S. 80 ff.

545 *Klöhn*, in: Hirte/Möllers, Kölner Kommentar zum WpHG, Vorbemerkungen zu den §§ 12–14, Rn. 110.

546 *Goshen/Parchmovsky*, On Insider Trading, Markets, And "Negative" Property Rights in Information, Virginia Law Review, Vol. 87 (2001), S. 1229, 1246 ff.; *Goshen/Parchmovsky*, The Essential Role of Securities Regulation, Duke Law Journal, Vol. 55 (2006), S. 711, 735f (2006).

547 *Schall*, Insiderinformation und zivilrechtliche Aufklärungspflicht – Das Leitbild des Individualvertrags als neue Perspektive, JuristenZeitung, 2010, S. 392, 397.

Chancengleichheit. Nur letzteres erhält Informationshändlern die Anreize einer Informationsarbitrage nachzugehen und ergänzt daher folglich nicht nur die Kapitalmarkteffizienz, sondern ist geradezu dessen Voraussetzung.

2. Proprietary Market Data Feeds | Wann sind Informationen öffentlich bekannt?

Nachdem ein Überblick über die Insiderrechtsregelungen gewonnen wurde, soll sich der ersten Frage gewidmet werden, ob der Hochfrequenzhandel einem Insiderhandelsverbot unterfällt, wenn der Hochfrequenzhandel aufgrund von handelsbezogenen Informationen erfolgt, die zum Handelszeitpunkt den nicht hochfrequenten Marktteilnehmern noch nicht zugegangen sind.

Zusätzlich zu den öffentlichen Systemen, um die Handelstransparenz einzusehen, bieten Handelsplätze auch gegen ein Entgelt eigenständige direkte Datenströme für die Handelstransparenz an (*proprietary data feeds*).[548] Da diese die konsolidierenden Handelstransparenzprozessoren (SIPs) umgehen, können diese auch schneller die Marktdaten übermitteln. Ferner bilden diese regelmäßig auch ein umfassenderes Bild vom Orderbuch ab, sogenannte *level-2 market data*. Hieraus ergibt sich, dass Kunden dieser Dienste handelsbezogene Informationen früher erhalten und aufgrund dieses privilegierten Informationszuganges das Marktverhalten anderer Marktteilnehmer antizipieren und durch diesen Wissensvorsprung Gewinne realisieren können.

Fraglich ist, inwieweit das Insiderrecht der USA und EU derartige Konstellationen erfassen. Die einem solchen Handel zugrunde liegenden Informationen unterscheiden sich jedoch von den Informationen, die typischerweise der Insiderrechtsproblematik zugrunde liegen. Typischerweise sind diese Informationen fundamentalwertbezogen, geben also Auskunft über den erwartbaren Wert des Unternehmens. Eine solche Information wäre, dass Exxon Mobil (XOM) ein neues großes Ölfeld entdeckt hat, somit mehr Öl verkaufen und somit auch mehr Einnahmen generieren wird. Demgegenüber können Insiderinformationen auch handelsbezogen sein. Diese geben nicht über den erwartbaren Wert des Instrumentes Auskunft, sondern über das Handelsverhalten anderer Marktteilnehmer, wie beispielsweise, dass die Deutsche Bank (DB) nun 200.000 XOM Aktien à USD 97,00 kaufen möchte. Während also die fundamentalwertbezogene Informationen sich auf das dem Instrument zugrunde liegende Unternehmen beziehen, gibt die handelsbezogene Information Auskunft über die Handelsinteressen einzelner Marktteilnehmer. Die Kenntnis um das Handelsverhalten ermöglicht jedoch genauso

548 E.I (*Direkter elektronischer Marktzugang*).

wie die Kenntnis um fundamentalwertrelevante Informationen eine Arbitrage und wird als ein Orderantizipieren bezeichnet.[549] Während die Arbitrage aufgrund von Fundamentalinformationen die Börsenpreise informationsreicher und präziser machen, macht eine Arbitrage aufgrund von handelsbezogenen Informationen die Börsenpreise nicht informativer und nimmt bestenfalls Preisveränderungen vorweg. Sollte im Anschluss mit dem Sinn und Zweck des Insiderhandelsverbotes argumentiert werden, muss dabei auch zwischen diese unterschiedlichen Informationsarten differenziert werden.

Es ergeben sich zwei Fragen im Rahmen der Betrachtung des Insiderhandelsverbotes: (1) Sind die Daten in dem Moment, wo sie nur Hochfrequenzhändlern zugegangen sind, bereits öffentlich bekannte Informationen oder sind diese noch nichtöffentlich bekannt? (2) Verfügen Level-2-Data-Kunden über nichtöffentliche Informationen?

a) USA

Hierzu müssten sich die von Hochfrequenzhändlern über die *proprietary data feeds* empfangenen Marktdaten als *material non-public information* qualifizieren lassen. Ließen sich die Informationen, die mittels der *proprietary data feeds* empfangen werden als solche qualifizieren, würde der Handel auf Grundlage dieser einen Verstoß gegen das Insiderhandelsverbot aus Sec. 10(b) SEA iVm Rule 10b-5 bedeuten und Börsen würden gegen ihre Organisationspflicht aus Sec. 6(b) SEA verstoßen, im öffentlichen Interesse zu handeln, faire und gerechte Marktbedingungen zu gewährleisten und Investoren zu schützen.

Der Hochfrequenzhandel zwingt folglich zu einer schärferen Abgrenzung, ab wann eine Information nicht mehr nichtöffentlich ist. In Betracht kommen für diesen fraglichen Übergang folgende Stadien: (1) Marktteilnehmer entsendet seine Order an den Handelsplatz; (2) der Handelsplatz nimmt diese Information in sein Orderbuch auf; (3) das aktuelle Abbild des Orderbuches wird an den Sendeport übergeben; (4) Informationen durchlaufen die Datenströme und bei den ersten Hochfrequenzhändlern erfolgt der Zugang dieser Information, wodurch diese verfügbar sind; und (5) auch bei Nicht-Hochfrequenzhändlern erfolgt nun der Zugang der Information.

549 *Klöhn*, in: Hirte/Möllers, Kölner Kommentar zum WpHG, § 13, Rn. 151.

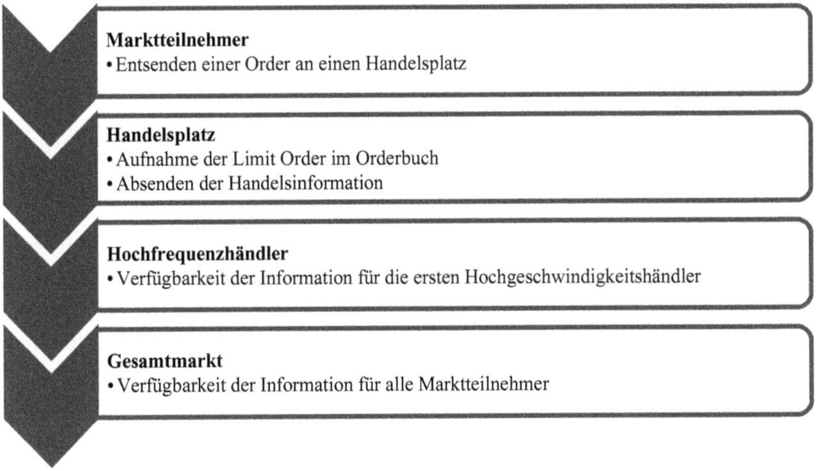

Wann eine Information in diesem Ablauf als öffentlich bekannt zu werten ist, bestimmt sich letztlich dadurch, welche Anforderungen an diesen Begriff in persönlicher und zeitlicher Hinsicht zu stellen sind. Ist lediglich das Entäußern der Information entscheidend oder muss auf den Zugang abgestellt werden (zeitliche Komponente). Muss dies gegenüber mindestens einem Marktteilnehmer, einer entscheidenden Teilgruppe des Marktes oder dem Gesamtmarkt erfolgen (erforderliche Breite der Öffentlichkeit).

Im *Securities Exchange Act* findet sich leider keine ausdrückliche Bestimmung, die besagt, dass handelsbezogene Informationen, dann als öffentlich anzusehen sind, wenn das letzte relevante Datenpaket der Information den Sendeport des Handelstransparenzservers passiert hat. Insoweit muss auf das *case law* zurückgegriffen werden, dass das Insiderrecht formte, um zu bestimmen, wie vielen Marktteilnehmern die Information zugänglich gemacht werden muss (erforderliche Breite der Öffentlichkeit) und was unter einem zugänglich machen zu verstehen ist (zeitliche Komponente der Öffentlichkeit).

<u>Breite der erforderlichen Öffentlichkeit</u>

Bei der Frage, gegenüber wie vielen Marktteilnehmern die Information veröffentlicht werden muss, herrscht in den USA keine Einigkeit. Während die SEC es für erforderlich erachtet, dass die Information dem Gesamtmarkt, also allen Investoren zugänglich sein müsse (*public access approach*),[550] lassen es wiederum

550 *In re Faberge, Inc.*, Administrative Proceeding, Release No. 34-10174, 45 SEC 249 (1973); *U.S. v. Royer*, 549 F. 3d 886, 898 (2d Cir. 2008).

einige Gerichte genügen, dass dies gegenüber einem entscheidenden Teilbereich der Marktes geschieht (*market approach*).[551] Eine einheitliche Sicht lässt sich daraus nicht ableiten.

Zeitliche Komponente

Mit Blick auf die zeitliche Komponente des Begriffs der Öffentlichkeit oder mit anderen Worten, dem was vom Veröffentlichende verlangt wird, lässt sich aus der SEC Entscheidung *Faberge Inc.* entnehmen,[552] dass eine Information öffentlich sei, wenn sie in der Weise offengelegt wird, dass sie den Markt erreichen kann.[553] Der hierbei zum Ausdruck kommende Gedanke stellt darauf ab, dass die Information so entäußert wird, dass diese auch den Markt erreichen könne. Folglich stellt *Faberge Inc.* auf die Abgabe einer Information ab, wobei diese auch so erfolgen muss, dass ein Zugang am Markt erfolgen wird.

Im Kontext mit der zeitlichen Komponente der öffentlichen Bekanntheit finden sich in den USA auch Entscheidungen, die hinsichtlich der Veröffentlichung von fundamentalwertbezogenen Informationen, nicht auf den Zugang oder die Abgabe abstellen, sondern eine über die Bekanntgabe hinausgehende Wartefrist für den Insider aufstellen, um anderen Marktteilnehmern das Einarbeiten der neuen Information zu ermöglichen.[554] So findet sich auch eine Entscheidung, die eine Dauer von zwei Minuten nach Bekanntgabe als nicht ausreichend wertete.[555]

Die diesen Entscheidungen zugrunde liegenden Sachverhalte bezogen sich auf Konstellationen, in welcher der Insider bereits vor Bekanntgabe der Information im Besitz dieser war und entsprechend seine Handelsbewegungen abstimmen und vorbereiten konnte. Die Bekanntgabe der Information kurz vor dem Beginn der Handelsbewegungen des Insiders würde nicht dessen Informationsvorsprung reduzieren. Mangels Reaktions- und Verarbeitungsmöglichkeit der Outsider würde der Informationsnachteil auch nach Bekanntgabe fortwirken und die erfolgte Veröffentlichung wäre wirkungslos. Bisher ungeklärt ist, inwieweit die Reaktionsmöglichkeiten des Hochfrequenzhandels diese Sperrfristen verkürzen. So könnte man

551 *Elkind v. Liggett & Myers, Inc.*, 635 F. 2d 156, 166 (2d Cir. 1980); *In re Cirrus Logic Securities Litigation*, 946 Federal Supplement 1446, 1468 (Northern District of California, 1996).

552 *In re Faberge Inc.*, 45 SEC 249, 256 (1973).

553 *In re Faberge Inc.*, 45 SEC 249, 256 (1973): *That information must be disclosed in a manner calculated to reach the securities market place in general through recognized channels of distribution…*

554 *Klöhn*, in: Hirte/Möllers, Kölner Kommentar zum WpHG, § 13, Rn. 131.

555 *Shapiro v. Merril Lynch, Pierce, Fenner & Smith Inc.*, 353 Federal Supplement 264 (SDNY 1972).

nun behaupten, dass eine Sperrfrist von zwei Minuten oder gar 24 Stunden völlig überholt sei, da die komplexen Modelle eine jede Information in Pikosekunden verarbeiten und entsprechend auf dem Markt reagieren können. Die Sperrfristen könnten dabei so weit verkürzt werden, dass sich der Wissensvorsprung für die Einarbeitung der Information nahezu erübrigt, da die Informationen nahezu zeitgleich mit der Bekanntgabe eingearbeitet werden können. Unabhängig von der Frage, inwieweit die Sperrfristenrechtsprechung einer Anpassung im Zeitalter des Hochfrequenzhandels bedarf, zeigt sich jedoch in dieser Entscheidung, dass das US-Insiderrecht wohl ebenfalls eine informationelle Chancengleichheit versucht am Markt zu gewährleisten, ohne diese beim Namen zu nennen.

Hinsichtlich der Emittierung von handelsbezogenen Handelsdaten ist jedoch die durch die Sperrfristen zu erzielende informationelle Chancengleichheit bereits gegeben. Der Insider ist einzig der Handelsplatz, der zeitgleich an alle Marktteilnehmer die in Frage stehenden Informationen emittiert. Ein jeder Marktteilnehmer hat nun die gleiche Chance, durch Buchung der entsprechenden Service-Optionen, die Daten so schnell wie möglich zu empfangen. Inwieweit das hierfür erforderliche Entgelt die zu gewährleistende informationelle Chancengleichheit beeinträchtigt, ist ausdrücklich durch die SEC geregelt worden.[556] Wie bereits dargelegt, sind die bisher in den USA zugelassen Servicedienste von ihren Konditionen so bemessen, dass sie zulässig sind und daher kann auch im Lichte der Rechtseinheit nicht davon ausgegangen werden, dass diese die informationelle Chancengleichheit beeinträchtigen,[557] da deren Konditionen *fair and reasonable* und nicht *unreasonably discriminatory* sind,[558] was SEC Chairman *Mary Jo White* jüngst bestätigte.[559]

Ist die informationelle Chancengleichheit zumindest ein Leitgedanke des Insiderrechts, so liegt es sehr nahe, dass für die zeitliche Komponente auf das Absenden von Informationen abzustellen ist und nicht auf den Zugang, da dies nicht zu einer informationellen Chancengleichheit, sondern zu einer informationellen Gleichheit führen würde. Letzteres würde Anreize schmälern, Informationen schneller zu verarbeiten und somit den Preis effizienter zu machen. Sicherlich mag man Zweifel haben, ob es eines Preisfindungsmechanismus bedarf, der in Pikosekunden auf neue Informationen zu reagieren vermag, doch ist dies gerade das Ergebnis der Förderung eines kompetitiven Marktes. Die darin liegende eigentliche Frage ist vielmehr,

556 E.III (*Datenströme*).

557 E.I (*Direkter elektronischer Marktzugang*).

558 Sec. 6(b)(4) und (5) SEA; Rule 603(a) Reg NMS.

559 US House of Representatives Committee on Financial Services, Hearing vom 29. April 2014, Oversight of the SEC's Agenda, Operations, and FY 2015 Budget Request, http://financialservices.house.gov/calendar/eventsingle.aspx?EventID=377131.

ob die Förderung des kompetitiven Marktes nicht zu weit ging und nun einen wohlfahrtsschädlichen Wettbewerb hervorrief. Hierbei gilt es aber zu bedenken, dass es nicht die Aufgabe des Insiderrechts ist, einen wohlfahrtsschädlichen Wettbewerb zu dämpfen. Entsprechend sollten derartige Überlegungen auch nicht die Frage beeinträchtigten, wann eine Information öffentlich bekannt ist.

Dem folgend lässt sich festhalten, dass die Daten mit Absenden an die erforderliche Breite der Öffentlichkeit öffentlich sind. Folglich scheidet ein Insiderhandel auf Grundlage der direkten Datenströme grundsätzlich aus. Hinsichtlich der zusätzlichen Marktdaten, die durch die direkten Datenströme übermittelt werden, lassen sich diese Gedanken übertragen. Die zusätzlichen Daten werden gegenüber allen interessierten Marktteilnehmer zeitgleich emittiert. Folglich ist eine informationelle Chancengleichheit gegeben, die auch nicht durch die Konditionen dieser Servicedienste beeinträchtigt werden.[560]

b) EU

Auch im EU-Insiderrecht ist es zunächst zu prüfen, ab wann eine Information öffentlich bekannt ist. Auch hier wird der Begriff der Öffentlichkeit hinsichtlich der Breite der Öffentlichkeit und seiner zeitlichen Komponente untersucht.

<u>Breite der Öffentlichkeit</u>

Wann eine Information öffentlich bekannt ist, wird jedoch auch im EU-Recht nicht definiert. Die Zusammenschau der EU-Regelungen deutet jedoch darauf, dass der Zugang des breiten Anlegerpublikums und nicht nur einer kritischen Masse von Marktteilnehmern erforderlich ist.[561]

<u>Zeitliche Komponente</u>

Es findet sich ferner auch keine Bestimmung, die ausdrücklich mit Bezug zum Insiderhandel definiert, ob eine Insiderinformation mit Absenden oder mit Zugang der Information veröffentlicht ist. Art. 2 Abs. 2 und Art. 2 Abs. 4 MAD-DRL sprechen dem Emittenten lediglich die Pflicht zur zeitgleichen Unterrichtung des

---

560 E.III (*Datenströme*).

561 Langebucher/*Klöhn*, Privat- und Wirtschaftsrecht, § 6 Rn. 124; *Klöhn*, Kapitalmarkt, Spekulation und Behavioral Finance, 2006, S. 170f; *Grimme/v. Buttlar*, Neue Entwicklungen in der Ad-hoc-Publizität, WM – Zeitschrift für Wirtschafts- und Bankrecht, 2003, S. 901, 907; *Möllers*, Das europäische Kapitalmarktrecht im Umbruch. Ein Zwischenbericht zu den kapitalmarktrechtlichen Informationspflichten unter rechtsvergleichender Perspektive, Zeitschrift für Bankrecht und Bankwirtschaft, 2003, S. 390, 393f.

Publikums aus. Der Art. 21 Transparenz-RL beinhaltet ebenfalls ein personales Diskriminierungsverbot und die Pflicht zum zeitgleichen Unterrichten der Parteien aus. Art. 2 Abs. 1 UAbs. 1 MAD-DRL verlangt, dass Insiderinformationen so zu veröffentlichen sind, dass Marktteilnehmer einen schnellen Zugang zu diesen erlangen können. Die Bestimmungen offenbaren zwar, dass eine informationelle Chancengleichheit herrschen soll, aber nicht ausdrücklich, ob dies durch diskriminierungsfreie Abgabe der Information oder durch den diskriminierungsfreien Zugang gewährleistet werden soll.

Hinsichtlich der handelsbezogenen Informationen findet sich jedoch eine weitere Bestimmung, die im Hinblick auf die Handelstransparenz in Art. 30 der MiFID-DVO bestimmt, dass die zu veröffentlichenden Handelstransparenzdaten als öffentlich bekannt oder der Öffentlichkeit zur Verfügung gestellt gelten, wenn sie durch die Handelsplätze, dritte Parteien oder proprietärer Lösungen übermittelt werden. Durch das Abstellen auf das Übermitteln und nicht den Zugang bzw. die Verfügbarkeit ist anzunehmen, dass Art. 30 MiFID-DVO in zeitlicher Hinsicht die Abgabe meint. Im Übrigen bedürfte es auch nicht der Fiktion, wenn auf den Zugang abzustellen wäre, da dann die Informationen ja auch tatsächlich verfügbar wären. Im Lichte der Einheit der Rechtsordnung und dem von der Rechtsprechung verfolgten Prinzip der informationellen Chancengleichheit folgend ist es daher überzeugend, hinsichtlich der zeitlichen Komponente auf das Absenden der Informationen abzustellen. Mit Absenden der Handelsdaten über Datenkanäle, die grundsätzlich jedem Marktteilnehmer zugänglich sind, wäre es auch grundsätzlich jedem Marktteilnehmer möglich, Zugriff auf die Informationen zu erlangen, wodurch eine informationelle Chancengleichheit gegeben wäre. Inwieweit diese Chancengleichheit durch die Konditionen der Datenströme beeinträchtigt ist, bestimmt sich nach deren Konditionen. Wie bereits dargelegt, ist jedoch davon auszugehen, dass diese zulässig sind und folglich nicht die informationelle Chancengleichheit beeinträchtigen.[562]

Folglich ist ein Hochfrequenzhandel in den USA und der EU nicht als Insiderhandel zu qualifizieren, wenn dieser aufgrund von Informationen erfolgt, die gegenüber allen Marktteilnehmern abgegeben werden, jedoch zum Handelszeitpunkt nur für Hochfrequenzhändler verfügbar sind.

562 E.I (*Direkter elektronischer Marktzugang*).

3. Parasitic and Predatory Trading | Synthese nichtöffentlich bekannter Informationen

Hochfrequenzhändler erlangen jedoch nicht nur früher Informationen, sondern verfügen ebenfalls über ausgeprägte und schnelle analytische Fähigkeiten, die es Ihnen erlauben, aus den öffentlich bekannten Marktdaten Rückschlüsse auf nichtöffentlich bekannte Informationen zu ziehen (synthetisierte Informationen). Mit Hilfe historischer Marktdaten, aus welchen hinreichend wahrscheinliche Marktverhaltensmuster abgeleitet werden können, erstellen Hochfrequenzhändler Algorithmen, die es ihnen erlauben, aus den verfügbaren Marktdaten, das noch unbekannte und bevorstehende Marktverhalten anderer Marktteilnehmer vorherzusagen. Die Masse der für die Musterableitung verwendeten Marktdaten ist nicht zu unterschätzen. So verfügte die *Citadell Investment Group LLC* bereits im Jahr 2010 über historische Marktdaten, die in ihrem Volumen dem 100fachen der *Library of Congress* entsprachen.[563] Mit dem Beschleunigen des Handels wuchsen auch das Datenvolumen und die Masse der heute zu verwertenden Informationen.

Die hierdurch gewonnenen Informationen ermöglichen es Hochfrequenzhändlern zwar nicht den gesamten Handel vorherzusagen, jedoch die Vorhersage einzelner bestimmter Handelsbewegungen. Dieses Wissen können Hochfrequenzhändler durch parasitären Handel (*parasitic trading*) nutzen. Hierbei schalten sich die parasitären Händler zwischen die bevorstehenden Handelsbewegungen, kaufen also die angestrebten Positionen vorher auf und reichen diese mit einem Aufschlag weiter. Der parasitäre Handel gleicht einer aufgezwungenen und kostenpflichtigen Intermediation, erfordert die Antizipation von Handelsbewegungen und die Möglichkeit, reaktionsschnell Positionen am Markt aufzubauen. Es stellt sich die rechtliche Frage, inwieweit sich ein solcher Handel aufgrund dieser synthetisierten Informationen als Insiderhandel qualifizieren lässt.

a) USA

Um dem US-Insiderhandelsverbot zu unterfallen, müssten die dem parasitären Handel zugrundeliegenden Informationen als *material, non-public information* zu qualifizieren sein. Hinsichtlich von Marktdaten konnte bereits festgestellt werden, dass diese Informationen mit dem Absenden als öffentlich zu werten sind, da ab

563 *Citadell Investment Group, LLC v. Teza Technologies LLC*, 924 N.E. 2d 95, 97–98 & n. 1 (Illinois 2010).

diesem Zeitpunkt mit dem Zugang der Information bei der erforderlichen Breite der Öffentlichkeit gerechnet werden kann.[564]

Non-public Information

Während Handelsdaten zentral aggregiert und emittiert werden, erfolgt die Gewinnung von synthetisierten Informationen dezentral und direkt beim Empfänger und eine Übertragung der konkreten Information erfolgt nicht. Hinsichtlich der Frage, ab wann eine Information bekannt ist, wären folglich zwei Momente denkbar: (1) entweder ist die synthetisierte Information mit der öffentlichen Bekanntheit der ihr zugrundeliegenden Informationen als öffentlich zu werten, da sich jeder diese ab diesem Zeitpunkt erschließen kann; (2) oder der Zeitpunkt in welchem die Information tatsächlich von der notwendigen Breite der Öffentlichkeit erschlossen wurde. Dem in der *Faberge Inc.* Entscheidung zum Ausdruck kommenden Grundsatz zur Folge, sind Informationen öffentlich, wenn sie so entäußert werden, dass damit zu rechnen ist, dass sie den Markt mittels anerkannter Mittel erreichen werden.[565] Synthetisierte Informationen können aber erst offengelegt werden, wenn sie synthetisiert worden. Folglich können sie daher auch nicht als öffentlich gelten, wenn sie noch nicht synthetisiert worden sind. Gewinnt nun ein Marktteilnehmer diese Information ist nicht damit zu rechnen, dass er diese Information offenlegt und diese auf anerkanntem Wege den Markt erreicht. Dies wird er gerade vermeiden wollen, da sich nur so die Informationsarbitragemöglichkeit ergibt. Zum Zeitpunkt des Handels sind synthetisierte Informationen damit regelmäßig *non-public information.* Weitere Erwägungen hinsichtlich dieser spezifischen Fragen lassen sich, soweit bekannt, nicht aus dem *Case Law* ableiten.

Aufklärungspflicht

Neben dem Vorliegen einer nicht öffentlichen Information müsste jedoch der Handel aufgrund dieser Informationen eine betrugsrelevante Treuepflicht verletzen, um die *distain or disclose* Verpflichtung (Aufklärungspflicht) auszulösen, die wiederum die Annahme einer Täuschung durch Unterlassen rechtfertigt.[566] Die Entwicklung der hierfür erforderlichen Treuepflicht, ist im Wesentlichen durch die *equal access theory, fiduciary duty theory* und der *misappropriation theory* gekennzeichnet.[567] Bei der Subsumtion unter diesen Theorien ist jedoch zu beachten, dass diese für fundamentalwertbezogene Informationen entwickelt wurden und

564 F.I.2 (*Proprietary Market Data Feeds / Wann sind Informationen öffentlich bekannt*).

565 *In re Faberge Inc.*, 45 SEC 249, 256 (1973).

566 F.I.1 (*Grundlagen des US- und EU-Insiderrechts*).

567 *Palmiter*, Securities Regulations, S. 323.

daher deren Übertragbarkeit auf handelsbezogene Informationen zu hinterfragen ist. Der *equal access theory* zu Folge, die ihren Ursprung in der Entscheidung *SEC v. Texas Gulf Sulphur Co.* hatte,[568] ist eine Aufklärungspflicht für jeden gegeben, der im Besitz von nichtöffentlichen Informationen ist, die er aufgrund eines privilegierten Zugangs erhielt.[569] Hochfrequenzhändler erlangen die synthetisierten Informationen nicht aufgrund eines privilegierten Informationszuganges, sondern aufgrund ihrer eigenen Analyseleistung. Folglich würde nach der *equal access theory* keine Aufklärungspflicht ausgelöst werden. Mit der *Chiarella* Entscheidung wandte sich der *Supreme Court* ausdrücklich gegen die *equal access theory* und führte dazu aus, dass die Aufklärungspflicht nur durch einen betrugsrelevanten Treuebruch entstehen könne. Ein solcher wäre gegeben, wenn der Handel aufgrund von Information erfolgt, die aufgrund eines Treueverhältnisses mit dem Unternehmen oder seinen Aktionären gewonnen wurden und treuwidrig genutzt werden würden.[570] Hochfrequenzhändler sehen sich jedoch keiner solchen Treuepflicht gegenüber den fraglichen Unternehmen ausgesetzt, so dass auch nach der *fiduciary duty theory* keine Aufklärungspflicht gegenüber den Hochfrequenzhändlern entsteht. Der von der SEC entwickelten *misappropriation theory* zur Folge kann aber ein betrugsrelevanter Treuebruch auch gegenüber *corporate outsider* erfolgen, sofern in betrugsrelevanter Weise, die vom *corporate outsider* übergebene Information missbraucht wird.[571] Den Hochfrequenzhändlern werden jedoch die synthetisierten Informationen nicht übergeben, sondern HFT erschließen sie sich selbst. Folglich kann auch nach der *misappropriation theory* kein Treuebruch die Aufklärungspflicht hervorrufen. Mangels dieser, ist kein Täuschen durch Unterlassen gegeben und ein Insiderhandel durch Nutzung synthetisierter Informationen scheidet aus.

b) EU

Die durch Hochfrequenzhändler synthetisierten Informationen müssten sich als Insiderinformation qualifizieren lassen, also als nicht öffentlich bekannte

---

568 *SEC v. Texas Gulf Sulphur Co.*, 401 F.2d 833 (2d cir. 1968).

569 *SEC v. Texas Gulf Sulphur Co.*, 401 F.2d 833 (2d cir. 1968): *Thus, anyone in possession of material inside information must either disclose it to the investing public, or, if disabled from disclosing it in order to protect corporate confidence, or he chooses not to do so, must abstain from trading in or recommending the securities concerned while such inside information remains undisclosed.*

570 *SEC v. Chiarella,* No. 77 Civ. 2534 GLG (SDNY May 24, 1977); *United States v. Chiarella*, 588 F.2d 1358 (2d Cir. 1978), revised, 445 US 222 (1980), S. 224–235.

571 *Drygala*, A Step Ahead of the Crowd, WM 2001, S. 1282, 1288.

Informationen zu werten sein. Die zuvor erörterten Grundsätze hinsichtlich der Emittierung von Marktdaten lassen sich nur bedingt auf die Synthese handelsbezogener Informationen übertragen, da es sich hierbei um keinen Vorgang handelt, bei welchem von einer zentralen Stelle Daten emittiert werden, sondern um einen dezentralen, bei welchem das Datensubstrat bereits vorhanden ist und synthetisiert werden muss.

Nicht öffentlich bekannt

Fraglich ist, ob es sich bei diesen synthetisierten Informationen auch um eine nichtöffentlich bekannte Information handelt. Wo genau die Grenze zwischen nicht öffentlicher und öffentlicher Information im EU-Insiderrecht verläuft, bestimmt dieses leider nicht. Hinsichtlich der Marktdaten deutet die Gesetzessystematik und der Sinn und Zweck des Insiderhandels darauf, dass auf das Absenden der Information abzustellen ist.[572]

Versucht man den Gedanken der Verfügbarkeit auf die Synthese von Marktdaten zu übertragen, ließe sich annehmen, dass diese bereits dann öffentlich bekannt sind, wenn die der synthetisierten Information zugrunde liegenden Informationen selbst öffentlich bekannt sind. Ein jeder Marktteilnehmer hätte dadurch die gleiche Chance, die Information durch Analysefähigkeiten zu gewinnen. Gerade letzteres steht nicht im Widerspruch mit der informationellen Chancengleichheit, sondern ist geradezu Ausdruck dieser.

Gegen diese Annahme spricht jedoch folgende Überlegung. Erlangt ein Marktteilnehmer aufgrund eines privilegierten Informationszugangs Kenntnis von dieser synthetisierten Information, würde dessen sich anschließende Informationsarbitrage nicht vom Insiderhandelsverbot erfasst werden und dieser würde nicht die Leistung seiner Analysefähigkeit kapitalisieren, sondern seinen privilegierten Zugang zur Information. Dies kann Anreize zur Informationsgewinnung zerstören und läuft daher konträr zum Regelungsziel des Insiderrechts. Daher sprechen gute Gründe dafür, eine aus der Marktanalyse gewonnene Information nicht bereits als öffentlich bekannt anzusehen. Dem folgend wäre diese Information auch solange nichtöffentlich, bis sie tatsächlich der erforderlichen Breite der Öffentlichkeit bekannt ist, zentral emittiert wird oder im Marktpreis eingearbeitet ist. Es handelt sich also bei synthetisierten Information um nichtöffentlich bekannte Informationen.

572 F.I.2 (*Proprietary Market Data Feeds / Wann sind Informationen öffentlich bekannt*).

Kursrelevanz

Die einem Insiderhandel zugrunde liegende Information muss auch geeignet sein, den Kurs des jeweiligen Finanzinstrumentes erheblich zu beeinflussen (Kursrelevanz der Information). Ob eine Information über das hierfür nötige Kursbeeinflussungspotential verfügt, bestimmt sich gemäß Art. 1 Abs. 2 MAD-DRL danach, ob ein verständiger Anleger die Information als Grundlage seiner Anlageentscheidung nutzen würde (*reasonable investor test*).[573] Der hierbei erwähnte verständige Anleger ist dabei nicht als ein durchschnittlich gebildeter Broker zu verstehen, sondern als Personifizierung des effizienten Kapitalmarktes im Sinne der halbstrengen Variante der Kapitalmarkteffizienzhypothese,[574] der wie sich aus den Erwägungsgründen 1 und 2 der MAD-DRL ergibt, in Kenntnis aller verfügbaren Informationen rational geleitete Anlageentscheidungen trifft.

Für einen solchen Anleger sind alle Informationen bei der Anlageentscheidung relevant, die ihm Profite ermöglichen.[575] Mit Blick auf die Informationsasymmetrien lassen sich Profite im Wege einer Informationsarbitrage gewinnen, wenn der Anleger durch (1) fundamentalwertbezogene Informationen ein besseres Wissen um den Fundamentalwert des Instrumentes aufweisen; oder (2) wenn dieser durch das Orderantizipieren Handelsbewegungen anderer Marktteilnehmer vorwegnehmen kann. In beiden Konstellationen kann der verständige Anleger durch dieses Wissen Gewinne realisieren und würde diese daher zur Grundlage seiner Anlageentscheidungen machen.

Diese Überlegung führt jedoch zu paradoxen Ergebnissen. Die Information, dass Marktteilnehmer A den Kauf einer bestimmten Menge von Wertpapieren anstrebt, kann erhebliche Arbitrage Gewinne ermöglichen, auch ohne, dass im Lichte eines großen *free floats* eine Kursauswirkung zu verzeichnen wäre, da die bevorstehende Transaktion im Allgemeinen Marktrauschen untergehen wird. Somit könnte eine handelsbezogene Information kurserheblich iSd Marktmissbrauchsrichtlinie sein, ohne ein tatsächliches Kursbeeinflussungspotential in sich zu tragen. Hinsichtlich fundamentalwertbezogener Informationen ist ein solcher Widerspruch nicht möglich, da die Profitabilität der fundamentalwertbezogenen Information zwingend mit der Kurserheblichkeit einhergeht, da diese sich erst aus einer Kursabweichung ergibt. Es stellt sich im Lichte dieses Widerspruches

---

573 CESR, Level 3 – CESR guidance and information, CESR/06-562b, Abschnitt 1.11.

574 *Klöhn*, Wertpapierhandelsrecht diesseits und jenseits des Informationsparadigmas, Zeitschrift für das gesamte Handels- und Wirtschaftsrecht, Vol. 177 (2013), S. 349, 371 ff.

575 *Klöhn*, in: Hirte/Möllers, Kölner Kommentar zum WpHG, § 13, Rn. 267ff.

die Frage, warum der EU-Gesetzgeber für die Erheblichkeitsschwelle einen Begriff wählte, dessen Bedeutungsgehalt aber hinter dem zurücksteht, was der EU-Gesetzgeber wiederum darunter definiert. Es ist anzunehmen, dass der EU-Gesetzgeber, trotz dass er ausdrücklich handelsbezogene Insiderinformationen den fundamentalwertbezogenen in Art. 1 Nr. 1 UAbs. 3 MAD und nachfolgend in Art. 7 Abs. 1 (d) MAR gleichstellt, bei der Ausformung der Kurserheblichkeit nur von fundamentalwertbezogenen Informationen ausgegangen ist. Hinsichtlich von fundamentalwertbezogenen Informationen filtert die Kurserheblichkeitsschwelle Informationen, die keinen Einfluss auf den Preisfindungsmechanismus nehmen würden, also dem was das Insiderrecht schützen will.[576] Hinsichtlich handelsbezogener Informationen filtert die Erheblichkeitsschwelle lediglich die Informationen, die keine Profitchancen bieten. Neben dem geringen Anwendungsbereich ist der Sinn und Zweck einer solchen Erheblichkeitsschwelle für handelsbezogene Informationen fraglich, wenn nicht sogar fehlend. Es erscheint, dass das Abstellen auf die Profitchancen des Anlegers hinsichtlich von fundamentalwertbezogenen Informationen sinnvoll ist, da es sich hier um Informationen handelt, die den Preisfindungsmechanismus beeinflussen. Das Abstellen auf die Profitchancen erfasst jedoch reflexartig fast eine jede handelsbezogene Information, ohne dass diese je Einfluss auf den Preisfindungsmechanismus nehmen würden.

Ungeachtet dieses Widerspruchs ist festzuhalten, dass es sich bei handelsbezogenen Informationen *de lege lata* um kurserhebliche Informationen handelt, sofern diese Profitchancen bieten. Folglich würden synthetisierte fundamentalwertbezogene und handelsbezogene Informationen sich als Insiderinformation qualifizieren lassen, wenn sie derartige Profitchancen bieten, dass ein verständiger Anleger sie berücksichtigen würde.

Es handelt sich folglich bei den synthetisierten Informationen, um nichtöffentlich bekannte Informationen, die kurserheblich sind und damit grundsätzlich dem Insiderhandelsverbot unterfallen könnten.

Ausnahme durch Erwägungsgrund 31 MAD / Erwägungsgrund 28 MAR

Das bisher gewonnene Ergebnis erscheint widersprüchlich, da das Insiderhandelsverbot doch gerade die Gewinnung von Informationen und deren Einpreisung

576 *Klöhn*, Wertpapierhandelsrecht diesseits und jenseits des Informationsparadigmas, Zeitschrift für das gesamte Handels- und Wirtschaftsrecht, Vol. 177 (2013), S. 349, 371 ff.; *Mennicke*, Sanktionen gegen Insiderhandel. Eine rechtsvergleichende Untersuchung unter Berücksichtigung des US-amerikanischen und britischen Rechts, S. 85 ff., 95 ff.; *Goshen/Parchmovsky*, The Essential Role of Securities Regulation, Duke Law Journal, Vol. 55 (2006), S. 711.

fördern soll. Nun unterfallen derartige Informationen dem Insiderbegriff und könnten folglich Grundlage eines Insiderhandels sein, was nicht beabsichtigt sein dürfte. Dieser Widerspruch wird durch den Erwägungsgrund 31 MAD/28 MAR aufgelöst, der besagt, dass Analysen und Bewertungen, die aufgrund öffentlicher Angaben erstellt wurden, nicht als Insiderinformationen anzusehen sind und folglich ein darauf basierender Handel nicht als Insidergeschäfte angesehen werden kann.[577]

Hierzu müssten die synthetisierten Informationen eine Analyse oder Bewertung sein. Streng genommen sind dies die synthetisierten Informationen nicht. Es handelt sich hierbei nicht lediglich um die Bewertung von Informationen ohne einen darüber hinausgehenden Informationsgehalt. Ferner ist es auch keine Analyse, also die systematische Untersuchung, bei welcher das Objekt oder Subjekt in seine Einzelbestandteile zerlegt wird, um diese zuordnen und auszuwerten. Es handelt sich bei den Informationen um das Ergebnis einer Synthese, also dem Gegenteil der Analyse, dem Zusammensetzen von Elementen zu einem System, um eine neue Information zu schaffen, die einen höheren Informationsmehrwert aufweist als die Summe ihrer Elemente. Etwas weniger anfällig für derartige Spitzfindigkeiten ist die englische Fassung, die auf *research* und *estimates* abstellt. Dem unterfallen die durch Hochfrequenzhändler synthetisierten Informationenen. Ferner sind diese auch ausschließlich auf Grundlage öffentlich verfügbarer Informationen erstellt worden.

An unauffälliger Stelle sichert somit der Erwägungsgrund 31 MAD/28 MAR das Primärziel des Insiderhandelsverbotes, das Sichern einer Informationsarbitrage kraft Analyse und Rückschlussfähigkeiten. Ein jedes anderes Ergebnis würde das Insiderhandelsverbot den Sinn entziehen. Ein Handel aufgrund eigener synthetisierter Informationen verstößt nicht gegen das Insiderhandelsverbot.

4. Pre-Release Macroeconomic Data

Eine weitere als unfair wahrgenommene Erscheinung sind sekundenfrühere Übermittlungen makroökonomischer Informationen. Besonderes Interesse hat hierbei die Übermittlung des *Conusmer Sentiment Index* (CSI) hervorgerufen, den die *University of Michigan* im Auftrag von *Thomson Reuters* ermittelt. Ein solcher Konsumklimaindex weist die Konsumneigung der Wirtschaft aus und

577 Erwägungsgrund 31 MAD: *Research and estimates developed from publicly available data should not be regarded as inside information and, therefore, any transaction carried out on the basis of such research or estimates should not be deemed in itself to constitute insider dealing within the meaning of this Directive.*

gibt daher Auskunft für den Absatz einer Vielzahl von Unternehmen. Folglich hat ein solcher Wert auch einen hohen Einfluss auf die Kursentwicklung der Aktienmärkte. Ein solcher Konsumklimaindex wird nicht nur in den USA erstellt. In Deutschland erfolgt dies durch den Nürnberger Marktforscher GfK, welcher die monatliche GfK-Konsumklimastudie herausgibt.

Der von *Thomson Reuters* vermarktete CSI wird für die allgemeine Öffentlichkeit monatlich gegen 10:00 auf deren Website kostenlos veröffentlicht. Für bezahlende Kunden wird gegen 09:55 eine Telefonkonferenzschaltung eingerichtet, bei welcher der CSI verkündet wird. Zusätzlich bietet Thomson Reuters aber auch einen Zusatzservice, bei welchem der CSI in maschinenlesbar optimierter Form gegen 09:54:58.000 übermittelt wird, wobei vertraglich eine Toleranz von 500 Millisekunden vereinbart wird (*ultra-low latency distribution platform*).[578] Es handelt sich um ein Angebot, dass auf hochfrequente Nutzerkreise zielt. Für die Ermittlung des CSI erhält die *University of Michigan* USD 1.000.000,00 und wird durch eine Erfolgszahlung an den Einnahmen aus der Vermarktung des CSI beteiligt.[579] Da ein Konsumklimaindex die Börsenpreise beeinflusst, ist auch davon auszugehen, dass ein Vorauswissen hinsichtlich des Konsumklimaindex, ein Vorauswissen hinsichtlich der Kursbewegungen ist, was Informationsarbitragemöglichkeiten ermöglicht. Der frühere Erhalt des Konsumklimaindex ist also geldwert und das weiß auch *Thomson Reuters*, weshalb sie sich dies auch entlohnen lassen. Fraglich ist jedoch, ob die Gewinne, die sich durch die Vorabinformation hinsichtlich des CSI bieten gerechtfertigt sind oder einem Insiderhandel unterfallen. Insoweit wird rechtlich untersucht, inwieweit ein Handel auf Grundlage des CSI zwischen 09:54:58.000 und 10:00 an einem CSI-Veröffentlichungstag dem Insiderhandelsverbot unterfällt.

a) USA

Der CSI müsste eine *material, non-public information* sein, wobei die Eigenschaft *material*, also die Kurserheblichkeit des CSI zweifelsfrei bejaht werden kann. Fraglich ist jedoch, ob die Information als eine *non-public information* zu qualifizieren ist.

<u>Non-public Information</u>

Eine Information ist nach den Grundsätzen der *Faberge Inc.* Entscheidung öffentlich bekannt, wenn die Information so offengelegt wird, dass damit zu rechnen ist,

578 CNBC, Thomson Reuters Gives Elite Traders Early Advantage, 12. Juni 2013, http://www.cnbc.com/id/100809395#.

579 *Ibid.*

dass die breite Öffentlichkeit von ihr Kenntnis erlangen kann. Ähnlich auch die *Texas Gulf Suphur* Entscheidung, die darauf abstellt, dass die Information breit ausgestrahlt wird und Anleger eine Chance haben müssen, darauf reagieren zu können.[580] Die gegen 09:54:58.000 übertragene Information wird mittels des Internets in den Markt entäußert und kann grundsätzlich jedem, der die Zusatzoption bucht auch zugehen. Da die Daten mittels des Internets übertragen werden, hat sowohl ein entscheidender Teilbereich der Marktes (*market approach*)[581] und die breite Öffentlichkeit (*public access approach*)[582] die Chance, die Information zu erlangen. Die Voraussetzung, dass eine Information so abgegeben werden muss, dass sie auch dem gesamten Markt zugehen kann, bedeutet aber nicht zugleich, dass dies auch kostenlos erfolgen muss, was sich implizit aus der Kostenregulierung vergleichbarer Informationsdienstleistungen ergibt.[583]

Daher ist die Information des CSI mit Verlassen des Sendeports von *Thomson Reuters* öffentlich bekannt. Da sich diese Information auch nicht als *material non-public information* qualifizieren lässt, macht sich *Thomson Reuters* auch nicht wegen einer Form des *tipping* strafbar.

Dieses Ergebnis ist aber eng an das Erfordernis gekoppelt, dass die Information in der Weise von *Thomson Reuters* entsendet wird, dass auch die erforderliche Breite der Öffentlichkeit die Chance hat, jeweils ab 09:54:58.000 den CSI zu empfangen. Da es sich hier um eine optionale Zusatzoption handelt, ist es also entscheidend, dass die Buchbarkeit dieser Option mit ebengleichen Standard gegenüber der erforderlichen Breite der Öffentlichkeit kommuniziert und angeboten wurde. Gerade hier setzt die Kritik und wohl auch die Ermittlung der New Yorker Staatsanwaltschaft an.[584] So wird behauptet, dass die Buchbarkeit der Option erst auf einer unteren Websitenebene von *Thomson Reuters* ersichtlich geworden sei und nicht explizit dem Markt gegenüber angeboten wurde. Wäre dem so, was gegenwärtig noch unklar ist, hätte unter Umständen nicht die erforderliche Breite der Öffentlichkeit die Chance gehabt, Kenntnis von dem CSI zu erlangen

580 *SEC v. Texas Gulf Suphur C.*, 401 F.2d 833 (2d Cir. 1968): *The information must have been widely disseminated and public investors must have an opportunity to act on it.*

581 *Elkind v. Liggett & Myers, Inc.*, 635 F. 2d 156, 166 (2d Cir. 1980); *In re Cirrus Logic Securities Litigation*, 946 F. Supp. 1446, 1468 (Northern District of California 1996).

582 *In re Faberge, Inc.*, 45 SEC 249, 256 (1973); *U.S. v. Royer*, 549 F. 3d 886, 898 (2d Cir. 2008).

583 SEC, Concept Release on Equity Market Structure, Federal Register Vol. 75 (2010), S. 3593, 3601.

584 CNBC, Thomson Reuters Gives Elite Traders Early Advantage, 12. Juni 2013, http://www.cnbc.com/id/100809395#.

und diese hätte sich zwischen 09:54:58.000 und 10:00 als *material, non-public information* qualifiziert.

Aufklärungspflicht

Ferner müsste für einen Verstoß gegen Sec. 10(b) SEA iVm Rule 10b-5 auch eine betrugsrelevante Verletzung einer Aufklärungspflicht (*disclose or abstain*) gegeben sein. Eine solche Aufklärungspflicht ergibt sich aber weder aus der *fiduciary duty theory*, noch aus der *misappropriation theory*, da die Information selbst gewonnen und nicht im Rahmen eines gesellschaftsrechtlichen Treueverhältnisses oder ähnlichem Treueverhältnis missbraucht wurde.[585] Dem folgend stellt der Handel aufgrund des um 09:54:58.000 übermittelten CSI in den USA keinen Insiderhandel dar.

Rechtspolitische Überlegungen

In den USA hat sich der Eindruck verfestigt, dass die Märkte manipuliert seien (*rigged markets*). Auch wenn die sekundenfrühere Übermittlung von Marktdaten grundsätzlich genauso zulässig ist, wie die etablierte 5 Minuten frühere Telefonkonferenz, hat der neue Service das Interesse des *New York Attorney General Eric Schneiderman* auf sich gezogen, der unter der Überschrift *Insider Trading 2.0* eine Bandbreite von Phänomenen, die mit dem Hochfrequenzhandel aufgetreten sind, untersucht, so auch die *ultra-low latency distribution platform*. In Folge der Ermittlungen einigte sich *Thomson Reuters* nun, mit der New Yorker Staatsanwaltschaft den Dienst vorübergehend zu suspendieren. Bei der Erklärung der Suspendierung des Zusatzdienstes von *Thomson Reuters* führte *Schneiderman* aus, dass dies lediglich der erste Schritt sei und dass die fünfminutige Vorabinformation der nächste Schritt sei, die er angehen möchte.[586]

Dies sind sehr bedenkliche Entwicklungen. Angenommen, auch die fünfminutige Vorabinformation würde eingestellt werden, versiegt die Einnahmequelle für *Thomson Reuters* und der Vertrag mit der *University of Michigan* wird wohl im nächsten Schritt gekündigt. Diese kann dann nicht mehr oder nicht mehr mit gleicher Qualität das Konsumentenklima ermitteln. Die Qualitätseinbußen hinsichtlich des Konsumklimaindex werden die Fähigkeit des Marktes beeinträchtigen, die Gewinne einer Vielzahl von Unternehmen zu antizipieren. Hierunter

---

585 Vgl. F.I.3 (*Parasitic and Predatory Trading / Synthese nichtöffentlich bekannter Informationen*).

586 New York Times, Fair Play Measured in Silvers of a Second, 12. Juli 2013, http://www.nytimes.com/2013/07/13/business/the-ethics-of-a-split-second-advantage-for-traders.html?pagewanted=all&_r=0.

wird der Preisfindungsmechanismus leiden. Eine Beeinträchtigung des Preisfindungsmechanismus beeinträchtigt die effiziente Ressourcenallokation und damit die Wohlfahrt. Das Insiderrecht will gerade Gewinne aus der auf Analyse beruhenden Informationsarbitrage ermöglichen, um Anreize zu streuen, damit diese Analysen betrieben werden und durch Informationsarbitrage in die Märkte eingepreist werden. Daher ist es auch das Ziel, eine informationelle Chancengleichheit und nicht eine informationelle Gleichheit zu schaffen, da eine solche eine marktförderliche Informationsgewinnung behindert.

Die nun in den USA in Folge des Hochfrequenzhandels aufgekommene Diskussion scheint, die Frage dahin zu verlagern, ob nicht eine Form der informationellen Gleichstellung erstrebenswert sei. Dies ist aus Vorangegangenem entschieden abzulehnen.

b) EU

Ob ein Handel auf Grundlage vorabübermittelter makroökonomischer Informationen dem EU-Insiderrecht unterfällt, bestimmt sich danach, ob es sich bei diesen um nichtöffentlich bekannte und kursrelevante Informationen handelt. Infolge der Bedeutung für die Gesamtwirtschaft haben derartige Daten ein starkes Kursbeeinflussungspotential und sind folglich kursrelevant, da ein jeder verständiger Anleger sie zur Grundlage seiner Anlageentscheidung machen würde. Wie bereits dargelegt definiert das EU-Recht nicht, ab wann eine Information aufhört nichtöffentlich zu sein. Aus dem Prinzip der informationellen Chancengleichheit und der Fiktion aus Art. 30 MiFID-DVO ergibt sich jedoch, dass hinsichtlich der Veröffentlichung auf das Absenden abzustellen ist, sofern dies gegenüber der erforderlichen Breite auch erfolgt.[587] Hiervon ist bei der Bereitstellung mittels des Internets grundsätzlich auszugehen. Die hierbei zu gewährleistende informationelle Chancengleichheit könnte jedoch gefährdet sein, wenn das Zugänglichmachen und die Konditionen (besonders das Entgelt) diskriminierend sind. Dass derartige Dienste geheim angeboten werden oder die Konditionen für solche Dienste diskriminierend sind, ist jedoch nach aktuellem Kenntnisstand nicht ersichtlich.

5. Ableitungen

Aus dem Vorangegangenen ergibt sich, dass das Bereitstellen von Hochgeschwindigkeitsdatenströmen und deren Nutzung nicht gegen ein Insiderhandelsverbot der USA oder EU verstößt. Ferner ist die Nutzung von sich selbst erschlossenen

---

587 F.I.2 (*Proprietary Market Data Feeds / Wann sind Informationen öffentlich bekannt*).

Informationen uneingeschränkt möglich und auch das Vorabsenden von makroökonomischen Marktdaten. Folglich ist keine sanktionswürdige Informationsasymmetrie zwischen Hochfrequenzhändlern und Nicht-Hochfrequenzhändlern gegeben. Es besteht lediglich eine Reaktionsasymmetrie, die zudem nicht unüberwindbar ist und mit entsprechenden Investitionen ausgeglichen werden kann. Untersuchungen mit *Insider Handel 2.0* zu titulieren ist irreführend. Weder liegt ein solcher vor noch ist eine Steigerung ersichtlich, die ein *2.0* rechtfertigt.

Ferner ist zu berücksichtigen, dass nur ein kleiner Teil des Marktes nicht über diese Hochgeschwindigkeitszugänge verfügt. So werden beispielsweise 97 Prozent des gehandelten Aktienvolumens der Handelsplatzform BATS von Marktteilnehmern umgesetzt, die direkte Datenströme nutzen und 90 Prozent werden von Marktteilnehmern umgesetzt, die Kollokationsdienste nutzen.[588] Hochfrequenzhandel ist ein allgemeiner Marktstandard.

II. Marktmanipulation

Während der Insider von einer bestehenden Abweichung des Börsenpreises vom Fundamentalwert profitiert, erzeugt der Manipulator erst eine solche Abweichung, um von dieser profitieren zu können. In beiden Formen wird der Gewinn durch eine Informationsarbitrage realisiert, die auf einer sanktionswürdigen Informationseffizienz beruht. Während sich die Sanktionswürdigkeit des Insiderhandels aus dem privilegierten Zugang zur Information ergibt, beruht dies bei der Manipulation auf dem Hervorrufen dieser unnatürlichen Preisabweichung.[589] Daher überrascht es auch nicht, dass das Verbot des Insiderhandels in engem Zusammenhang zum Schutz vor Marktmanipulation steht.[590] Auch der Hochfrequenzhandel sieht sich dem Vorwurf der Marktmanipulation ausgesetzt und es stellt sich die Frage, ob der Hochfrequenzhandel lediglich altbekannte Formen der Manipulation in hochfrequenter Weise ausführen kann, oder ob mit dem Hochfrequenzhandel manipulative Handelsformen möglich werden, die nicht vom Regulierungsrahmen erfasst sind oder neue Abgrenzungsfragen hervorrufen.

---

588 MarketsMedia, Are Proprietary Data Feeds Unfair?, 4. Juni 2014, http://marketsmedia.com/proprietary-data-feeds-unfair/.

589 *Klöhn*, Wertpapierhandelsrecht diesseits und jenseits des Informationsparadigmas, Zeitschrift für das gesamte Handels- und Wirtschaftsrecht, Vol. 177 (2013), S. 349, 374 ff.

590 MAD, Erwägungsgrund 12.

1. Grundlagen

Im Fogenden sollen die Grundsätze des Manipulationsschutzes in den USA und der EU dargestellt werden, um den Rahmen für die sich anschließenden Untersuchung zu erstellen.

a) USA

Im Gegensatz zum Insiderrecht wurde der Schutz vor Markmanipulationen explizit vom SEA erfasst, da diesem im Sinne eines effektiven Investorenschutzes ein besonders hoher Stellenwert beigemessen wurde.[591] Der Manipulationsschutz ergibt sich aus dem Verbot spezifischer Manipulationsformen in Sec. 9 SEA und dem allgemeinen kapitalmarktrechtlichen Betrugsverbot in Sec. 10(b) SEA.

Das Verbot aus Sec. 9(a)(1) SEA erfasst ein Verhalten, durch das steigende Handelsaktivitäten suggeriert werden, obwohl in den fraglichen Papieren kein wirtschaftlicher Eigentümerwechsel erfolgt (*wash sales* und *matched orders*). Gemäß Sec. 9(a)(2) SEA sind Transaktionsketten untersagt, die den künstlichen Anschein von Handelsaktivität hervorrufen, oder den Preis beeinflussen, um so andere Marktteilnehmer zu einem Handel zu verleiten. Eine fehlende Kursbeeinflussung des Handels ist dabei nur dann anzunehmen, wenn überhaupt keine Auswirkungen auf den Preis dargelegt werden können.[592] Der Begriff der Transaktionsketten (*series of transactions*) umfasst nicht nur abgeschlossene Transaktionen, sondern auch Reihen von Geboten (*quotes*), da diesen im Auktionsverfahren eines Handelsplatzes dieselbe Bedeutung wie Transaktionen zukommt,[593] da sich mit jedem Gebot ein neues Bild von Angebot und Nachfrage ergibt, was Investoren zu weiteren Handelsaktivitäten veranlassen könnte.[594] Der Begriff der Transaktionsketten umfasst dabei ein jedes Volumen und es besteht keine Erheblichkeitsschwelle.[595] Der Nachweis einer Marktbeeinflussung, der regelmäßig schwer sein dürfte, kann dabei auch durch den Nachweis der Marktdominanz (Handelsvolumen) erfolgen.[596] Ferner kippt die Beweisführungslast, wenn der *prima facie* Beweis erbracht wird, dass der Handelnde ein wirtschaftliches Interesse an der Marktbeeinflussung

---

591 *Cox/Hillman/Langevoort*, Securities Regulation, S. 733.

592 *Rosenberg v. Hano*, 121 F.2d 818, 821 (3rd Cir. 1941); *Shull v. Dain, Kalman & Quail, Inc.*, 561 F. 2d 152, 159 (C.A. Neb. 1977).

593 *In re Kidder, Peabody & Co.*, 18 SEC 559, 569 (1945).

594 *In re Kidder, Peabody & Co.*, 18 SEC 559, 570 (1945).

595 *U.S. v. Stein*, 456 F.2d 844 (2d. Cir. 1972).

596 *SEC v. Resch-Cassin*, 362 Federal Supplement 964, 976 (SDNY 1973).

hatte,[597] er also beispielsweise zuvor Positionen aufgebaut hatte, mittels derer er von der Marktentwicklung profitierte.[598]

Verbindend für die in Sec. 9 SEA formulierten handelsbezogenen Manipulationsverbote ist, dass diese auf den Zweck des Manipulators abstellen. Dieser besteht in Sec. 9(a)(1) SEA im Täuschen über das Handelsvolumen, in Sec. 9(a)(2) sowie (4) SEA im Verleiten anderer Marktteilnehmer, bestimmte Handelsbewegungen umzusetzen und in Sec. 9(a)(3) SEA im Beeinflussen der Marktpreise.[599]

Sec. 10(b) SEA und Rule 10b-5

Die kapitalmarktrechtliche Betrugsverbotsgeneralklausel aus Sec. 10(b) SEA verbietet zudem eine jede Form der Manipulation oder Täuschung (*manipulative and deceptive devices*). Was wiederum unter *manipulative and deceptive devices* zu verstehen ist, kann die SEC auf Grundlage von Sec. 10(b) SEA durch den Erlass von *rules* selbst definieren. Diese Ermächtigung soll der SEC die Möglichkeit geben, schnell und flexibel auf neue Erscheinungsformen der Manipulation und Täuschung zu reagieren und gestaltet den Manipulationsschutz flexibel und zeitlos.[600] Entsprechend wurde Rule 10b-5 erlassen, welche als Catch-All-Vorschrift eine jede Manipulationserscheinung zu erfassen versucht,[601] um so als zentrales Manipulationsverbot zu fungieren.[602]

Die Rule 10b-5 gliedert sich in drei Unterabsätze und erfasst (1) manipulierende oder betrügerische Verhaltensweisen (*device, scheme, or artifice to defraud*) (2) die Abgabe falscher Erklärungen (*untrue statements*) bezüglicher wesentlicher Umstände (*material facts*), das Verschweigen dieser (*omit to state a material fact*), das eine tatsächlich gemachte Erklärung unter den gegebenen Umständen missverständlich (*misleading*) macht; und (3) die Beteiligung an betrügerischen

597 *Crane Company v. Westinghouse Air Brake Company*, 419 F.2d 787. 795 (2d. Cir. 1969); *In re The Federal Corporation*, 25 SEC 227, 230 (1947); *SEC v. Resch-Cassin*, 362 Federal Supplement 964, 977f, (SDNY 1973).

598 *Wright v. SEC*, 112 F.2d 89, 93 (2d. Cir. 1940); *US v. Minuse*, 114 F.2d 36, 38 (2d. Cir. 1940).

599 *Eichelberger*, Manipulation ohne Absicht? – Die subjektive Komponente bei dem Verbot der Marktmanipulation (§ 20a WpHG), WM – Zeitschrift für Wirtschafts- und Bankrecht, 2007, S. 2046.

600 House of Representatives, Report No. 1383 (1935), 73rd Congress, 2d Session, S. 7.

601 *U.S. v. Charanay*, 537 F.2d 341, 348 (9th Cir. 1976).

602 *Loss/Seligman*, Fundamentals of Securities Regulation, S. 937 ff.

oder täuschenden Handlungen oder Unterlassungen gegenüber Dritten (*fraud or deceit upon any person*).[603]

Der erste Blick in die konkretisierende Rule 10b-5 ist dabei etwas ernüchternd, da Rule 10b-5(a) sowie (c) als Tatbestandsvoraussetzung ein betrügerisches Verhalten (*defraud*) oder die Beteiligung daran verlangt und somit das manipulierende und täuschende Verhalten mehr beschreiben, als dieses zu definieren.[604] Demgegenüber verlangt zumindest Rule 10(b)-5(b) etwas konkreter eine Täuschung durch aktives Tun oder Unterlassen bei entsprechender Verhaltenspflicht. Daher kommt auch weiterhin im Wesentlichen der Rechtsprechung oder der SEC die Aufgabe zu, die Marktmanipulation stärker zu konkretisieren. Im Folgenden soll überblicksartig dargestellt werden, wie die Rechtsprechung bisher Sec. 10(b) SEA und Rule 10b-5 anwendete.[605]

Rule 10b-5(b)

Aus dem *case law* lassen sich folgende Voraussetzungen für einen Verstoß gegen Rule 10b-5(b) ableiten: (1) Falschdarstellung (*misrepresentation*) oder ein Verschweigen (*omission*) hinsichtlich wesentlicher Umstände (Täuschung); (2) dieses muss vorsätzlich erfolgen (*scienter*); (3) es muss eine Verbindung zum Kauf oder Verkauf einer Vermögensanlage bestehen; (4) die haftungsbegründende Kausalität (*reliance*); (5) es muss ein Vermögensschaden eingetreten sein und (6) es muss eine haftungsausfüllende Kausalität bestehen.[606]

---

603 *Hellgardt*, Kapitalmarktdeliktsrecht: Haftung von Emittenten, Bietern, Organwaltern und Marktintermediären – Grundlagen, Systematik, Einzelfragen, S. 91.

604 *§ 240.10b-5 Employment of manipulative and deceptive devices.*
It shall be unlawful for any person, directly or indirectly, by the use of any means or instrumentality of interstate commerce, or of the mails or of any facility of any national securities exchange,
(a) To employ any device, scheme, or artifice to defraud,
(b) To make any untrue statement of a material fact or to omit to state a material fact necessary in order to make the statements made, in the light of the circumstances under which they were made, not misleading, or
(c) To engage in any act, practice, or course of business which operates or would operate as a fraud or deceit upon any person, in connection with the purchase or sale of any security.

605 *Dura Phamaceuticals, Inc. v. Broudo*, 544 U.S. 336, 341 ff (2005).

606 *Hellgardt*, Kapitalmarktdeliktsrecht: Haftung von Emittenten, Bietern, Organwaltern und Marktintermediären – Grundlagen, Systematik, Einzelfragen, S. 92.

Rule 10b-5(a) und (c)

Hinsichtlich von Verstößen gegen Rule 10b-5(a) und (c) rekurrierte die Rechtsprechung zum Teil auf die Tatbestandsvoraussetzungen von Sec. 10(b) SEA dem Erfordernis von *manipulative and deceptive devices* als auch der Voraussetzung eines *fraud* nach Rule 10b-5(a) und (c). Im Zusammenhang mit dem Finanzmarkt seien unter *manipulative devices* grundsätzlich Handelsformen wie die *wash sales, matched orders* zu verstehen, bei denen der Manipulator versucht, andere Investoren durch künstliche Marktbeeinflussungen fehlzuleiten.[607] Kennzeichnend für derartiges Verhalten ist direkte Beeinflussung des Marktmechanismus, um so die Investoren fehlzuleiten, anstatt direkt auf deren Informationswelt hinsichtlich der Wertpapiere einzuwirken.[608] Dieser Unterschied sei bezeichnend für die unterschiedlichen Prüfungsabläufe eines auf Täuschung beruhenden Betruges und dem eines auf Manipulation beruhenden Betruges.[609] Wiederum sind unter einem Betrug (*fraud*) all jene menschlichen Möglichkeiten zu verstehen, die man sich erdenken könne, mit Hilfe derer man durch das Vorspiegeln falscher Tatsachen, dem Suggerieren falscher Umstände oder dem Unterdrücken der Wahrheit einen Vorteil gegenüber anderen Marktteilnehmern erlangt.[610]

Auch wenn hierdurch die konkreten Konturen des Betrugs- und Manipulationsverbotes nicht endgültig deutlich werden, wird zumindest die grundsätzliche Konzeption ersichtlich und man kann aufgrund der eindeutigen Rechtsprechung des *Supreme Courts* festhalten, dass eine Haftung aus Sec. 10(b) SEA nicht über die sich aus Rule 10b-5 ableitenden Manipulationsformen des: (1) *the making of a misrepresentation*, (2) an *omission or non-disclosure coupled with a duty to speak*, und (3) *the commission of a manupaulative act* hinausgehen können.[611]

---

607 *Santa Fe Industries, Inc. v. Green*, 430 U.S. 462, 476.

608 *McLaughlin*, Liability Under Rules 10b-5(a) & (c), Delaware Journal of Corporate Law, Vol. 31 (2006), S. 631, 643.

609 *SEC v. U.S. Envtl., Inc.*, 155 F.3d 107, 112 (2d Cir. 1998); *United States v. Russo*, 74 F.3d 1383, 1391–92 (2d Cir. 1996); *United States v. Regan*, 937 F.2d 823, 829 (2d Cir.), *In re Initial Pub. Offering Secs. Litig.*, 383 Federal Supplemnet 2d 566, 577 (SDNY 2005); *TSC Indus., Inc. v. Northway, Inc.*, 426 U.S. 438, 460–463 (1976).

610 *Chiarella v. United States*, 445 U.S. 236 (1980): "*[…] fraud embraces all the means which human ingenuity can devise and which are resorted to by one individual to gain an advantage over another by false misrepresentation, suggestions or by suppression of the truth*".

611 *McLaughlin*, Liability Under Rules 10b-5(a) & (c), Delaware Journal of Corporate Law, Vol. 31 (2006), S. 631, 638.

Die Rechtsprechung mag sich hierbei an der Intention des Gesetzgebers orientiert haben, die durch das Marktmanipulationsverbot, das durch wahrhaftige Investitionsinteressen geleitete freie Zusammenspiel von Angebot und Nachfrage schützen wollte (*interference with the free play of supply and demand in the security markets*).[612] Zu beachten ist jedoch, dass nur betrügerische Einwirkungen auf den Preisfindungsmechanismus erfasst sind, da die Marktmanipulation in den USA dogmatisch als Form des Betruges verhaftet ist.[613]

Inwieweit sich jedoch ein Handelsverhalten, das keine falschen Signale in den Markt entsendet oder die Marktverhältnisse künstlich beeinflusst, allein aufgrund des Manipulationsvorsatzes des Handelnden als Manipulation qualifizieren lassen lässt, ist umstritten. Die SEC vertritt die Auffassung, dass dies möglich sei und zu einer Strafbarkeit nach Sec. 10(b) iVm Rule 10b-5 führen könne.[614] Während die Theorie noch nicht von Bundesgerichten aufgegriffen wurde,[615] haben sich in der Rechtsprechung bisher zwei Ansätze entwickelt. In der Entscheidung *GFL Advantage Fund, Ltd. v. Colkitt* verwarf der *Court of Appeals for the 3rd Circuit* die Möglichkeit, dass allein der manipulierende Vorsatz eine sogenannte *open-market transaction* in eine Manipulation wandle, da für eine Manipulation stets erforderlich sei, dass sie fehlerhafte Informationen in den Markt entsende oder Fehlvorstellungen von der Marktaktivität hervorrufe.[616] Demgegenüber bestätigte der *Court of Appeals for the District of Columbia Circuit* in der Entscheidung *Markowski v. SEC* die Möglichkeit, dass einzig der Vorsatz eine Transaktion in eine Manipulation wandle, da dies zum einen der Intention des Gesetzgebers entspräche, wobei das Gericht keine legislativen Dokumente zitiert, und zum anderen nur dies den Manipulator vom übermotivierten Investor zu unterscheiden vermag.[617] In der Entscheidung *SEC v. Masri* des *District Court for the Southern District of New York* folgte dieses letzterer Ansicht, wobei das Gericht einschränkend feststellte, dass

---

612 House of Representatives, Report No. 73-1383 (1934), 73rd Congress, S. 11: "*The idea of a free and open public market is built upon the theory that competing judgments of buyers and sellers as to a fair price of the security brings about a situation where the market price reflects as nearly as possible a just price*".

613 *Schreiber v. Burlington Northern Inc.*, 472 U.S. 1 (1985).

614 *SEC v. Schiffer*, 1998 WL 226101, S. 1 (SDNY May 5, 1998).

615 *Asaro*, 'Masri' and Open-market Manipulation Schemes, New York Law Journal, Vol. 239/91 (2008), 12. Mai 2008.

616 *GFL Advantage Fund, Ltd. v. Colkitt*, 272 F.3d 189, 205 (3rd Cir. 2001).

617 *Markowski v. SEC*, 274 F.3d 525 (D.C. Cir. 2001).

dies nur gelte, wenn keine andere Motivation, außer der Manipulation gegeben sein könne.[618]

b) EU

Während der EU-Gesetzgeber früh den Insiderhandel mit der Insiderrechtlinie von 1989 regulierte, fand der Schutz vor Marktmanipulation anfangs keine Beachtung.[619] Mit den Entwurfsarbeiten zur Normierung des Verbots der Kurs- und Marktpreismanipulation begann der EU-Gesetzgeber erst im Jahre 1999.[620] Dessen bedurfte es auch dringend, da nach dem Lamfalussy-Bericht der im EU-Raum herrschende Schutz vor Marktmanipulation nicht einheitlich war und in manchen Mitgliedstaaten gänzlich fehlte.[621] Erst im Jahre 2003 wurde die Marktmissbrauchsrichtlinie verabschiedet,[622] wodurch die Mitgliedstaaten verpflichtet wurden, Formen der Marktpreismanipulationen zu verbieten.

<u>MAD (2003–2016)</u>

Die Pflicht der Mitgliedstaaten ein Verbot der Marktmanipulation einzuführen, wird durch Art. 5 MAD ausgesprochen. Ausgefüllt wird dies durch die Definition der Marktmanipulation in Art. 1 Abs. 2 UAbs. 1 MAD, die drei Ausprägungen kennt. Nach Art. 1 Abs. 2 UAbs. 1 (a) MAD ist eine Manipulation gegeben, wenn durch Transaktionen oder Gebote falsche bzw. irreführende Signale hinsichtlich von Angebot und Nachfrage in den Markt entsendet werden oder ein künstliches Preisniveau erzeugt oder aufrechtgehalten wird. Hinsichtlich des Erzeugens und Aufrechterhalten eines künstlichen Kursniveaus ist eine jede künstliche Kursbeeinflussung erfasst und deren Dauer ist unerheblich. So sind auch kurzzeitige Kursbeeinflussungen vom Manipulationsverbot erfasst.[623]

---

618 *SEC v. Masri*, 523 F. Supp 2d 361, 372–372 (SDNY 2007).

619 *Hopt*, The European Insider Dealing Directive, Common Market Law Review, Vol. 27 (1990), S. 51, 80f.

620 *Mock/Stoll*, in: Hirte/Möllers, Kölner Kommentar zum WpHG, § 20a, Rn. 28.

621 Ausschuss der Weisen über die Reglementierung der Europäischen Wertpapiermärkte, Schlussbericht, http://ec.europa.eu/internal_market/securities/docs/lamfalussy/wisemen/final-report-wise-men_de.pdf; Erwägungsgrund 11 MAD.

622 Richtlinie 2003/6/EG des Europäischen Parlaments und des Rates vom 28.1.2003 über Insider-Geschäfte und Marktpreismanipulation (Marktmissbrauch), ABl. EG L 96 vom 12.4.2003, S. 16ff.

623 *Klöhn*, Marktmanipulation auch bei kurzfristiger Kursbeeinflussung – das „IMC Securities"- Urteil des EuGH, Neue Zeitschrift für Gesellschaftsrecht, 2011, S. 934.

Das entsprechende Handelsverhalten stellt jedoch keine Manipulation dar, soweit es sich um eine akzeptierte Marktpraxis (*accepted market practice*, AMP) handelt, was dem Manipulationsverbot Flexibilität verleihen soll, da die nationalen Regulierungsbehörden definieren können, was eine AMP darstellt. In der zweiten Ausprägung aus Art. 1 Abs. 2 UAbs. 1 (b) MAD sind Transaktionen oder Order erfasst, die falsche Tatsachen vorspiegeln, oder sich sonstiger Kunstgriffe oder anderer Formen der Täuschung bedienen. In der dritten Ausprägung, Art. 1 Abs. 2 UAbs. 1 (c) MAD, werden Marktbeeinflussungen außerhalb des Marktes aufgegriffen, die durch Verbreitung irreführender Informationen versuchen, Einfluss auf den Preisfindungsmechanismus zu nehmen. Zusätzlich zum Grundtatbestand werden drei verbindliche Tatbestandskonkretisierungen in Art.1 Abs. 2 UAbs. 2 definiert, die soweit sie erfüllt sind, nicht des Prüfens des Grundtatbestandes verlangen.[624] Der Katalog umfasst hierbei Handelsformen, wie *cornering*, *making the close* und *scalping* (im Sinne des Streuens von Informationen außerhalb des Marktes).

Der vom EU-Gesetzgeber gewählte Ansatz versucht die Manipulation unabhängig von dem Vorsatz des Handeltreibenden zu definieren, da die Frage, ob eine Manipulation objektiv oder subjektiv zu definieren sei, bis zum Erlass der Richtlinie umstritten war.[625] Subjektive Elemente finden jedoch Eingang durch wertungsabhängige Tatbestandsmerkmale, wie *false signals* oder *misleading investors*.

MAR (2016–)

Mit der Modernisierung der Marktmissbrauchsregulierung verlagert sich das Marktmanipulationsverbot in die neue Verordnung MAR, um eine EU-weite einheitliche Anwendung zu gewährleisten.[626] Das Marktmanipulationsverbot findet sich in Art. 15 MAR. Entsprechend des Verordnungscharakters werden nun nicht mehr die Mitgliedstaaten in die Pflicht genommen, sondern die Marktteilnehmer direkt adressiert. Das Verbot wird durch die Definition der Marktmanipulation in Art. 12 MAR ausgefüllt. MAR übernimmt dabei grundsätzlich den aus der MAD bekannten Grundtatbestand und die Tatbestandskonkretisierung des *cornering*, *marking the close* und des *scalping*. Dennoch erweitert MAR den Anwendungsbereich und erstreckt das Verbot nun auch auf Handelsverhalten, die nicht bereits

624 *Mock/Stoll*, in: Hirte/Möllers, Kölner Kommentar zum WpHG, § 20a, Rn. 211.

625 *Seitz*, Die Integration der europäischen Wertpapiermärkte und die Finanzmarktgesetzgebung in Deutschland, Zeitschrift für Bank- und Kapitalmarktrecht, 2002, S. 340, 343.

626 Allgemeine Informationen zu MAR, siehe: F.I.1 (*Grundlagen des US- und EU-Insiderrechts*).

eine Transaktion oder eine Order darstellen, wodurch Verhalten wie das Entsenden von unverbindlichen Handelsintentionen erfasst werden.[627]

Infolge des öffentlichen Skandals hinsichtlich der Libor[628] Manipulationen wird nun auch das Einwirken auf einen Benchmark-Werte explizit aufgegriffen, Art. 12 Abs. 1 (d) MAR.[629] Auch der Hochfrequenzhandel wird explizit adressiert. Im Katalog der verbindlichen Tatbestandskonkretisierungen findet sich nun in Art. 12 Abs. 2 (c) MAR ein HFT-spezifisches Handelsverhalten, bei welchem eine Vielzahl von Order, in einen Handelsplatz entsandt werden, um ohne Handelsabsicht,

- die Matching-Einheit des Handelsplatzes zu stören bzw. zu verlangsamen;
- es anderen Investoren zu erschweren, die tatsächlich gebotene Liquidität einzusehen (Steigern des Rauschens im Markt); oder
- falsche oder irreführende Eindrücke vom Angebot und der Nachfrage zu erzeugen.

Nähere Erläuterungen folgen bei der sich anschließenden Erörterung der HFT-spezifischen Manipulationshandlungen.

Folglich verfügen die USA und die EU grundsätzlich über einen Regulierungsrahmen, der den Markt vor Marktmanipulationen schützen soll. Fraglich ist, ob diese ausreichend sind, oder ob der Hochfrequenzhandel nicht neue und zuvor nicht dagewesene Abgrenzungsfragen in diesen hervorruft.

2. Layering

Das *layering* ist ein Handelsverhalten, bei dem ein Marktteilnehmer eine Vielzahl von Order in das Orderbuch entsendet, die nicht ausgeführt werden soll, um so über das wahre Angebot und die wahre Nachfrage zu täuschen, um dadurch andere Marktteilnehmer zu einem bestimmten Handelsverhalten zu verleiten, von welchem dann der Manipulator profitieren wird. Der Begriff des *layering* (eng.: Schichten) leitet sich von dem Vorgang des Aufschichtens von *limit order* im Orderbuch ab. Order, die in das Orderbuch entsandt werden, aber nicht ausgeführt werden sollen, werden als *non-bona fide order* bezeichnet.[630] Die Bezeichnungen der Manipulationsformen sind nicht immer einheitlich, wobei ein *layering* regelmäßig eine Manipulationsform bezeichnet, bei welcher eine Reihe von Order in

627 Wie zum Beispiel: IOIs.

628 London Interbank Offered Rate.

629 New York Times, Former Senior Barclays Executive Faces Scrutiny in Parliament; New York Times, 16. Juli 2012, http://dealbook.nytimes.com/2012/07/16/former-senior-barclays-executive-faces-scrutiny-in-parliament/?_php=true&_type=blogs&_r=0.

630 SEC, Administrative Proceeding, Release No. 34-15046.

das Orderbuch entsendet werden, um durch eine bestimmte Orderschichtung einen Preistrend zu induzieren.[631] Demgegenüber zielt das *spoofing* durch Orderplatzierungen darauf, den Anstieg von Handelsaktivität zu suggerieren, um andere Marktteilnehmer zum Handel zu verleiten.[632] Aufgrund ihrer Ähnlichkeit werden *layering* und *spoofing* häufig synonym verwendet.[633] Ein sukzessives Setzen ansteigender Kauforder, um explizit einen Anstieg der Nachfrage zu suggerieren, wird teilweise auch als *painting the tape* bezeichnet.[634]

Der Profit des *layering* ergibt sich aus einer Informationsarbitrage. Durch ein systematisches Setzen von *limit order*, versucht der Manipulator eine Abweichung des Börsenpreises vom Fundamentalwert hervorzurufen und hofft, dass er andere Marktteilnehmer dazu bewegen kann, diesem künstlich gesetzten Trend zu folgen, damit diese die geschaffene Abweichung auf ihre Kosten verstärken.[635] Gelingt es dem Manipulator, eine Abweichung zwischen Börsenpreis und Fundamentalwert hervorzurufen, hat er einen einzigartigen Wissensvorsprung, da er um die Künstlichkeit des Preistrends weiß und diese Preisfindungsineffizienz durch einen Arbitragehandel konsumieren kann, da er besseres Wissen um den Fundamentalwert hat. Das Prinzip des *layering* ist folglich einfach, wenn auch schwer umzusetzen und lohnt sich jedoch nur dann, wenn die geschaffene Ineffizienz nicht nur auf den Kosten des Manipulators, sondern auch auf denen anderer Marktteilnehmer beruht.

Im Ergebnis beuten bei einem Insiderhandel und einer Marktmanipulation beide Akteure einen Wissensvorsprung aus, der auf der Abweichung von Börsenpreis und Fundamentalwert beruht. Der Unterschied liegt in der Gewinnung des Wissensvorsprunges. Während der Insider durch einen privilegierten Informationszugang von der Abweichung erfährt, erzeugt der Manipulator diese selbst.

Die Manipulation durch ein Layering ist nicht erst mit dem Hochfrequenzhandel möglich geworden, sondern war seit Beginn des Wertpapierhandels möglich. Das *layering* kann jedoch in einem Hochfrequenzhandel leichter und günstiger umgesetzt werden. Mittels Hochgeschwindigkeitsanschlüsse können nun Marktteilnehmer ungeahnte Massen an Order in die Märkte entsenden und diese auch stornieren, bevor andere Marktteilnehmer reagieren können. Hochfrequenzhändler können daher theoretisch ein flimmerndes Bild der Marktliquidität erstellen,

631 *In re Visionary Trading LLC et al.*, Administrative Proceeding, Release No: 34-15823.

632 *In re Biremis Corp. et al., Admin.* Administrative Proceeding, Release No: 34-15136, S. 3.

633 *In re John R. Glushko*, Administrative Proceeding, Release No: 34-12888.

634 *SEC v. Competitive Technologies, Inc.*, 2005 WL 1719725, *1 (D. Conn. July 21, 2005).

635 Nur dann lohnt sich auch mit Gewinn die Ineffizienz konsumieren.

das in Wirklichkeit nicht gegeben ist. Es könnte daher für hochfrequente Manipulatoren günstiger geworden sein, künstliche Preistrends zu induzieren.

a) USA

Das *layering* war bereits im ursprünglichen SEA von 1934 durch Sec. 9(a)(2) SEA verboten. Hiernach ist explizit das Setzen von Transaktionsreihen untersagt, die den Anschein von Handelsaktivität hervorrufen und oder einen falschen Eindruck von Angebot und Nachfrage erzeugen, um so andere Marktteilnehmer zu bestimmten Handelsbewegungen zu verleiten. Zwar verlangt der Wortlaut abgeschlossene Transaktionen, doch hat die Rechtsprechung dies auch auf Orderreihen erstreckt, da sich das aus ihnen ableitende Bild der Marktliquidität, für den Markt von gleicher Bedeutung ist, wie Transaktionen.[636] Folglich ist eine Manipulation durch *layering* im Hochfrequenzhandel unproblematisch von Sec. 9(a)(2) SEA erfasst.[637]

b) EU

Auch das Manipulationsverbot der EU erfasst die ursprüngliche Manipulationsform des *layering*. Gemäß Art. 1 Abs. 2 UAbs. 2 lit. (a) MAD erfasst das Manipulationsverbot ein Entsenden von Order, die ein falsches oder irreführendes Bild des Preises erzeugen können. Die Order, die für das *layering* in das Orderbuch entsandt werden, sind von keiner wahren Handelsabsicht getragen, sogenannte *non-bona fide order* und führen zu einem irreführenden Eindruck hinsichtlich der gebotenen Liquidität und weisen somit einen irreführenden Marktpreis aus. Dies stellt auch keine akzeptierte Marktpraxis dar, weshalb das *layering* dem Manipulationsverbot aus Art. 5 iVm Art. 1 Abs. 2 (a) MAD unterfällt. Mit Einführung der MAR ergibt sich das Verbot des *layering* aus Art. 15 iVm 12 Abs. 1 (a) MAR.

Ferner wird das *layering* nun auch durch die verbindliche Tatbestandskonkretisierung aus Art. 12 Abs. 3 (c) MAR erfasst sein, sofern es in hochfrequenter Weise erfolgt.

3. Pinging

Das *pinging* ist ein Handelsverhalten, bei dem ein Marktteilnehmer durch das Entsenden einer Vielzahl verschiedener Order versucht, Marktreaktionen auszutesten.

---

636 *In re Matter of Kidder, Peabody & Co.*, 18 SEC 559, 569.

637 Vgl. *In re Hold Brothers On-Line Investment Services*, Administrative Proceeding, File No. 34-15046.

Das Provozieren von Marktreaktionen dient der Gewinnung weiterer handelsbezogener Informationen, um durch diese auf die zugrunde liegenden Handelsstrategien anderer Marktteilnehmer schließen zu können.

Würde ein Marktteilnehmer eine Vielzahl kleiner Verkaufsorder über verschiedene Preisschienen wiederholt in den Markt entsenden (EUR 5, EUR 4,99, EUR 4,98 sowie 4,97) und würden diese kontinuierlich unter einem Marktpreis von EUR 4,99 oder weniger angenommen werden (reflektiert), hat der pingende Marktteilnehmer die Erkenntnis gewonnen, dass ein anderer Marktteilnehmer mittels eines Algorithmus versucht, eine (wahrscheinlich) größere Position am Markt für nicht mehr als EUR 4,98 je Aktie aufzubauen. Mit diesem Wissen kann nun der pingende Marktteilnehmer schnell alle Gebote dieses Typs für unter EUR 4,98 am Markt konsumieren und diese für EUR 4,98 an den ausgespähten Marktteilnehmer weiterreichen und die Differenz als Gewinn abschöpfen. Das *pinging* ist folglich auch eine Voraussetzung für bestimmte Formen des parasitären Handels.

Die Bezeichnung des Pinging hat sich verbreitet, da diese Form der aktiven Marktdatengewinnung einem aktiven *Sound Navigation And Ranging* (SONAR) gleicht, bei welchem mittels Echoortung, Schallsignale die Position und das Ausmaß von Unterwasserobjekten offenbaren.

a) USA

Fraglich ist, inwieweit das *pinging* dem bestehenden Rechtsrahmen aus Sec. 9(a)(1) und (2) SEA, sowie Sec. 10(b) SEA unterfällt.

<u>Handelsbezogene Manipulationsformen gem. Sec. 9(a)(1) und (2) SEA</u>

Die in Folge des *pinging* entsandten Order und etwaig zu Stande kommenden Transaktionen bezwecken nicht das Suggerieren eines ansteigenden Handelsvolumens, wie dies den von Sec. 9(a)(1) SEA erfassten Formen der *wash* oder *club sales* zu eigenen ist. Einziger Zweck des *pingings* ist es, das Marktverhalten zu testen und nicht die Marktaktivitäten zu beeinflussen. Letzteres wird auch aufgrund der geringen Volumina der *ping order* nicht möglich sein, da lediglich die Reaktionen einzelner Marktteilnehmer ausgetestet und nicht der Gesamtmarkt beeinflusst werden soll. Es soll durch das *pinging* auch kein künstlicher Preistrend hervorgerufen werden, um so andere Marktteilnehmer zu einem bestimmten Handelsverhalten zu verleiten, was Voraussetzung für eine Strafbarkeit nach Sec. 9(a)(2) SEA wäre.

Folglich unterscheidet sich das *pinging* von den in Sec. 9(a)(1) und (2) SEA aufgeführten handelsbezogenen Manipulationsformen durch den fehlenden, über das manipulationsauslösende Verhalten hinausgehenden Zweck, Marktaktivität zu suggerieren oder Marktteilnehmer zu beeinflussen und erschöpft sich grundsätzlich mit dem Einstellen der *ping order* selbst. Mit fehlender Annahme oder erfolgender Annahme der *ping order* ist deren Zweck erfüllt und der pingende Marktteilnehmer gewinnt die gewünschten Informationen. Diese Informationsgewinnung erfolgt jedoch nicht zum Selbstzweck, sondern ist Voraussetzung für einen parasitären Handel. Durch die negative Konnotation des Begriffs des parasitären Handels erscheint dies zunächst verwerflich. Subsumiert man jedoch unter den Verboten aus Sec. 9 SEA, ist festzustellen, dass ein parasitärer Handel nicht auf eine unnatürliche Beeinflussung des Handelsvolumens iSv Sec. 9(a)(1) SEA abzielt, noch wird durch einen künstlicher Preistrend bezweckt den Handel anderer Marktteilnehmer hervorzurufen, wie dies beim *layering* nach Sec. 9(a)(2) SEA der Fall ist.

Sec. 10(b) SEA iVm SEA Rule 10b-5

In Betracht könnte jedoch ein Verstoß gegen Sec. 10(b) SEA iVm Rule 10b-5 kommen. Teilweise wird dies angenommen, wobei dies zum Teil pauschal mit der Ähnlichkeit des *pinging* zum *wash trading* und *banging the close* begründet wird.[638] Das Begründen eines Verbotes durch die Ähnlichkeit zu anderen Verboten ist sehr gewagt. Dennoch lohnt es sich diesem Vergleich nachzugehen, um das *pinging* und dessen Markteffekte mit bekannten Manipulationsformen abzugleichen. Im Anschluss muss jedoch in jedem Fall unter Sec. 10(b) SEA iVm Rule 10b-5 subsumiert werden.

aa) Pauschales Bejahen – Ähnlichkeit zu wash sales *und* banging the close

Bei *wash sales* wird durch einen Karusselhandel von Wertpapieren, ohne dass sich ein wirtschaftlicher Eigentümerwechsel vollzieht, versucht den Eindruck reger Handelsaktivität hervorzurufen.[639] Bei einem *banging the close* versucht der Manipulator durch das Absetzen großer Positionen den natürlichen Preisdruck des Schlusshandels künstlich zu verstärken, um dadurch bei gegenläufigen Positionen Gewinne zu realisieren.[640] All diesen handelsbezogenen Manipulationsformen ist gemein, dass der Manipulator versucht mittels der Beeinflussung des Gesamtmarktes (Mittel) andere Marktteilnehmer zu einem bestimmten Handelsverhalten anzuregen (Zweck), das der Manipulator später zur Realisierung von Gewinnen

638 *Scopino, Gregory*, The (Questionable) Legality of High-Speed 'Pinging' and 'Front Running' in the Futures Markets, S. 92–93.

639 *Pouncy*, The Scienter Requirement and Wash Trading in Commodity Futures: The Knowledge Lost in Knowing, Cardozo Law Review, Vol. 16 (1995), S. 1625; *Wilson v. CFTC*, 322 F.3d 555, 559–60 (8th Cir. 2003).

640 *CFTC v. Wilson*, Federal Supplemental 2d, 2014 WL 2884680, S. 15 (SDNY June 26, 2014).

nutzt. Durch die Veränderung der Marktverhältnisse täuscht der Manipulierende andere Marktteilnehmer hinsichtlich einer wesentlichen Grundlage ihrer Investitionsentscheidungen, den Marktbedingungen, und verleitet sie so zu Handelsvorgängen, die sie in Kenntnis der wahren Marktlage nicht getätigt hätten.

Demgegenüber zielt das *pinging* nicht auf eine Beeinflussung der Marktverhältnisse, um so andere Marktteilnehmer zu unbegründeten Handelsbewegungen zu verleiten. Der Zweck des *pingings* erschöpft sich vielmehr in der Annahme oder Nichtannahme der Order, da dadurch die gewünschten Informationen gewonnen werden können. Es fehlt folglich an der charakteristischen Täuschung mittels der Marktverhältnisse.

Wie bereits dargelegt, erfolgt das *pinging* nicht zum Selbstzweck, sondern zielt auf einen parasitären Handel, bei dem die durch *pinging* gewonnenen handelsbezogenen Informationen gewinnbringend genutzt werden. Im Gegensatz zu den *wash sales* und dem *bangig the close* werden jedoch nicht künstlich Handelsinteressen durch eine Marktbeeinflussung hervorgerufen, sondern bereits bestehende natürliche Handelsinteressen in Kenntnis ihrer Ausmaße vollständig genutzt. Es erscheint zunächst unbillig, dass ein Marktteilnehmer die Handelsmotive anderer Marktteilnehmer durchschaut und der Reservationspreis von ihm verlangt wird, doch werden hierdurch keine unnatürlichen Handelsbewegungen provoziert oder unnatürlichen Handelsbewegungen hervorgerufen. Vielmehr hat sich der Marktteilnehmer in die Karten schauen lassen und dies wird nun im Rahmen der natürlichen Marktabläufe genutzt.

Strukturell unterscheidet sich das *pinging* also wesentlich von den *wash sales* und dem *banging the close* durch die fehlende Einflussnahme auf den Markt, um so andere Marktteilnehmer hinsichtlich der Grundlage ihrer Investitionsentscheidung zu täuschen. Die Bejahung der Strafbarkeit des *pingings* nach 10b-5, mit der Ähnlichkeit zu den genannten Manipulationsformen zu begründen,[641] ist somit die argumentative Grundlage entzogen.

bb) Rule 10b-5(b) – Täuschung durch Pinging

Wie bereits dargelegt sind für das Verbot nach Rule 10b-5(b) folgende Voraussetzungen erforderlich: (1) eine Falschdarstellung (*misrepresentation*) oder ein Verschweigen (*omission*) hinsichtlich wesentlicher Umstände (Täuschung); (2) dies muss vorsätzlich erfolgen (*scienter*); (3) es muss eine Verbindung zum Kauf oder Verkauf einer Vermögensanlage bestehen; (4) die haftungsbegründende Kausalität

641 *Scopino, Gregory*, The (Questionable) Legality of High-Speed 'Pinging' and 'Front Running' in the Futures Markets, S. 92–93.

(*reliance*); (5) es muss ein Vermögensschaden eingetreten sein und (6) es muss eine haftungsausfüllende Kausalität bestehen.[642]

Durch das *pinging* müsste also eine Falschdarstellung (*misrepresentation*) gegeben sein. Eine Falschdarstellung könnte hinsichtlich der Eigenschaft erfolgt sein, dass die Order auf tatsächlichem Investitionsinteresse beruhe. Mit der *ping order* wird jedoch kein Parameter übermittelt, der ausdrücklich erklärt, dass die Order auf tatsächlichen Investoreninteressen beruhe. Daher ist keine ausdrückliche Falschdarstellung (*express misrepresentation*) gegeben und es stellt sich die Frage, inwieweit Rule 10b-5 auch stillschweigende Falschdarstellungen einschließt (*implied misrepresentations*).

Implied Misrepresentation (*SEC v. Tambone*)

Nach Ansicht der SEC erfasse Rule 10b-5(b) aufgrund der *implied statement theory* auch konkludente Falschdarstellungen (*implied misrepresentation*). Dies ergebe sich aus Sicht der SEC bereits aus dem Wortlaut „*[t]o make any untrue statement of material fact…*“, welche eine jede Form der Fehldarstellung erfassen wolle, die „gemacht“ wird.[643]

Im Verfahren *SEC v. Tambone* nahm die SEC eine konkludente Täuschung mit Hilfe der *implied statement theory* an, da ein Wertpapierberater, der ein Papier empfiehlt, konkludent dabei auch zu erklären gibt, dass er dieses Papier auch geprüft habe, da er zu einer solchen Prüfung gesetzlich verpflichtet ist.[644] Es handelt sich hierbei nicht um eine Täuschung durch Unterlassen, sondern um eine Täuschung durch aktives Tun, denn die Prüfpflicht (*special duty*) erweitert den Erklärungsgehalt der Äußerung. Ist jemand zu bestimmten Vorprüfungen verpflichtet (*special duties*), um eine Empfehlung abzugeben, so beinhaltet die Empfehlung zugleich auch den Aussagegehalt, dass die Vorprüfungen in zufriedenstellender Form vollzogen worden sind.

Der *Court of Appeals for the First Circuit* ist diesem Verständnis von Rule 10b-5(b) nicht gefolgt und hat die *implied statement theory* gänzlich abgelehnt.[645] Die Urteilsbegründung beruht weitestgehend auf einer systematischen Analyse des Wortlautes von Sec. 10(b) SEA und Rule 10b-5. Hierzu führt das Gericht aus, dass die Ermächtigungsnorm Sec. 10(b) SEA die Verben *use* und *employ* verwendet,

---

642 *Hellgardt*, Kapitalmarktdeliktsrecht: Haftung von Emittenten, Bietern, Organwaltern und Marktintermediären - Grundlagen, Systematik, Einzelfragen, S. 92.

643 *SEC v. Tambone*, Supreme Court No. 07-1384, 2010 WL 796996 (1st Cir. March 10, 2010), S. 3.

644 *Id.*, S. 10

645 *Id.*, S. 32.

nun aber bewusst in Rule 10b-5(b) das Verb *make* benutzt wird, obwohl Rule 10b-5(a) auf die Verben der Ermächtigungsnorm *use* und *employ* zurückgreift. Zusätzlich wird angeführt, dass der Kodifizierung von Rule 10b-5, der Wortlaut von Sec. 17(a) Securities Act als Vorlage diente.[646] Dieser wurde auch hinsichtlich Rule 10b-5(a) übernommen, jedoch nicht hinsichtlich von Rule 10b-5(b), bei dem nun abweichend das Verb *make* benutzt wurde.[647] Daraus schlussfolgert das Gericht, dass der Normgeber den Anwendungsbereich von Rule 10b-5(b) bewusst einschränken wollte. Daher kann auch dem Verb *make* kein erweiterter Bedeutungsgehalt zu Grunde gelegt werden, wodurch der *implied statement theory* der argumentative Boden entzogen sei und konkludente Täuschungen gänzlich nicht im Rahmen von Rule 10b-5(b) möglich seien.

Da sich die SEC im fraglichen Verfahren vor dem *District Court* ausschließlich auf die *implied statement theory* stützte, musste sich der *Court of Appeal* auch nicht mit der Übertragbarkeit, der aus der Entscheidung *Grandon v. Merrill Lynch & Co* bekannten *shingle theory* auseinandersetzen, die bisher für eine Haftung aus Sec. 17(a) Securities Act angewendet wurde.[648] Der *shingle theory* zur Folge gibt ein Broker mit dem Aufhängen seines Firmenschildes (*shingle*) zu verstehen, dass er auch den Pflichten eines Brokers nachkomme. Der Argumentation des *Court of Appeal* aus der Entscheidung *SEC v. Tambone* folgend, dürfte jedoch durch keine Theorie die Konstruktion einer konkludenten Täuschung möglich sein, da Rule 10b-5(b) bewusst vom Normgeber auf ausdrückliche Fehldarstellungen eingeschränkt wurde.

Demnach scheint es grundsätzlich unmöglich zu sein, dass mittels einer konkludenten Erklärung getäuscht wird, obwohl eine Falschdarstellung durch Unterlassen möglich erscheint.[649] Zwar ist die Argumentation des Gerichts nachvollziehbar, führt jedoch zu einer deutlichen Einschränkung des Verbotes aus Rule 10b-5(b). Nuancierter hätte das Verbot aus Rule 10b-5(b) verstanden werden können, indem man grundsätzlich konkludente Täuschungen als möglich erachtet, aber einschränkend hohe Anforderungen an den konkludenten Erklärungsgehalt einer Äußerung stellt. Die *implied statement theory* folgte dem bereits, da sie nur Erklärungen hinsichtlich der Umstände einbezog, die auf festen Verpflichtungen (*special duties*) beruhen. Die Entscheidung des *Court of Appeal* hat damit die langjährige Entscheidungspraxis der SEC in Verwaltungsverfahren

646 *Id.*, S. 17.

647 *Id.*, S. 18.

648 *Grandon v. Merrill Lynch & Co.*, 147 F.3d 184, 192–93 (2d Cir. 1998).

649 Vgl. Ausführung zur Pflicht des *disclose or abstain* in F.I.1.a) USA.

in Frage gestellt und auch bisher erfolgte Urteile in Frage gestellt,[650] stellt also einen Paradigmenwechsel dar.[651]

Special Duty der Implied Misrepresentations Theory

Obwohl die Anwendbarkeit der *implied statement theory* grundsätzlich nicht möglich erscheint (zumindest im *First Appelate Court District*), stellt sich ferner die Frage, inwieweit sie überhaupt im Falle des *Pinging* zur Annahme einer konkludenten Falschdarstellung führen würde. Hierzu müsste das *pinging* gegen eine besondere Pflicht (*special duty*) verstoßen. Pflichten, gegen die eine *pinging order* verstoßen würde, könnten sein (1) nur Order zu entsenden, die auf einem tatsächlichen Investitionsinteresse beruhen; oder (2) nicht das Handelsverhalten anderer Marktteilnehmer auszuspähen (kein Austasten von Reservationspreisen). Würden sich diese Pflichten als *special duty* qualifizieren und gegen diese würde verstoßen, ohne, dass der Handelnde darüber aufklärt, könnte hierin nach der *implied statement theory* eine *implied misrepresentation* gegeben sein.

Special Duty – Nur von Investitionsinteressen getragene Order

Eine Verpflichtung der Marktteilnehmer, (1) nur dann am Markt aktiv zu werden, wenn ihr Handel auch von tatsächlichem Investitionsinteresse getragen ist, kann nicht bestehen. Der Finanzhandel erfolgt grundsätzlich durch Vertreter der *buy-* und *sell-side*, wovon jedoch lediglich Vertreter der *buy-side* durch den Kauf eines Instrumentes vom Gewinn des zugrunde liegenden Unternehmens profitieren wollen. Demgegenüber wollen Vertreter *sell-side* nicht Gewinne aus dem Instrument ziehen, sondern aus dem Handel mit diesen Instrumenten.[652] Folglich haben sie auch kein Investitionsinteresse, da das Instrument bzw. das zugrunde liegende Instrument für diese grundsätzlich nicht ausschlaggebend ist. Trotz dass die *sell-side* keine Investitionsinteressen mit ihren Aktivitäten verfolgt, hat sie entsprechend des *Grossmann's/Stiglitz' Modell* eine marktförderliche Wirkung, da je mehr Marktteilnehmer der *sell-side* im Markt aktiv werden, desto informierter auch die Preise werden und desto günstiger, das uninformiert sein wird.[653] Eine *special duty*,

650 *Thrifty-Tel, Inc. v. Bezenek*, 46 Cal.App.4th 1559, 1567 [54 Cal.Rptr.2d 468].

651 *DiCicco/Hanawalt*, Theory of Implied Misrepresentation in Securities Fraud Cases, New York Law Journal, S. 1.

652 B.I (*HFT / Handelsstrategien*).

653 *Klöhn*, Kapitalmarkt, Spekulation und Behavioral Finance, S. 46; *Grossmann/Stiglitz*, On the Impossibility of Informationally Efficient Markets, The American Economic Review, Vol. 70 (1980), S. 393.

die die Aktivitäten der *sell-side* ausschließen würde und so die Marktqualität beeinträchtigen würde, erscheint daher nicht möglich.

Special Duty – Kein Austasten von Reservationspreisen

Einschränkend könnte aber eine Pflicht bestehen, die gezielt das *Pinging* verbietet. Zur Erinnerung, ein *pinging* versucht, durch das wiederholte Entsenden preislich gestreuter Order, den Preis zu ermitteln, den ein Marktteilnehmer maximal bereit wäre zu zahlen (Höchst- oder auch Reservationspreis). Die entsprechende *special duty* müsste daher lauten, keine Order zu entsenden, die der Bestimmung von Reservationspreisen dienen.

Ob eine solche *special duty* bestehen kann, ist sehr fraglich, da es ja gerade die Funktion der Börse ist, die unterschiedlichen Interessen und Wertvorstellungen in Einklang zu bringen. Hierzu ist es auch erforderlich, dass man die Handelsinteressen des Handelspartners ausreizt. Dass hierdurch auch die Reservationspreise der Marktteilnehmer versucht werden zu ermitteln, ist dabei natürlich, sogar der Kern von Marktaktivitäten und auch jedem Marktteilnehmer grundsätzlich möglich (Waffengleichheit). Daher sprechen gute Gründe dafür, eine solche *special duty* abzulehnen.

Folglich dürfte auch unter Annahme der *implied statement theory* keine Täuschung in den *pinging order* zu sehen sein, da mit ihnen nicht ein wahrheitswidriger Erklärungsgehalt einhergeht, sie beruhten auf tatsächlichem Investitionsinteresse. Folglich scheidet ein Vesrtoß gegen Rule 10b-5(b) aus.

cc) Rule 10b-5(a) – Fraud

Für einen Verstoß gegen Sec. 10(b) SEA iVm Rule 10b-5(a) müsste durch das *pinging* in künstlicher Weise auf den Markt eingewirkt worden sein, um so andere Marktteilnehmer in betrügerischer Weise zu einem bestimmten Handelsverhalten zu verleiten. Wie bereits dargelegt, entsendet jedoch das *pinging* keine falschen Signale hinsichtlich von Angebot und Nachfrage in den Markt, da die Order sich im Rahmen bestehender Handelsinteressen bewegen, um deren Ausmaß auszutesten und die kleine Volumen der *ping order* auch den Markt nicht in künstlicher Weise beeinflussen können. Demnach verstoßen *ping order* auch nicht gegen Sec. 10(b) SEA iVm Rule 10b-5(a).

b) EU

Inwieweit das *pinging* dem EU-Marktmanipulationsverbot unterfällt bestimmt sich danach, inwieweit dieses falsche oder irreführende Signale in den Markt entsendet oder sich täuschender Mittel bedient.

Art. 5 iVm 1 Abs. 2 (a) MAD und Art. 15 iVm Art. 12 (1) (a) MAR

Für einen Verstoß gegen das Manipulationsverbot aus Art. 5 iVm 1 Abs. 2 (a) MAD bzw. Art. 15 iVm Art. 12 (1) (a) MAR müssten die *ping order* falsche Signale hinsichtlich von Angebot und Nachfrage entsenden oder einen abnormalen Preis erzeugen. Aufgrund der geringen Volumina von *ping order* dürften diese regelmäßig keine abnormalen Preise hervorrufen.

Fraglich ist vielmehr, wann eine Order falsche oder irreführende Signale (*false or misleading signals*) in den Markt entsendet. Aus Sicht des CESR werden solche durch Aktivitäten wie *wash trades*, *painting the tape*, *improper matched orders* und *non-bona fide order*, die vor der Ausführung storniert werden, ausgelöst.[654] Die hier beschriebenen Aktivitäten zeichnen sich durch das Suggerieren von Scheinliquidität aus, die nie dem Markt zugutekommen wird. Folglich wird ein falsches Bild von der am Markt vorhandenen Liquidität gezeichnet.

Demgegenüber wird die *ping order* mangels Intensität (geringe Volumina) kein verzerrendes Bild hinsichtlich der am Markt verfügbaren Liquidität zeichnen können, noch sich (stark) außerhalb bereits bestehender Handelsinteressen bewegen, da auch nur im Rahmen dieser sich ein anschließender parasitärer Handel lohnen wird.

Art. 1 Abs. 2 (b) MAD bzw. Art. 12 (b) MAR

Für einen Verstoß gegen Art. 1 Abs. 2 (b) MAD bzw. Art. 12 (b) MAR müsste das *pinging* durch Vorspiegelung falscher Tatsachen (*fictious* devices) oder Täuschung (*deception*) erfolgen. Den Erläuterungen der CESR folgend unterfallen dem unter anderem Aktivitäten wie *pump and dump* und *trash and cash*.[655] Also Aktivitäten, wo der Manipulator nicht nur durch die Vorhandelstransparenz Marktveränderungen suggeriert, sondern diese zunächst durch eigenen unwirtschaftlichen Handel hervorruft. Das *pinging* täuscht jedoch nicht durch vorangegangene Handelsbewegungen über die Marktkonditionen, sondern testet bestehende Handelsinteressen aus.

Art. 1 Abs. 2 (b) MAD bzw. Art. 12 (b) MAR

Zudem entspricht das *pinging* nicht den Fallgruppen des *cornering*, *marking-the-close* und *scalpings* (iSd Medienbeeinflussung), wie sie als zwingende Regelbeispiele in Art. 1 Abs. 2 MAD und Art. 12 Abs. 2 MAR aufgeführt werden. Des Weiteren entspricht das *pinging* auch nicht dem HFT spezifischen zwingenden Regelbeispiel aus Art. 12 Abs. 2 (c) MAR, da keine Handelsplattform ausgebremst, die

654 CESR, Level 3 - CESR guidance and information, CESR/06-562b, S. 11.

655 CESR, Level 3 - CESR guidance and information, CESR/06-562b, S. 12–13.

vorhandene tatsächliche Liquidität nicht verschleiert und auch kein irreführender Anschein von Angebot und Nachfrage erzeugt wird. Die *pinging order* zielen lediglich auf das Austesten des Marktes und sind daher von geringem Volumen.

Das *pinging* verstößt nicht gegen das EU-Marktmanipulationsverbot. Zum Teil wird jedoch vertreten, dass mit den *ping order* keine Handelsabsicht verbunden sei, diese nicht gegebene Liquidität suggerieren, den Preisfindungsmechanismus stören und folglich manipulativ sein müssten.[656] Im Gegensatz zur *non-bona fide order* soll diese zumindest nicht in jedem Fall ausgeführt werden. Obwohl sich mit ihr kein Investitionsinteresse verbindet, ist zumindest eine bedingte Handelsabsicht gegeben. Sie suggerieren aber aufgrund ihrer geringen Volumina keine Scheinliquidität, noch stören sie den Preisfindungsmechanismus, da dieser diese gar nicht wahrnehmen wird. Ferner ist das Austesten der Handelsinteressen anderer Marktteilnehmer grundsätzlich üblich an einem Handelsplatz.

4. Camouflage Trading

Das *camouflage trading* ist ein Handelsverhalten, bei dem ein Marktteilnehmer seine Handelsbewegungen so gestaltet, dass Rückschlüsse auf seine Handelsstrategie nicht möglich sind, er seine Strategie und das zugrunde liegende Wissen tarnt (engl.: *to camouflage*), um so der Gefahr aus einem *front running* zu entgehen. Zwar bestand seit Beginn des Börsenhandels ein Bedürfnis, den eigenen Wissensvorsprung nicht preisgeben zu müssen, doch verstärken die Analysefähigkeiten von algorithmischen Händlern und Hochfrequenzhändlern diese Gefahren, da den Algorithmen scheinbar keine Handelsbewegung entgeht.[657] Das *camouflage trading* kann unter anderem dadurch erfolgen, dass Marktteilnehmer ihre Order in zeitlicher Hinsicht strecken und örtlich verteilen (*passive camouflage trading*). Ferner kann der Marktteilnehmer, die zu versteckenden Transaktionen in eine allgemeine und routinemäßig Portfolioumschichtung einbetten, sodass die Informationen schwerer herauszulesen sind, sich also das Rauschen um die informationsreiche Transaktion erhöht. Beim *active camouflage trading* hingegen, werden die informationsreichen Transaktionen durch gegenläufige Transaktionen getarnt, die das Rauschen gezielt erhöhen, um die Signalwirkung, der zu tarnenden Transaktion entgegenzuwirken, sie zu dämpfen. Derart gegenläufige Marktsignale können zu effektreichen Momenten entsendet werden (Momente geringer

656 *Schultheiß*, Die Neuerungen im Hochfrequenzhandel, WM – Zeitschrift für Wirtschafts- und Bankrecht, 2013, S. 596, 599.

657 F.I.3 (*Parasitic and Predatory Trading / Synthese nichtöffentlich* bekannter Informationen).

Liquidität), während die eigentliche Transaktion in Momenten tiefer Liquidität umgesetzt wird.

a) USA

Wenn ein Marktteilnehmer, um den Preis-/Mengeneffekt zu entgehen seine Handelsstrategie zeitlich gestreckt und örtlich verteilt umsetzt, drosselt er lediglich seine auf natürliche Handelsinteressen beruhende Handelsaktivität (*passive camouflage trading*).

aa) Passive Camouflage Trading

Ein solches Verhalten bezweckt nicht das Suggerieren irreführender Handelsaktivität (*false misleading appearance of active trading*), Sec. 9(a)(1) SEA, noch bewegt es andere Marktteilnehmer durch Vorspiegelung irreführender Marktbedingungen zu einem bestimmten Handel, Sec. 9(a)(2) SEA. Ferner täuscht dies auch nicht aktiv über die Marktbedingungen oder die Handelsintentionen, da tatsächlich diese Transaktion erfolgen sollen und eine Pflicht zur sofortigen Offenlegung/Umsetzung der eigenen Handelsstrategie nicht besteht, Sec. 10(b) SEA iVm Rule 10b-5. Das *passive camouflage trading* ist uneingeschränkt zulässig.

bb) Active Camouflage Trading – Sec. 9(a)(1)-(2) SEA

Entsendet jedoch ein Marktteilnehmer gezielt Order in die Märkte, die seinem wahren Handelsinteresse entgegenlaufen, sind diese (*Stör*)Order nicht von seinem wahren Handelsinteresse getragen und entsenden folglich irreführende Signale in den Markt. Hinsichtlich der rechtlichen Bewertung muss daher differenziert werden. Das zu tarnende Handelsverhalten ist von einem wahren Investitionsinteresse getragen und zulässig, während das tarnende Handelsverhalten von keinem echten Investitionsinteresse geleitet ist. Fraglich ist, inwiefern das tarnende Handelsverhalten (*active camouflage trading*) einem Manipulationsverbot unterfällt. Im Gegensatz zu den von Sec. 9(a)(1) SEA erfassten Formen *wash sales* oder *club sales* ruft ein derartig tarnender Handel wirtschaftliche Eigentümerwechsel hervor und unterfällt diesem daher nicht. In Betracht kommt jedoch ein Verstoß gegen Sec. 9(a)(2) SEA, wozu es jedoch erforderlich wäre, dass mit der künstlichen Einwirkung auf den Markt ein bestimmter Handel anderer Marktteilnehmer bezweckt wird. Der *camouflage trader* wirkt zwar künstlich auf den Markt ein, aber will damit nicht andere Marktteilnehmer zu einem Handel verleiten. Gerade dies will er vermeiden, da je länger die Preise auf ihrem ursprünglichen Niveau verbleiben, desto günstiger er seinen Wissensvorsprung kapitalisieren kann. Demnach erfasst Sec. 9(a)(2) SEA nur Konstellationen, in welchen ein positives Handelsverhalten anderer Marktteilnehmer hervorgerufen werden soll und nicht die Konstellationen, in denen ein solches gänzlich unterbleiben soll.[658] Dies erscheint auf dem ersten Blick etwas widersprüchlich, da es sich bei dem *active camouflage trading* um das Spiegelbild des *layering* handelt. Während bei dem *layering* eine Abweichung des Börsenpreises vom Fundamentalwert hervorgerufen wird, wird eine solche beim *active camouflage trading* aufrechtgehalten. Das *active camouflage trading* unterfällt nicht dem Verbot aus Sec. 9(a)(2) SEA. Der Schutz vor handelsbezogenen Manipulationen erschöpft sich jedoch nicht in Sec. 9 SEA und es verbleibt der Rückgriff auf die Generalklausel in Sec. 10(b) SEA.

cc) Active Camouflage Trading – Sec. 10(b) iVm Rule 10b-5(b)

Voraussetzung für einen Verstoß gegen Sec. 10(b) iVm Rule 10b-5(b) ist zunächst eine Fehldarstellung (*misrepresentation*) oder ein täuschungsrelevantes Unterlassen (*omission*). Eine ausdrückliche Täuschung (*express misrepresentation*) ist nicht durch die *camouflage order* gegeben, da die Order, so wie sie in das Orderbuch entsandt wird, auch ausführbar ist. Es könnte jedoch eine konkludente Täuschung gegeben sein, da die Order nicht auf einem tatsächlichen Investitionsinteresse beruht (*implied misrepresentation*). Wie bereits dargelegt ist zum einen die Möglichkeit einer *implied misrepresentation* umstritten und zum anderen kann auch mit Hilfe der ihr zugrunde liegenden *implied statement theory* nicht der Erklärungsgehalt von Order soweit ausgedehnt werden, dass er den Umstand umfasse, die Order beruhe auf tatsächlichem Investitionsinteresse.[659] Folglich ist auch eine konkludente Täuschung nicht gegeben. Ferner ist auch keine Pflicht ersichtlich, die zu einem betrugsrelevanten Unterlassen führen würde.[660] Folglich verstößt ein *active camouflage trading* nicht gegen Sec. 10(b) iVm Rule 10b-5(a).

dd) Active Camouflage Tading – Sec. 10(b) iVm Rule 10b-5(a)

Ein *active camouflage trading* erfolgt jedoch explizit, um das wahre Angebot und die wahre Nachfrage zu verschleiern, wirkt also mittels des Marktes auf das Vorstellungsbild der Marktteilnehmer,[661] um sich durch dieses falsche Marktbild einen

658 Sec. 9 (a)(2) SEA: "*[…] for the purpose of inducing the purchase or sale of such security by others*".
659 F.II.3.a)bb) (*Rule 10b-5(b) – Täuschung durch Pinging*).
660 *Ibid.*
661 Vgl. *McLaughlin*, Liability Under Rules 10b-5(a) & (c), Delaware Journal of Corporate Law, Vol. 31 (2006), S. 631, 643.

Vorteil zu verschaffen.[662] Ferner wird durch das *camouflage trading* der natürliche Austausch von Angebot und Nachfrage gestört.[663] Daher dürfte eine *active camouflage trading* gegen Sec. 10(b) iVm Rule 10b-5(a) verstoßen.

b) EU

Bei einem *passive camouflage trading*, also dem Zerteilen und Verstreuen von Transaktionen, die einen hohen fundamentalwertbezogenen Informationsgehalt aufweisen, werden trotz aller Heimlichkeit dennoch Order in den Markt entsandt, die auf einem wahren Investitionsinteresse beruhen und folglich nicht als falsche oder irreführende Signale gewertet werden können, Art. 5 iVm Art. 1(2)(a) MAD bzw. Art. 15 iVm Art. 12 Abs. 1 (a) MAR entsandt. Es handelt sich auch um keinen irreführenden Kunstgriff nach Art. 5 iVm 1 (2) (b) MAD. Auch mit der Einführung der MAR wird sich an der Legalität des *passive camouflage trading* nichts ändern, insbesondere unterfällt das *passive camouflage trading* auch nicht der HFT spezifischen verbindlichen Tatbestandskonkretisierung aus Art. 12 Abs. 2 MAR, da: (i) weder ein Handelsplatz gestört werden soll; (ii) noch der Einblick in die ernsthaft gebotene Liquidität auf Seiten des Angebots und der Nachfrage erschwert werden soll;[664] (iii) oder ein künstlicher Preistrend induziert werden soll.

Hinsichtlich des tarnenden Handelsverhaltens im Wege eines *active camouflage trading*, das der Signalwirkung des zu tarnenden Handelsverhaltens entgegenwirken soll, sendet dieses jedoch falsche und irreführende Signale in den Markt iSv Art. 1 Abs. 2(a) MAD, da diese nicht von einem wahren Investoreninteresse getragen sind und der natürlichen Marktpreisentwicklung entgegenwirken, folglich den Marktpreis künstlich verschieben. Des Weiteren unterfällt ein solcher Handel grundsätzlich dem Manipulationsverbot, sofern keine legitimen Investoreninteressen es rechtfertigen, dass ein solches Marktverhalten zu einer akzeptierten Marktpraxis erklärt wird. Trotz der steigenden Gefahr aus parasitären

---

662 Vgl. *Chiarella v. United States*, 445 U.S. 236 (1980): "*[...] fraud embraces all the means which human ingenuity can devise and which are resorted to by one individual to gain an advantage over another by false misrepresentation, suggestions or by suppression of the truth*".

663 Vgl. *Schreiber v. Burlington Northern Inc.*, 472 U.S. 1 (1985).

664 Die infolge des *Passive Camouflage Trading* gebotenen Order erschweren zwar den Rückschluss auf die ihr zugrunde liegende Handelsstrategie, stellen aber eine ernsthaft gebotene Liquidität dar und erschweren nicht die Einsicht in die gegenwärtig gebotene Liquidität.

Handelsbewegungen,[665] erscheint es sehr fraglich, dass ein solches Handelsverhalten als Marktpraxis akzeptiert wird, da dies die Preisfindung erheblich beeinträchtigt und ein Chaos zu befürchten wäre, wenn Marktteilnehmer einen Freibrief zum Entsenden von *non-bona fide order* zum Zwecke ihrer Handelsstrategietarnung erhalten würden. Eine Abgrenzung zwischen Manipulation und aktiver Strategietarnung wäre unmöglich.

Auch mit Einführung der MAR wird sich an dieser Wertung nichts ändern, da die Manipulationsdefinitionen der MAD grundsätzlich in gleicher Form in die MAR überführt werden und somit das beschriebene tarnende Handelsverhalten im Wege eines *active camouflage trading* von Art. 12 Abs. 1 lit. a) MAR iVm Art. 15 MAR erfasst sein wird. Ferner wird dieses auch von Art. 12 Abs. 2 lit. c) MAR erfasst, da unter Nutzung einer hochfrequenten Handelsstrategie falsche und irreführende Signale hinsichtlich des Angebotes, der Nachfrage oder des Preises in den Preisfindungsmechanismus entsendet werden.

5. Ableitungen

Die Marktmanipulationsregime der USA und EU erfassen in gleicher Weise die HFT Handelsstrategien.

a) US- und EU-Manipulationsverbote sind im Ergebnis gleich

Während das US-Marktmanipulationsverbot direkt auf die Intention des Handelnden abstellt, also ein subjektives Element voraussetzt, geschieht dies indirekt im EU-Regime durch Wertungen wie „falsche“ Signale und „täuschendes“ Marktverhalten, die sich implizit aus der Handelsmotivation ergeben. Beide Regime wollen vermeiden, dass bewusst falsche Signale in den Preisfindungsmechanismus entsendet werden, die diesen stören können, billigen jedoch unmotiviert verzerrende Signale (Rauschen). Inwieweit derartige Marktmanipulationen tatsächlich erfolgen und welches Ausmaß diese nehmen, kann diese Arbeit nicht erfassen. Es kann jedoch ausgewiesen werden, dass der Rechtsrahmen grundsätzlich ausreicht, um unerwünschte Handelsverhalten zu untersagen.

b) Keine spezifischen HFT-Manipulationen

Der Grund, warum der bestehende Rechtsrahmen ausreicht, besteht darin, dass die Manipulationen nicht HFT-spezifisch sind, dass heißt, keinen hochfrequenten Handel voraussetzen. Die Marktmanipulation erfolgt weiterhin durch Suggerieren

665 F.III (*Parasitärer Handel*).

ansteigender Liquidität auf einer Seite des Handelsbuches, in der Hoffnung, dass andere Marktteilnehmer glauben, eine Trend zu erkennen und diesem folgen, wodurch der Effekt sich ohne Kosten für den Manipulierenden verstärkt, der darauf diese generierte Ineffizienz ausbeuten kann. Der Hochfrequenzhandel verlagert derartige Handelsbewegungen lediglich in ein hochfrequentes Marktumfeld und ermöglicht das Entsenden und Aktualisieren einer höheren Anzahl von Ordern.

c) Hochfrequenzhandel als Manipulations-Blocker

Der Hochfrequenzhandel verfolgt grundsätzlich Market-Making- und Arbitrage-Strategien, die im Wesen die Konsumtion von Ineffizienzen beinhalten. Marktmanipulation generieren hingegen Ineffizienzen, in der Hoffnung, dass andere Marktteilnehmer in die Irre geführt werden und die Ineffizienz durch eigenes Handelsverhalten verstärken. Erst dann wird dies für den Manipulierenden profitabel. Es liegt daher der Schluss nahe, dass Hochfrequenzhändler durch Ineffizienzkonsumtion grundsätzlich einer Marktmanipulation entgegenwirken müssten. Belegt wurde dieser Gedanke bisher hinsichtlich von *end-of-day* Manipulationen (*marking the close*), die mit Auftreten des Hochfrequenzhandels gedämpft wurden.[666]

d) Kein Reformbedarf

Der Regulierungsrahmen des Marktmanipualtionsverbotes ist in den USA und der EU ausreichend. Inwieweit der Hochfrequenzhandel tatsächlich mit Manipulation in Verbindung zu setzen ist, erscheint fraglich, kann aber nicht nachgewiesen werden.

III. Parasitärer Handel

Bereits im Rahmen der Betrachtungen des Insiderhandels und der Marktmanipulation wurde Bezug auf den parasitären Handel genommen. Dieser soll nun gesondert und ganzheitlich betrachtet werden. Bei der Betrachtung des parasitären Handels sei darauf hingewiesen, dass ein solcher zwar durch den Hochfrequenzhandel leichter umzusetzen ist, aber dennoch zwischen 65 Prozent und 71 Prozent aller Hochfrequenzhandelsaktivitäten solche des *market making* sind.[667] HFT ist kein Synonym für den parasitären Handel.

---

666 *Cumming/Zhan/Aitken*, High Frequency Trading and End-of-Day Manipulation, S. 52.

667 B.I.1 (*Market Making*).

1. Konzept des parasitären Handels

Dieser parasitäre Handel wird mit einer Vielzahl von Begrifflichkeiten versehen, so z.B. als *front running, scalping, predatory trading, trading-ahead, black-box trading.* Im Kontext dieser Arbeit wird diese Handelsstrategie unter dem Begriff des parasitären Handels gefasst. Der parasitäre Handel lässt sich grundsätzlich in 4 Stufen gliedern:

Parasitäre Handelsstufe	**Inhalt**
Marktdatengewinnung zur Mustererkennung	Der parasitäre Händler sammelt Marktdaten. Dies kann durch Archivieren der öffentlich zugänglichen Handelsdaten (passiv) und/oder durch *pinging* (aktiv) erfolgen. Unter *pinging* ist das Provozieren von Handelsbewegungen zu verstehen, um so verwertbare Handelsdaten zu generieren.[668]
Marktdatenanalyse	Die gewonnen Marktdaten werden analysiert, um Muster in den Handelsbewegungen zu erkennen, die sich mit hinreichender Wahrscheinlichkeit bei einem bestimmten Handelssignal wiederholen. Hieraus leitet der parasitäre Händler handelsbezogene Informationen hinsichtlich bevorstehender Handelsbewegungen ab (synthetisierte Informationen).[669]
Trigger-Suche	Parasitäre Händler beobachten das Marktverhalten, um mit Eintreten des Handelssignals das Wissen um die bevorstehende Handelsbewegung umzusetzen.
Parasitärer Handel ieS	Mit Eintreten des Signals nimmt der parasitäre Händler die Handelsstrategie des Ausgespähten vorweg und konsumiert die Liquidität, die der Ausgespähte im Begriff war anzusteuern. Der Parasit erschöpft die verfügbaren Liquiditätsreserven, um diese an den Ausgespähten weiterreichen zu können, der nun vom Parasit kaufen muss.

Veranschaulichen lässt sich der parasitäre Handel an folgendem praktischen Beispiel. Ein Kunde kauft sich regelmäßig gegen 17:00 Uhr einen Kaffee und steuert auch heute wieder auf das nächstgelegene Geschäft zu, in dem der Becher Kaffee EUR 2,00 kostet. Parasitäre Händler haben das Konsumverhalten des Kaffeekunden ausgespäht, stürmen nun zu dem Kaffeegeschäft und kaufen alle Becher Kaffee für EUR 2,00 auf. Ferner fangen sie nun den Kaffeeinteressierten ab und verkaufen den Becher Kaffee für EUR 2,05. Der Kunde zahlt und der parasitäre

668 F.II.3 (*Pinging*).

669 F.I.3 (*Parasitic and Predatory Trading | Synthese nichtöffentlich bekannter Informationen*).

Händler hat durch den Verkauf eines Bechers Kaffee einen Gewinn von EUR 0,05 erzielt. Parasitäre Händler würden dabei aber nicht nur einen „Kaffee" verkaufen, sondern hochfrequent eine Vielzahl und aus den EUR 0,05 Gewinn je Becher schnell einen größeren Gewinn generieren.

Diesem Geschäftsmodell sind aber natürlich Grenzen gesetzt. Der parasitäre Händler wird nicht mehr verlangen können, als andere (hinreichend nahegelegene) Kaffeeanbieter und wird den Reservationspreis des Kunden nicht überschreiten können. Ferner wird das Geschäftsmodell des parasitären Handels auch andere parasitäre Händler anlocken und sich ein Preiswettbewerb im parasitären Handel ergeben, der die Preise drücken wird. So könnte ein solcher Wettbewerb den Kaffeepreis in unserem Beispiel auf EUR 2,04 oder EUR 2,03 drücken. Ob sich dann der parasitäre Handel noch lohnt ist fraglich, zumal der Kaffeehausbetreiber nun auch erkannt haben sollte, dass er den Preis entsprechend anheben kann/sollte.

2. Rechtliche Würdigung

Das Gewinnen von Marktinformationen ist uneingeschränkt möglich. Hierbei können sich parasitäre Händler auch eines *pinging* bedienen, da dies nach gegenwärtigem Rechtsstand weder in den USA noch in der EU als eine Form der Marktmanipulation zu qualifizieren ist.[670] Die aus den so gewonnen Marktdaten synthetisierten handelsbezogenen Informationen können ferner auch uneingeschränkt Grundlage von parasitären Handelsbewegungen sein, da dies nach gegenwärtigem Stand weder in den USA noch in der EU sich als eine Form des Insiderhandels qualifizieren lässt.[671] Sofern also der parasitäre Handel rein nach diesem Konzept erfolgt, ist er in den USA und der EU rechtlich zulässig. Erfolgt ein solcher zum Teil aufgrund von Insiderinformation oder bedient sich Mitteln der künstlichen Preisbeeinflussung, ist dieses Ergebnis in Frage zu stellen. Die rechtliche Würdigung eines solchen gemischten parasitären Handels entscheidet sich dann jedoch nicht aufgrund des an sich zulässigen Grundkonzepts, sondern aufgrund der mit ihm verbundenen Elemente. Es verbleibt also bei der grundsätzlichen rechtlichen Zulässigkeit des parasitären Handels.

3. Negative Auswirkungen des parasitären Handels

Ein solcher Handel wird jedoch nicht grundlos mit einer Bezeichnung versehen, die derart negativ konnotiert ist. Parasitäre Händler zwingen den Marktteilnehmern

670 F.II.3 (*Pinging*).

671 F.I.3 (*Parasitic and Predatory Trading | Synthese nichtöffentlich bekannter Informationen*).

den Handel zum Höchstpreis auf und „rauben" den möglichen Gewinn, der sonst den „wahren" Marktteilnehmern vorbehalten wäre. Auf diese Weise entziehen sie für sich selbst die Produzenten- und Konsumentenrente. Es ist daher kein Wunder, dass parasitäre Händler von jedem Marktteilnehmer negativ gesehen werden.

Dieser Nachteil werde auch nicht durch eine Liquiditätssteigerung des Marktes oder einer Effizienzsteigerung des Preisfindungsmechanismus kompensiert.[672] Da ein parasitärer Handel auch nur dann erfolgt, wenn bereits Verkaufs- und ein Kaufinteresse gegeben sind, wird die allgemeine Liquidität nicht vergrößert und dieser lediglich vorausgeeilt. Jedoch erscheint es fraglich, dem parasitären Handel einen preiseffizienzsteigernden Effekt abzusprechen.[673] Der parasitäre Händler kann nur dann eine Position mit einem Aufschlag weiterreichen, wenn ihm dies der Markt auch erlaubt, da sonst auf andere günstigere oder gleichwertige Gebote zurückgegriffen werden würde. Der parasitäre Händler profitiert von der Differenz zwischen Marktpreis und Reservationspreis eines jeden Marktteilnehmers, die er dann auch gezielt ausschöpft. Folglich konsumiert er eine Ineffizienz des Preisfindungsmechanismus, die auf einer fehlenden Preisdifferenzierung oder der Unkenntnis vom Reservationspreis beruht. Durch die Konsumtion dieser Ineffizienz, offenbart der parasitäre Händler den erzielbaren Preis und steigert den Informationsgehalt der Marktpreise. Da parasitäre Händler auf beiden Seiten des Handels aktiv werden, müssten sie so auch die Effizienz des Preisfindungsmechanismus allgemein steigern. Die Gefahr, stets den Höchstpreis zahlen zu müssen, da ihre geheimen Investitionsziele und Liquiditätsreserven erkannt und ausgenutzt werden, schreckt jedoch institutionelle Investoren zunehmend von öffentlichen Handelsplätzen ab und lässt diese in alternative HFT-freie Handelsplätze migrieren.[674] Mit Verschwinden der institutionellen Investoren aus öffentlichen Märkten (*lit markets*) ist zu befürchten, dass damit auch langfristig die Qualität des Preisfindungsmechanismus geschmälert wird, da letztere informationsreiche Transaktionen am Markt umsetzen, die sich auf umfassende Finanzanalysen stützen können.[675]

Rechtlichen Kategorien unterfällt der parasitäre Handel jedoch nicht. Es handelt sich hierbei mehr um eine Frage des Marktdesigns von Handelsplätze, insbesondere wie diese Anreize zum Stellen von Liquidität setzen wollen. Auch hier

---

672 *Klöhn*, in: Hirte/Möllers, Kölner Kommentar zum WpHG, § 13 Rn. 268.

673 *Korsmo*, High-Frequency Trading: A Regulatory Strategy, Richmond Law Review Vol. 48 (2013), S. 523, 558.

674 IOSCO, Regulatory Issues Raised by the Impact of Technological Changes on Market Integrity and Efficiency, Final Report, S. 28.

675 *Id.*, S. 13.

wird der Wettbewerb zwischen den Handelsplätzen dafür sorgen, dass diese Frage schnell und gut entschieden wird.

4. Lösung im Marktmodell – Barclays LX

Der Markt hat auch bereits auf das Bedürfnis reagiert, einen Handel zu ermöglichen, der sich nicht der Gefahr eines parasitären Handels ausgesetzt sehen muss. In diesem Zusammenhang zog die Handelsplattform Barclays LX besonderes Interesse auf sich.

Es handelt sich bei *Barclays* LX um ein ATS, das keine Handelstransparenz ausweist (*dark pool*). Die Besonderheit dieser Handelsplattform liegt in der Kategorisierung der Marktteilnehmer hinsichtlich ihrer Orderaggressivität (*liquidity profiling*), die mit dem Verfolgen parasitärer Handelsstrategien korreliere.[676] Mit Hilfe des *liquidity profiling* können dann Marktteilnehmer bestimmen, dass ihre Order nicht gegenüber parasitären Händlern ausgeführt werden, sondern nur gegenüber solchen, die einer „sicheren" Kategorie zugeordnet worden.[677]

Der *dark pool* von *Barclays* ist nun jedoch Gegenstand einer Klage des *Attorney General* des Staates *New York*,[678] in der die Staatsanwaltschaft behauptet, *Barclays* hätte Kunden durch Falschangaben hinsichtlich des *liquidity profiling* in die Irre geführt, um so Anleger in den mit parasitären Händlern gefüllten *dark pool* zu locken.[679] Die Vorwürfe richten sich aber gegen *Barclays*, dem Betreiber des *dark pools*, der aus Sicht der Staatsanwaltschaft durch Falschangaben Marktteilnehmer hinsichtlich der Handelsqualität getäuscht habe, um so mehr Marktteilnehmer anlocken zu können und damit die eigenen Handelseinnahmen steigern zu können. Die Klage richtet sich nicht gegen Hochfrequenzhändler. Zudem wird das Verfahren auf Grundlage des *Martin Act* des Staates *New York* (ein sogenanntes *blue sky law*)[680] geführt, dessen Tatbestand des *fraud* von

---

676 *New York v. Barclays Capital Inc.*, 451391/2014, Supreme Court of the State of New York, County of New York, S. 9.

677 *Id.*, S. 10.

678 *New York v. Barclays Capital Inc.*, 451391/2014, Supreme Court of the State of New York, County of New York.

679 NYAG, A.G. Schneiderman Announces Fraud Charges Against Barclays In Connection With Marketing And Operation Of Its Dark Pool, Pressekonferenz vom 25. Juni 2014, http://www.ag.ny.gov/press-release/ag-schneiderman-announces-fraud-charges-against-barclays-connection-marketing-and.

680 Blue Sky Law bezeichnet einzelstaatliche Gesetze zum Schutze vor Kapitalmarktbetrug, Vgl. *Hall v. Geiger-Jones Co.*, 242 U.S. 539 (1917); SEC, Blue Sky Laws, http://www.sec.gov/answers/bluesky.htm.

dem allgemein kapitalmarktrechtlichen *fraud* erheblich abweicht. So verlangt ein *fraud* nach dem *Martin Act* weder den Nachweis von *scienter*, *reliance* oder *damages*.[681] Einzig *misrepresentation* oder *omission* und *materiality* müssen dargelegt werden.[682] Folglich ist für das Verfahren *New York v. Barclays Capital Inc.* ausschließlich entscheidend, ob Falschaussagen hinsichtlich der Handelsabläufe von *Barclays LX* getätigt wurden. Insoweit wird das Verfahren den parasitären Handel kaum bzw. nicht berühren, da es des Nachweises des Schadens (*damages*) der Dark-Pool-Kunden für ein Urteil nicht bedarf.

Unabhängig vom Verfahren *New York v. Barclays Capital Inc.* lässt sich festhalten, dass das Problem des parasitären Handels weniger ein rechtliches als mehr eines des Marktdesigns der Handelsplätze ist und grundsätzlich auch lösbar ist.

---

681 *State v. Sonifer Realty Corp.*, 212 A.D.2d 366, 367 (1st Dept. 1995).

682 *People v. Federated Radio Corporation*, 244 N.Y. 33, 38–39 (1926).

G. Ergebnis

Im Folgenden werden die Einzelergebnisse zusammengefasst und es sollen Ableitungen aus diesen gezogen werden. Darauf aufbauend soll ein Ausblick in künftige Entwicklungen der Hochfrequenzhandelsindustrie gewagt werden, rechtspolitische Erwägungen und PR-Empfehlungen erörtert werden.

I. Evolution der Finanzintermediation

Der Hochfrequenzhandel erfolgt in der Finanzmarktintermediation (*sell-side*) und ist keine neuartige Handelsform, sondern verfolgte klassische Intermediationsdienste wie das *market making* und die Arbitrage. Das Beschleunigen dieser Intermediation zu einem Hochfrequenzhandel beruht auf der Regulierung zur Induzierung des Wettbewerbs der Handelsplätze. Mit dem Wettbewerb der Handelsplätze öffneten diese sich für alle Formen liquiditätsspendender Intermediäre und mit dem Markteintritt neuer Intermediäre entbrach auch zwischen diesen ein Wettbewerb. Der Wettbewerb der *sell-side* ließ die *spreads* und damit die Transaktionskosten für Anleger schrumpfen. Nachdem jedoch der Preiswettbewerb ausgeschöpft war, konnten sich Intermediäre nur noch dadurch unterscheiden, indem sie nicht nur die besten Preise, sondern diese auch als erstes am Markt anboten. Folglich wurden Intermediationsdienste immer hochfrequenter.

II. Grundsätzlich kein direktes Regulierungserfordernis

Den aus der Handelsbeschleunigung resultierenden Gefahren begegneten die Regulatoren in der USA und der EU. So wurden in Folge massiver Systemausfälle, wie denen des *Flash Crashs*, Maßnahmen ergriffen, um einen differenzierten Schutz vor exzessiven Marktvolatilitäten zu gewährleisten und Systemstabilität der Handelsplätze zu gewährleisten.

Problematisch erscheint vielmehr, dass in Folge der Marktfragmentierung die bestehenden börsenzentrischen Liquiditätssicherungsmechanismen wirkungslos und nur bedingt Ersatz geschaffen wurde. Es wird sich zeigen, inwieweit das anreizorientierte System der USA Erfolg haben und inwieweit die EU algorithmische Händler zur Liquiditätssicherung in die Pflicht nehmen wird.

In einem Hochfrequenzhandel können Handelsstrategien umgesetzt werden, die sich Insiderinformationen bedienen oder marktmanipulierend sind. Es qualifiziert sich aber nicht ein Handel bereits dadurch als Insiderhandel oder Marktmanipulation, indem er in hochfrequenter Weise erfolgt. Insoweit sind auch die

Regulierungsrahmen hinsichtlich des Schutzes vor Insiderhandel und Marktmanipulation ausreichend, da lediglich bereits verbotene Handelsformen in hochfrequenter Weise erfolgen. Darüber hinaus stellt der parasitäre Handel kein rechtliches Problem dar, sondern ist mehr ein solches des Marktdesigns der Handelsplätze.

III. Frage der Fairness und des Verhältnis von Venues, Sell- und Buy-Side

Im Zusammenhang mit dem Hochfrequenzhandel wird wiederholt der Vorwurf laut, dieser sei unfair. Sei es die Möglichkeit, Handelsdaten schneller zu empfangen, Server im Handelsplatz zu errichten oder die Fähigkeit der Hochfrequenzhändler Marktverhalten zu antizipieren. Der Vorwurf, eine Sache sei unfair hat keine rechtliche Kontur. Aber es scheint, dass sich Marktteilnehmergruppen, insbesondere die *buy-side* nun im Nachteil sehen und den darüber empfundenen Unmut mit dem Vorwurf der Unfairness verbinden. Hierzu lohnt es sich, zu vergegenwärtigen, in welchem Verhältnis die Handelsplätze (*venues*), *buy-side* und *sell-side* stehen. Die *sell-side* kann nur existieren und als Intermediär wirken, wenn auch eine *buy-side* gegeben ist. Die *buy-side* wiederum benötigt die *sell-side*, um in den Genuss eines effizienten Handels zu kommen. Die Handelsplätze (*venues*) leben von der Interaktion beider und ermöglichen diesen das effiziente Austarieren ihrer Handelsinteressen. Die *venues* benötigen die *buy-* und *sell-side*, sowie diese die *venues* um effizient handeln zu können. Folglich ist der Wertpapierhandel (*securities markets*) durch die wechselseitige Abhängigkeit der *venues*, *buy-* und *sell-side* gekennzeichnet (Interdependenz).

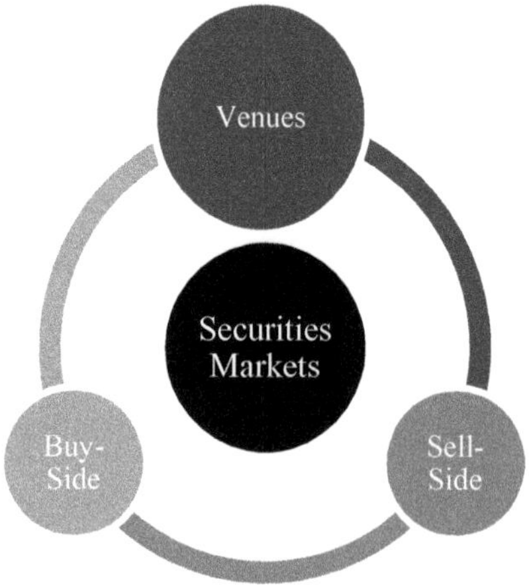

Dieser Interdependenz ist nicht statisch, sondern dynamisch. Fortlaufend wirken Entwicklungen in der Technologie und der Regulierung auf das Gefüge ein und verändern die Gewichtung bzw. die Position ihrer Elemente. Eine entscheidende Einwirkung waren die Regulierungsmaßnahmen in den USA und der EU, um einen Wettbewerb der Handelsplätze zu induzieren. Der induzierte Wettbewerb der Handelsplätze zwang die Handelsplätze zum Anlocken von Liquidität, um sich als attraktiver Handelsplatz durchsetzen zu können. Hierbei zielten ihre Bemühungen auf die liquiditätsspendenden Mitglieder der *sell-side*. Handelsplätze versuchten der *sell-side* stets bessere Handelsbedingungen anbieten zu können, um diese und deren Liquidität für sich zu gewinnen. Infolge dieses Wettbewerbs näherten sich die *venues* der *sell-side* an und diese gewann innerhalb des Marktgefüges zunehmend an Bedeutung.

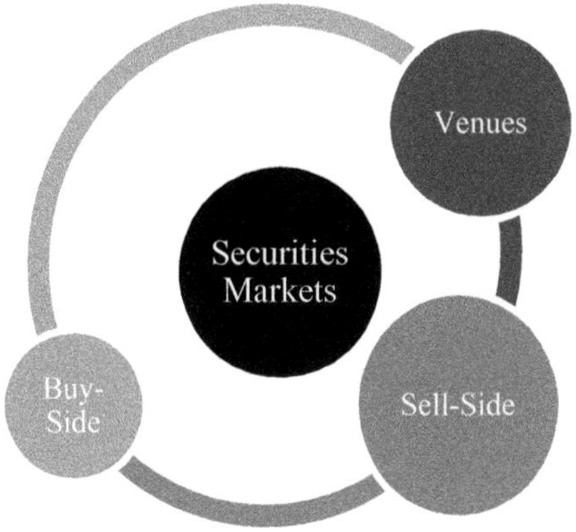

Die *buy-side* protestiert nun gegen diesen Trend und versucht, das Gefüge wieder zu ihren Gunsten zu verschieben. Insoweit drohen den *venues* und der *sell-side* Gewinneinbußen, da die *buy-side* in eigenständige Handelsmöglichkeiten ausweicht. Da sie dort keine optimalen und effizienten Handelsbedingungen vorfindet, erleidet auch diese durch den Anstieg impliziter Kosten Einbußen. Innerhalb der Interdependenz des Wertpapierhandels können seine Elemente nur kooperativ maximale Gewinne erzielen. Gegenwärtig kämpft die *buy-side* gegen die Bevorteilung der *sell-side* und nutzt dabei seine Marktmacht. Das Gefüge ist also noch immer im Findungsprozess, um in Folge der Marktfragmentierung das neue und optimale Gleichgewicht zu finden. Es ist anzunehmen, dass nun eine Phase der *buy-side* freundlicheren Ausrichtung der Märkte einsetzen wird. In der Tat kündigte die NYSE an, die Ordervielfalt wieder zu vereinfachen, um für die *buy-side* attraktiver zu sein.[683] Wie ein Börsenpreis dürfte sich also auch das Gefüge aus *buy-side*, *sell-side* und *venues* in ein optimales Gefüge einschwingen, da sich ihnen nur durch Kooperation maximale Gewinne eröffnen und Verluste bei fehlender Kooperation drohen. Da deren Eigeninteressen auf das Regulierungsziel fairer und optimaler Märkte hinauslaufen, besteht keine Notwendigkeit zur Regulierung. Der Regulator sollte geduldig den Einschwingprozess abwarten, da dies Teil eines optimalen Austarierens ist (Findungsphase). Regulierungsmaßnahmen können nicht die natürliche Ausbalancierung eines Marktgefüges ersetzen und würden diesen Prozess lediglich stören. Der Hochfrequenzhandel ist im Rahmen dieses Prozess nur ein Reflex und steht mehr im Schatten der Veränderungen des Marktgefüges durch die Fragmentierung der Märkte.

IV. PR-Empfehlungen

Es ist verständlich, dass Hochfrequenzhändler nicht medial ihre Handelsaktivitäten kommunizierten. Die Thematik ist komplex und erschließt sich kaum Außenstehenden. Ferner erschließt sich der Öffentlichkeit nur schwer der Nutzen einer Liquiditätsproliferation oder der von Arbitragegeschäften. Der Versuch das Geschäft des Hochfrequenzhandels unbemerkt zu vollziehen, ist verständlich. Diese Strategie scheitert jedoch, ab dem Zeitpunkt, indem die Öffentlichkeit Kenntnis von der Thematik erlangt. Damit ist im öffentlichen Bewusstsein eine Thematik gegeben, die komplex ist und dadurch auf natürliche Weise Misstrauen hervorruft. Die zuvor verfolgte Strategie der Nichtkommunikation wandelt sich nun einen gravierenden Nachteil, da nun der Eindruck entsteht, man wolle etwas verheimlichen. In einem solchen Moment hätte entschieden das Marktmodell des Hochfrequenzhandels kommuniziert und aufgeklärt werden müssen. Hochfrequenzhändler hätten diesen Prozess aktiv mitgestalten können. Im Rahmen dieser Aufklärungsarbeit sollte auf marktreißerische Bezeichnungen, wie *Sigma X*, *dark liquidity* und *predatory trading* und ähnliches verzichtet werden. Es wird der Öffentlichkeit schwer zu vermitteln sein, dass derartige Aktivitäten marktförderlich sind.

---

683 Bloomberg, NYSE to Curtail Order Types Amid Debate Over Their Fairness, 9 May 2014, http://www.bloomberg.com/news/2014-05-08/nyse-will-curtail-order-types-amid-debate-over-their-fairness.html.

V. Rechtspolitische Erwägungen im Lichte der sozialen Wohlfahrt

Die rechtlichen Betrachtungen ergaben, dass der Hochfrequenzhandel grundsätzlich keiner spezifischen Regulierungsmaßnahme bedarf. Die Öffentlichkeit verlangt jedoch nach solchen, was nicht zuletzt auf die gescheiterte PR-Arbeit des Hochfrequenzhandels zurückzuführen ist. Sicherlich mag die Benennung von Algorithmen wie *Guerilla, Stealth* und *Sniper* im konkreten Umfeld absatzförderlich sein, doch schafft dies politisch unüberwindbare Hürden. Kein Abgeordneter kann derartiger Aktivitäten befürworten ohne Stimmenverluste zu erleiden, auch wenn Algorithmen wie *Stealth* sehr förderlich für die Gewinne von Pensionsfonds sind, die mit Hilfe dessen den Preis-/Mengeneffekt ihrer Transaktionen reduzieren können und somit das Vermögen von Privatanlegern besser mehren können. Regulierungsmaßnahmen sollten versuchen, nicht zu schnell dem öffentlichen Druck nachzugeben, sondern sich bewusst die Effekte des Hochfrequenzhandels vor Augen führen und erkennen, dass der Hochfrequenzhandel der *sell-side* gerade Ausdruck einer erfolgreichen Wettbewerbsregulierung ist. Nur wenn der Wettbewerb in der Finanzintermediation dauerhaft wohlfahrtsschädlich ist, sollte der Staat durch Regulierungsmaßnahmen in den Wettbewerb eingreifen, den er zuvor selbst geschaffen hat.

Folglich ist der Hochfrequenzhandel kein Schrecken, der empor gestiegen ist, sondern das Ergebnis der natürlichen Weiterentwicklung der Finanzmärkte.

www.ingramcontent.com/pod-product-compliance
Ingram Content Group UK Ltd.
Pitfield, Milton Keynes, MK11 3LW, UK
UKHW021906290926
8980IPUK00015B/1080

9 783631 673034